«Gran libro para todos. Explota la fals cación entre tecnología y artes liberales. Este libro muestra que no solo pueden coexistir, si no que sería peligroso que no existieran ambos, uno al lado del otro, de manera integrada. Una lectura importante y agradable».

Bill Aulet
Director general de The Martin Trust for MIT Enterpreneurship
y autor de *La disciplina de emprender.*

«Como filósofo e informático, entiendo el increíble valor de tener habilidades humanas y técnicas. El futuro del trabajo ya está aquí, y es del humano más la máquina y no uno contra el otro. El oportuno libro de Hartley ofrece una mirada refrescante sobre por qué las humanidades son esenciales en nuestra era de inteligencia artificial».

Mariano Belinky
CEO de Santander Global Asset Management

«Scott está en lo cierto: en un mundo dominado por la tecnología y la innovación, la educación en humanidades es más relevante que nunca. No puedo imaginarme una persona en una posición mejor que Scott para contar anécdotas y ejemplos prácticos tras haber crecido en Silicon Valley, haberse formado en universidades innovadoras como Stanford, Harvard o Columbia, o trabajado en Facebook y Google durante sus primeros años».

Iñaki Berenguer
PhD en Ingeniería en la Universidad de Cambridge,
MBA en el MIT y fundador de CoverWallet

«Scott Hartley nos da un momento de pausa y de reflexión, para entender que la certidumbre de los datos necesita del hombre, del pensamiento crítico, de la ética, del bagaje cultural y social, para interpretarlos y tomar buenas decisiones, en un entorno donde la tecnología y su manejo trazan el presente y futuro de las profesiones».

Geoffroy Gérard
Director general de IE Foundation, IE University.

«Este magnífico libro indice en la importancia de las artes liberales en nuestro mundo tecnocéntrico. El fin de la tecnología es mejorar la vida de los seres humanos y el de las humanidades y las ciencias sociales es enseñarnos sobre la condición humana para poder hacerlo mejor. ¡Una lectura muy interesante!»

John Hennessy
Presidente emérito de la Universidad de Stanford y profesor de Ciencias de la Computación e Ingeniería Eléctrica.

«Libro brillante y oportuno que invita a la reflexión. Una perspectiva refrescante y necesaria... Todos los estudiantes, padres, educadores, políticos, responsables, directores ejecutivos y empresarios deberían leer este libro».

Fei-Fei Li
Directora del Laboratorio de Inteligencia Artificial de Stanford y científica jefe de Inteligencia Artificial y Aprendizaje Automático en Google Cloud.

Scott Hartley

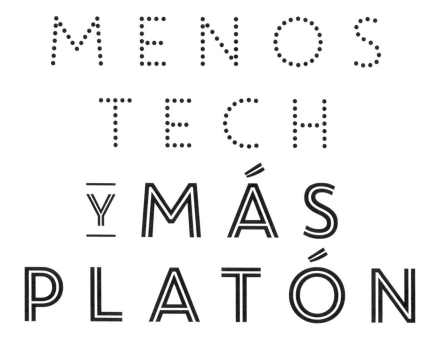

MENOS TECH Y MÁS PLATÓN

MADRID | CIUDAD DE MÉXICO | LONDRES
NUEVA YORK | BUENOS AIRES
BOGOTÁ | SHANGHÁI | NUEVA DELHI

Colección Acción Empresarial de LID Editorial
Musgo 3, 28023 Madrid, España
www.LIDeditorial.com

A member of:

businesspublishersroundtable.com

Título original: The Fuzzie and the Techie. Why the Liberal Arts Will Rule the Digital World / © Hartley Global, LLC 2018. All rights reserved.

© Scott Hartley 2020
© Editorial Almuzara S.L. 2020 para LID Editorial, de esta edición

ISBN: 978-84-17277-76-5
Directora editorial: Laura Madrigal
Traducción: Cecilia González Godino
Maquetación: produccioneditorial.com
Diseño de portada: Juan Ramón Batista
Impresión: Cofás, S.A.
Depósito legal: M-24775-2020

Impreso en España / *Printed in Spain*

Primera edición: octubre de 2020

Te escuchamos. Escríbenos con tus sugerencias, dudas, errores que veas o lo que tú quieras. Te contestaremos, seguro: info@lidbusinessmedia.com

ÍNDICE

INTRODUCCIÓN 7

1. EL ROL DE UN *FUZZY* EN UN MUNDO *TECHIE* 11
   1. El origen de los términos 18
   2. Mantenerse alerta y anestesiar los miedos 20
   3. Adiós a la línea divisoria 23
   4. Las competencias derivadas de las humanidades............ 26
   5. Antropólogos y vehículos de autoconducción 29
   6. Aprovechar los conocimientos de los graduados
      en humanidades 33

2 AÑADIR EL FACTOR HUMANO AL *BIG DATA* 43
   1. Añadir el factor humano al poder de la tecnología........... 49
   2. Un botón para encontrar terroristas 57
   3. Identificar datos sesgados..................................... 60
   4. Alfabetizar en ciencia de datos 64
   5. Resolver misterios milenarios 66

3 LA DEMOCRATIZACIÓN DE LAS HERRAMIENTAS
  TECNOLÓGICAS 71
   1. Bloques de construcción tecnológica 81
   2. Servicios de alquiler: desde la creación de prototipos
      hasta la gestión de clientes 83
   3. La democratización del código 90

4   ALGORITMOS QUE NOS AYUDAN SIN DOMINARNOS   97
    1. El factor humano está entre los bastidores de
        la inteligencia artificial   106
    2. Las máquinas han enloquecido   109
    3. Aún queda mucho bueno por hacer   113

5   POR UNA TECNOLOGÍA MÁS ÉTICA   119
    1. La era del diseño ético   124
    2. Protegiendo el libre albedrío   133
    3. Marcar la diferencia en la medicina preventiva   139
    4. ¿Terapia digital para las masas?   143

6   MEJORAR LAS FORMAS DE APRENDIZAJE   147
    1. Encontrar el equilibrio adecuado en la enseñanza   151
    2. Innovar para mejorar el aprendizaje combinado   153
    3. Inspirar un aprendizaje autodirigido: *escape room*
        o salas de escape   158
    4. Involucrar a los estudiantes en su aprendizaje   161
    5. Profesor como entrenador   165
    6. Mejorar la comunidad de padres y su compromiso   167
    7. Lo mejor de *fuzzies* y *techies*   174

7   CONSTRUYENDO UN MUNDO MEJOR   177
    1. Unidos para hacer que nuestro mundo sea seguro   185
    2. Tácticas de *lean start-up* para defensa militar   189
    3. Resolver los problemas más difíciles del mundo   191
    4. Gobiernos abiertos   195
    5. OpenGov en acción   199

8   EL FUTURO DE LOS EMPLEOS   203
    1. La fuerte demanda de competencias «blandas»   208
    2. Predicciones exageradas del desplazamiento de las
        habilidades «blandas»   211
    3. La situación importa   213
    4. Explorar el aprendizaje profundo   219
    5. Las máquinas no pueden intuir, crear o sentir   223

CONCLUSIÓN. UN ESFUERZO CONJUNTO   225

NOTAS   233

INTRODUCCIÓN

Los términos *fuzzy* y *techie* se utilizan para identificar respectivamente a los estudiantes de humanidades y ciencias sociales (los *fuzzies*) y a los estudiantes de ingeniería o ciencias duras (los *techies*) de la Universidad de Stanford. Estos singulares sobrenombres esconden críticas opiniones sobre la igualdad de grados universitarios, la importancia vocacional y el rol de la educación. Y no es de sorprender que estos argumentos hayan trascendido las vastas áreas rodeadas de palmeras y las doradas laderas de Stanford hasta llegar a Silicon Valley. De hecho, la cuestión sobre igualdad de grados académicos, automatización y competencias relevantes en la economía del mañana, presumiblemente dirigida por la tecnología, es la misma a la que nos enfrentamos en Latinoamérica y en el resto del mundo.

Este debate —que atesora ya varias décadas— sobre separar a estudiantes de carreras de humanidades de aquellos que escriben código y desarrollan *software* parece constituir una encarnación moderna de *Las dos culturas*, del físico y novelista Charles Perry Snow, donde se muestra una falsa dicotomía entre aquellos versados en artes clásicas y aquellos con las habilidades vocacionales requeridas para tener éxito en una economía con base tecnológica. En España, en la prueba de acceso a la universidad (PAU), se da preferencia a los resultados de unas pruebas frente a otras, puesto que sus administradores creen que una aptitud en un área específica de estudio es, de alguna manera, necesaria para obtener un título. En otras palabras, se han creado caminos que separan, en lugar de fomentar la colaboración, las «dos culturas».

Este libro trata de reformular este debate, reconociendo la necesidad —muy real— de las ciencias, la tecnología, la ingeniería y las matemáticas (STEM), pero sin desdeñar el rol de las humanidades. En efecto, a medida que la evolución de la tecnología la vuelve accesible y democrática —y, por supuesto, omnipresente—, los eternos interrogantes de las humanidades se han convertido en requisitos esenciales de nuestros nuevos instrumentos tecnológicos. No hay duda de que los elogiados estudiantes que cuentan con títulos de ingeniería seguirán teniendo una importancia crucial en el establecimiento de la infraestructura tecnológica, pero la realidad es que las empresas de nueva creación más exitosas también requieren de un gran contexto industrial, de psicología para comprender las necesidades y deseos de los usuarios, de un diseño intuitivo y de habilidades de comunicación y colaboración adecuadas. Serán precisamente los graduados en literatura, filosofía y ciencias sociales quienes ayuden a guiar a las *start-ups* tecnológicas más exitosas. Es más, si levantamos la mirada de nuestras pantallas, no podremos evitar comprender que estos graduados son los elementos esenciales para que el mundo que nos rodea se mantenga culturalmente rico y digno de ser habitado.

Como *fuzzy* en un mundo *techie*, observé esta falsa dicotomía cuando crecía en Palo Alto, California, donde Steve Jobs donó las computadoras Apple que mis compañeros y yo usamos en la secundaria. Del mismo modo, me topé con esta cuestión cuando estudiaba Ciencias Políticas en Stanford y durante mi estancia profesional en Barcelona (España) y en Quito (Ecuador). Pude experimentarlo en Google y, más tarde, en Facebook; y, en última instancia, como capitalista de riesgo y fundador de mi empresa, Two Culture Capital. Si logramos apartar el velo de la tecnología, podremos ver que, a menudo, es nuestra humanidad la que completa el proceso creativo. Después de haberme reunido con miles de empresas en la última década y de haber invertido en más de 75 *start-ups* en los cinco continentes, deseo compartir con los habitantes de España y de América Latina la noción de que hay un lugar —muy real y esencial— para las «dos culturas» en la economía tecnológica del futuro, sin importar lo que se haya estudiado. Nuestra tecnología debería proporcionar esperanza en lugar de miedo[1] y, para ello, es esencial que políticos, educadores, padres y estudiantes reconozcan esta falsa división entre una alfabetización tecnológica y otra basada en nuestras habilidades y competencias más humanas.

Los mayores problemas humanos requieren que combinemos el aprecio por la tecnología con un respeto continuo por aquellos que estudian nuestra condición humana, ya que son estos quienes nos muestran cómo aplicar dicha tecnología y con qué propósito. Aunque podamos creer que lo que resolvemos son problemas actuales, en realidad son viejas cuestiones. Por ejemplo, en el Museo Reina Sofía de Madrid se encuentra la obra *Guernica*, de Pablo Picasso, que encarna los aspectos más grotescos de la Guerra Civil. Sin embargo, en el centro superior del cuadro está representada una bombilla, pues no se trata de culpar a la tecnología, sino de comprender que nos permite ver y reflexionar sobre nuestra propia humanidad. La belleza y lo grotesco de la sociedad humana no son causados por la tecnología, sino que esta nos permite observarlo de cerca y desde distintas perspectivas. Para Picasso, la bombilla ilumina el lienzo; en la actualidad, son Facebook, Snapchat o Instagram los elementos que iluminan nuestros propios prejuicios, vanidades e inseguridades. Deberíamos revalorizar la importancia de las humanidades mientras continuamos progresando y siendo pioneros de nuevas herramientas tecnológicas. A medida que avancemos, necesitaremos tanto lo intemporal como lo oportuno.

Como demostró Luis Barragán, el arquitecto mexicano ganador del Premio Pritzker que combinó matemáticas y estética en el diseño de hogares, no existen culturas separadas para las matemáticas y el arte, sino que constituyen dos caras de la misma moneda. Al tener en cuenta el rol de la educación para el futuro tecnológico, necesitamos tanto de la *gravitas* de Borges como de las novedades en *blockchain*, la pasión de Neruda y la eficiencia de NodeJS. Si no dejamos a un lado nuestros teléfonos y nos permitimos una pausa para leer la gran literatura de Gabriel García Márquez, podríamos encontrarnos tecnológicamente avanzados, pero viviendo en nuestros propios cien años de soledad.

1

EL ROL DE UN *FUZZY* EN UN MUNDO *TECHIE*

Una vez hizo de Kate en *La fierecilla domada*. En otra ocasión, fue Adelaide en *Guys and Dolls*. Sin embargo, en su propia piel, Katelyn Gleason es fundadora y CEO de Eligible, una innovadora empresa tecnológica de salud. Graduada en Artes Dramáticas por la Universidad de Stony Brook en Long Island, nunca se imaginó que se convertiría en una emprendedora, y menos aún en una emprendedora tecnológica. Pero después de fundar su propia compañía cuando tenía veintiséis años y de recaudar 25 millones de dólares en fondos de capital riesgo[1] de algunos de los emprendedores de más éxito en el mundo empresarial estadounidense, asegura que su experiencia como actriz contribuyó significativamente a sus habilidades sociales, a su confianza y a su talento para las ventas, que fueron elementos decisivos para el lanzamiento de Eligible.

Katelyn se convirtió en una emprendedora tecnológica en salud por un golpe de suerte. Perfectamente podría haberse convertido en ejemplo para el debate que pone en duda la educación en humanidades, basado en el argumento de que dichas disciplinas no preparan a los estudiantes para los trabajos que la economía necesita cubrir. Con *humanidades* nos referimos también a las ciencias sociales. De hecho, cuando se dio cuenta de que su carrera como actriz no tenía mucho futuro y que debía buscar otro trabajo, no tenía una idea clara de qué empleo buscar, pero sí sabía que era buena vendiendo. Durante la universidad, había financiado sus estudios trabajando como directora de ventas de una compañía que publicaba directorios de empresas.

Katelyn asegura que su experiencia como actriz la ayudó en aquel empleo, ya que aprendió a ser persuasiva en su estrategia de ventas y a enfrentarse al impacto emocional de que las personas le dijeran una y otra vez que no. Actuar la enseñó a acallar sus dudas internas y a seguir adelante a pesar del rechazo. Demostró tanto talento en las ventas que a los veinte años tenía veinte personas a su cargo. Así pues, cuando buscaba ofertas de trabajo un anuncio en Craiglist llamó su atención: un empleo en ventas para una *start-up* llamada DrChrono que proporcionaba servicios de salud. La empresa estaba especializada en planificación, facturación y gestión de órdenes para test clínicos y prescripciones. A pesar de no saber nada de la industria farmacéutica, Katelyn sabía de ventas y se sentía con la confianza suficiente como para aprender lo que necesitara para sacar adelante el trabajo.

DrChrono la contrató como comercial, y Katelyn comenzó a aprender sobre atención médica y sobre cómo crear una empresa. Entonces, descubrió que la fascinaba el proceso de innovar un negocio y que le encantaba sentirse parte de un pequeño equipo empresarial. Los fundadores también estaban muy contentos de tenerla en su equipo; sus habilidades comerciales eran tan impresionantes que le pidieron que se uniera a ellos para presentar la empresa a un concurso muy competitivo para *start-ups* que Y Combinator (YC), una incubadora de *start-ups* de Silicon Valley, convocaba anualmente. Las empresas ganadoras eran admitidas en un programa de tres meses muy riguroso durante el cual el fundador de YC, Paul Graham, y un equipo de emprendedores de éxito e inversores orientaban a las *start-ups* sobre cómo desarrollar sus negocios. DrChrono se hizo con una de aquellas codiciadas plazas, y Katelyn impresionó tanto a Paul Graham que, cuando ella decidió dejar DrChrono, este le aconsejó fundar su propia *start-up* tecnológica de salud, aunque no contara con un grado de una universidad de la Ivy League o contactos estelares, como algunos de sus colegas.

Katelyn sabía aún muy poco de tecnología, pero tenía las ideas claras en cuanto al negocio. Estaba muy sorprendida por la ineficiencia con la que las clínicas médicas verificaban la cobertura médica de sus pacientes; solían hacerlo por teléfono y esto implicaba mucho papeleo, lo que también conllevaba largos retrasos y numerosos errores. Muy a menudo, los doctores acababan cargando con los costes de los procedimientos porque los pacientes no tenían, en realidad, la cobertura que el doctor creía que tenían. Otras veces, los pacientes recibían facturas desorbitadas e inesperadas. En palabras de Katelyn: «Solía lidiar con los empleados de administración y los sistemas de facturación. Había una compañía que todo el mundo usaba, llamada Emdeon». Pero la tecnología con la que había sido creado el sistema de Emdeon era antigua y, para las consultas de los doctores, conectar sus propios sistemas de datos a la tecnología de Emdeon era muy caro y suponía mucho tiempo. Katelyn había oído hablar de otra *start-up* apoyada por YC llamada Stripe que ofrecía una forma sencilla de facturación a más de 100 000 negocios, desde Best Buy o Saks, en la Quinta Avenida, hasta Adidas; además, gestionaban todas las complejidades de los pagos por internet. Entonces, decidió que crearía un sistema similar para los proveedores de servicios médicos, un sistema más rápido y sencillo que Emdeon. Aunque no tenía ni idea del nivel de programación que esto implicaría, pensó que podría aprender lo que necesitara para contratar a ingenieros de *software* que llevaran a cabo esa faceta del negocio.

Desde su apartamento de Mountain View, California, en el corazón de Silicon Valley, Katelyn se dedicó a leer sobre la tecnología que necesitaría aquel sistema. Asistió a clases gratuitas *online* sobre programación ofrecidas por varias universidades y dedicó días y días a devorar libros en la biblioteca pública. Se forzó a sí misma a leer el kit para desarrolladores de *software* de Apple de principio a fin y publicó las preguntas que tenía en la web de colaboración para desarrolladores, Stack Overflow. Con un conocimiento básico, contrató a dos ingenieros *freelance* de *software* y, mientras estos construían el prototipo, comenzó a buscar inversiones informales. «Como mujer y sin ningún tipo de formación técnica», recuerda, «me topé con mucho escepticismo, pero, una vez más, mi experiencia como actriz me había ayudado a desarrollar una resiliencia que me permitió continuar, a pesar de tantos rechazos». Su trabajo de actriz también le permitió crear una historia convincente sobre la compañía, lo cual es esencial para convencer a los inversores de que proporcionen su apoyo. «En el mundo teatral, el dramaturgo te da una obra, pero tú eres quien cuenta la historia», me explicó en 2016. «Sabía que tenía que descubrir cómo contar la historia correcta. Cuando empiezas a ensayar, estás completamente perdido. No conoces a los personajes en absoluto. Cuando empiezas a construir un producto, cuando empiezas a construir una empresa y ni siquiera sabes cuál va a ser tu producto, es exactamente la misma sensación: estás completamente perdido. Aprendí en el proceso de ensayo que, si me esforzaba lo suficiente, podría ganar esa claridad interna donde empezaría a despegar como un cohete»[2].

En el verano de 2012, Katelyn se encontró de nuevo en Y Combinator, con Paul Graham y su equipo, pero esta vez como fundadora de una *start-up*. Se ganó su apoyo y, tras esto, pudo recaudar rápidamente 1.6 millones de dólares, que le permitieron continuar con la creación del programa de Eligible. Después del lanzamiento, la compañía despegó con una tasa de crecimiento del 60 % cada semana. En 2013, Katelyn fue seleccionada por la revista *Fast Company* entre las cien personas más creativas[3] y, en 2015, pasó a engrosar la lista *Forbes* de las treinta personas menores de treinta años[4] más creativas e innovadoras del sector sanitario.

Como CEO de una compañía, Katelyn también se encuentra bajo los focos, justo en el centro del escenario. Es una *fuzzy* que se unió a los *techies* para resolver un problema que debería haberse solucionado hace mucho tiempo. Le encanta saber que su empresa ayuda a procesar más de diez millones de reclamaciones de elegibilidad para seguros de salud al mes[5], lo que aporta eficiencia y ahorro a una industria que aún tiene mucho por mejorar. Katelyn nunca podría haber anticipado que su experiencia como estudiante de arte dramático resultaría tan valiosa para enseñarle a indagar y a aprender lo que necesitaba saber sobre tecnología para crear su compañía, además de lo útiles que llegarían a ser sus habilidades de cara a convertirse en una comunicadora segura y altamente persuasiva con espíritu emprendedor. En lugar de ser un ejemplo de falta de pragmatismo por obtener un título en humanidades, se convirtió en una representante de la aplicabilidad de las habilidades que se desarrollan gracias a las artes, así como de la importancia que tienen como complemento de la experiencia tecnológica.

Muchos otros fundadores exitosos de empresas innovadoras impulsadas por la tecnología también dicen que su formación en humanidades les ha permitido descubrir nuevas formas con las que aprovechar el poder de la tecnología. El fundador de la plataforma de comunicaciones corporativas Slack, Stewart Butterfield, atribuye su capacidad para desarrollar un producto exitoso a seguir las líneas de investigación hasta alcanzar una conclusión lógica. No es de sorprender que Butterfield estudiara Filosofía[6] tanto en la Universidad de Victoria como en la Universidad de Cambridge, pero su historia no es única. El fundador de LinkedIn, Reid Hoffman, obtuvo su Máster en Filosofía en la Universidad de Oxford; Peter Thiel, capitalista de riesgo multimillonario y cofundador de PayPal, estudió Filosofía y Derecho, y su cofundador de Palantir, el director ejecutivo Alex Karp, obtuvo un título de abogado y luego un doctorado en teoría social neoclásica[7]; Ben Silbermann, el multimillonario fundador de Pinterest, estudió Ciencias Políticas en Yale, mientras que los fundadores de Airbnb, Joe Gebbia y Brian Chesky, obtuvieron su licenciatura en Bellas Artes en la Escuela de Diseño de Rhode Island, Steve Loughlin, fundador de RelateIQ —que Salesforce compró por 390 millones de dólares[8] tres años después de haber fundado la compañía—, estudió Ciencias Políticas; el cofundador de Salesforce, Parker Harris, estudió Literatura Inglesa en la Universidad de Middlebury; Carly Fiorina, exdirectora ejecutiva de Hewlett-Packard, se especializó en historia y filosofía medieval; y Susan Wojcicki, directora ejecutiva de YouTube, estudió Historia y Literatura en Harvard[9]. No hace falta más que echar un vistazo a Silicon Valley para ver que numerosos *techies* han basado su educación en disciplinas que enseñan métodos de investigación y de pensamiento riguroso; muchas compañías de tecnología han nacido sobre la base de filosofías aprendidas a través de la enseñanza de humanidades.

Pero Estados Unidos no tiene exclusividad en estos datos; si cruzamos el Pacífico, el hombre más rico de Asia, Jack Ma, conocido por ser el fundador del gigante del comercio electrónico Alibaba, estudió Literatura Inglesa.

No cabe duda de que existe una gran cantidad de oportunidades para los *techies* y de que este perfil tiene una demanda muy elevada; sin embargo, aún está por descubrir que, en la economía de hoy en día, basada en una tecnología que ofrece herramientas cada vez más accesibles, el elemento diferencial —nuestra ventaja competitiva— descansa en las enseñanzas de los programas de humanidades.

1. EL ORIGEN DE LOS TÉRMINOS

La primera vez que escuché los términos *fuzzy* y *techie* fue como estudiante en la Universidad de Stanford. Si te especializabas en humanidades o ciencias sociales, eras un *fuzzy*, mientras que si te especializabas en ingeniería o en ciencias computacionales eras un *techie*. Este apodo tan singular —que tacha de «confusos», *fuzzies,* a aquellos que estudian letras en contraste con la imagen de Stanford como centro líder de innovación tecnológica— nunca ha disuadido a los estudiantes de llenar sus horarios con clases de humanidades, principalmente porque la universidad promueve una educación integral, y los profesores creen firmemente que el éxito viene de la exposición a una amplia gama de disciplinas.

Yo escogí ser un *fuzzy*, pues me especialicé en Ciencias Políticas, pero tomé ciertas clases fascinantes que me introdujeron a los recientes desarrollos en tecnología, como Tecnología en Seguridad Nacional, o un seminario en Liderazgo de Pensamiento Empresarial, en el que los mejores fundadores de empresas tecnológicas e inversionistas venían a dar conferencias. Sin embargo, también nutrí mi curiosidad intelectual estudiando historia antigua, teoría política y literatura rusa en lugar de buscar formación profesional. Durante la universidad, colaboré dos años con el Centro de Ética Biomédica estudiando filosofía aplicada de vanguardia. Desde ahí, empecé a trabajar en el campo de la tecnología en Google, Facebook y en el Centro Berkman Klein de Internet y Sociedad de la Universidad de Harvard. Finalmente, me convertí en un inversor de capital de riesgo; mi trabajo consiste en conocer y evaluar las nuevas empresas de tecnología, trabajando con ellas para ayudarlas a lanzarse y crecer con éxito.

Mi educación en Stanford me enseñó que no me graduaría con un conjunto de habilidades de segunda clase en comparación con las aprendidas por los *techies* de todo el campus, sino con un conjunto de habilidades complementarias, igualmente necesarias en la economía actual impulsada por la tecnología. El orador de mi graduación fue Steve Jobs, y nos dijo en su discurso: «Manteneos hambrientos. Manteneos imprudentes»[10]. Jobs también afirmó una vez lo importantes que son las humanidades y las ciencias sociales en la creación de grandes productos y declaró que «la tecnología por sí sola no es suficiente: es la tecnología unida a las humanidades lo que genera un resultado que hace cantar a nuestro corazón»[11].

Numerosos medios de comunicación e incluso libros recientes advierten de la amenaza que supondrá para otros empleos la ola de innovación tecnológica de rápido crecimiento basada en la automoción, como coches que se conducen solos o robots que actúan como asistentes domésticos. Estamos viviendo el principio de lo que los economistas del Instituto de Tecnología de Massachusetts (MIT) Erik Brynjolfsson y Andrew McAfee denominaron la Segunda Era de las Máquinas[12] en su libro con el mismo título, donde los autores sugerían que las habilidades que asegurarán empleos lucrativos en esta era emergente serán aquellas aprendidas mediante una educación en los campos STEM —ciencia, tecnología, ingeniería y matemáticas—. Por el contrario, tachan un grado en humanidades de extravagancia, muy lejos de ser una decisión práctica, sino de algo que los trabajadores del futuro simplemente no pueden permitirse.

Leer novelas y poemas, revisitar los debates de la antigua filosofía o estudiar la historia de la Revolución francesa o la cultura de una comunidad en una isla remota no parece la mejor opción para lograr un trabajo decente en la economía de hoy, dirigida por la tecnología, y menos aún en el futuro, o eso dicen ellos. El fundador de Microsoft, Bill Gates, causó mucho revuelo[13] en un discurso frente a la Asociación Nacional de Gobernadores al afirmar que la financiación del Estado en favor de la educación en humanidades debía reducirse para dedicar más dinero a la educación superior en los campos STEM, puesto que aquellas eran las habilidades que permitirían a las personas adquirir trabajos de alto nivel[14]. El multimillonario cofundador de Sun Microsystems, Vinod Khosla, un importante inversor de capital de riesgo que invierte en nuevas empresas tecnológicas, ha llegado incluso a decir que «poco del material que se enseña hoy en día en los programas de humanidades es relevante para el futuro»[15]. Y el capitalista de riesgo y pionero del desarrollo de *software* de Silicon Valley que creó el motor de búsqueda Netscape, Marc Andreessen, bromeó diciendo que aquellos que aprenden las llamadas «habilidades blandas» (*soft skills*, en inglés) o competencias interpersonales, propias de las humanidades en la universidad, en lugar de las «habilidades duras» (*hard skills*, en inglés) de la ciencia y la tecnología, «probablemente terminarán trabajando en una tienda de zapatos»[16].

2. MANTENERSE ALERTA Y ANESTESIAR LOS MIEDOS

No hay duda de que la alarma que ha saltado sobre el futuro del trabajo y sobre las perspectivas de los licenciados en humanidades ha nacido de una preocupación genuina, pero también se encuentra muy descaminada por varias razones. En primer lugar, como exploraremos más a fondo en el capítulo 8, aunque es probable que las máquinas cada vez más inteligentes y ágiles ocupen el lugar de algunos trabajadores, se ha exagerado mucho dicho grado de desplazamiento. La amenaza para algunos puestos de trabajo no solo es evidente, sino que ya está presente; los robots asumirán cada vez más tareas que pueden ser totalmente automatizadas, como ya ha ocurrido con trabajos en las líneas de montaje de tantos fabricantes. Sin embargo, la proporción de puestos de trabajo que pueden ser totalmente automatizados es más limitada de lo que sugieren las previsiones. Sin duda, en la mayor parte de empleos existe una serie de tareas que pueden automatizarse, ya que son rutinarias o pueden realizarse de forma más efectiva mediante el procesamiento de grandes cantidades de datos, y estas serán asumidas por las máquinas; no obstante, en muchos casos, la consecuencia no será desplazar a los trabajadores humanos, sino más bien liberarlos de estas labores repetitivas para que dediquen más tiempo a los aspectos de su trabajo que requieren habilidades exclusivamente humanas: tareas no rutinarias y resolución de problemas complejos que las máquinas no pueden realizar y que tal vez nunca puedan realizar.

Basta con fijar la vista en el ámbito legal para ver el cambio que se está produciendo. En 2015, el economista laboral del MIT Frank Levy fue coautor de un artículo con Dana Remus, de la Facultad de Derecho de la Universidad de Carolina del Norte, titulado «Can Robots Be Lawyers?[17] Computers, Lawyers and the Practice of Law» [¿Podrán los robots ser abogados? Ordenadores, abogados y el ejercicio del derecho]. En él, se examinaba la noción de que la profesión de abogado es susceptible a la automatización y de que los abogados pronto serán reemplazados por las computadoras. Su argumento se inspiró en la aparición de un *software* diseñado para leer y analizar documentos legales durante el proceso de descubrimiento.

Después de un extenso análisis del tiempo dedicado a las tareas individuales realizadas por los abogados, Levy y Remus concluyeron que estos pasan la mayor parte de su tiempo analizando documentos, aconsejando a los clientes y compareciendo ante los tribunales, por lo que muchas de las habilidades que hacen que un profesional del derecho sea especialmente efectivo, como el pensamiento en tiempo real y la interacción con los clientes, son y seguirán siendo exclusivamente humanas. Asimismo, calcularon que alrededor del 13 % del trabajo legal podría algún día automatizarse, una cantidad significante, aunque relativamente modesta, sobre todo porque el cambio se producirá a largo plazo, en el curso de muchos años. Por tanto, en lugar de sustituir a los abogados, el *software* de automatización permitirá que los abogados sean más eficientes. Las máquinas se encargarán de las tareas rutinarias; los abogados se encargarán del resto.

Una gran ironía del debate sobre el desplazamiento de puestos de trabajo es que los empleos basados en la programación computacional se encuentran entre trabajos más vulnerables a dicha deslocalización, a pesar de que sobresalen en la actualidad como los mejor pagados y de mayor demanda. ¿Cómo es esto posible? En primer lugar, muchos de estos puestos de trabajo se transferirán al extranjero, a economías en desarrollo que ya están invirtiendo en la formación en masa de programadores altamente cualificados, especialmente en lugares como India, China y Nigeria. Estos programadores ya no son simplemente mano de obra barata contratada para llevar a cabo tareas relativamente simples de creación de sitios web, sino trabajadores altamente cualificados. Andela, una *start-up* que pretende formar a 100 000 programadores africanos[18] durante la próxima década, tiene tantos solicitantes que su tasa de aceptación es inferior al 1 % e invierte hasta 10 000 dólares para entrenar a cada persona becada[19] en las soluciones más novedosas de desarrollo de *software*. Entre ellos se encuentra Olajumoke Oladimeji, una joven que ya tenía un título en Ciencias de la Computación e Ingeniería Eléctrica por la Universidad Estatal de Lagos. Además, todos los becados son emparejados con compañías globales. Debido al alto salario que los programadores pueden exigir, el traspaso de buena parte del trabajo de programación al extranjero es tan inevitable como lo fue el envío de la fabricación y la manufactura a los países en desarrollo. En 1970, uno de cada cuatro estadounidenses trabajaba en la industria manufacturera, mientras que hoy es menos de uno de cada diez[20]. Por tanto, lo más probable es que el desarrollo de *software* siga un patrón similar. No cabe duda de que las competencias técnicas son importantes, pero una educación *techie* por sí sola tampoco asegurará automáticamente un empleo en la Segunda Era de las Máquinas.

Dicho esto, no podemos discutir el valor de obtener una educación STEM de alta calidad, que no se limite al aprendizaje de lenguajes de programación, sino rigurosamente basada en una de las ciencias «duras» o campos de la ingeniería. Es probable que el trabajo en investigación científica pura, así como en I+D industrial y en innovación tecnológica, esté siempre asegurado. En cuanto a los trabajos de programación, actualmente en Estados Unidos no hay suficientes candidatos para cubrirlos todos, ya que el ritmo de cambio en este sector es muy rápido. Por otra parte, el análisis de las necesidades futuras del mercado de trabajo indica que este déficit se agravará significativamente en los próximos años. La Oficina de Estadísticas Laborales (Bureau of Labor Statistics, en inglés) anticipa que para el 2020 habrá un millón más de puestos de trabajo en ciencias de la computación que de candidatos cualificados para ocuparlos. Este es un argumento de peso para pedir más graduados en STEM, y no podemos negar que existe una necesidad muy real de *techies*.

Ciertamente, se deben desarrollar con más urgencia las habilidades necesarias para el futuro, y podríamos fijar la vista en países como Estonia, que exige que todos los alumnos de primer grado aprendan la programación básica[21]. Pero el énfasis no debería estar puesto exclusivamente en la enseñanza de estas habilidades, especialmente si solo sirve para cubrir una brecha de competencias a corto plazo. Aquellos formados en habilidades STEM también deben tener la oportunidad de desarrollar las competencias fomentadas por las humanidades, puesto que ganarán más agilidad y, con ella, aumentarán sus posibilidades de empleo en la economía del mañana. Un ejemplo de ello es el presidente de Irlanda, Michael Higgins, quien dijo en noviembre de 2016 que «la enseñanza de la filosofía es una de las herramientas más poderosas que tenemos a nuestra disposición para capacitar a los niños»[22]. En lugar de entrenar a legiones de personas para que realicen tareas tecnológicas previamente prescritas, deberíamos equilibrar esta tendencia con una educación en humanidades que desarrolle competencias más integrales y abra las puertas a más oportunidades, transmitiendo una enseñanza sólida tanto en habilidades *techie* como *fuzzy*.

El debate que enfrenta las competencias STEM a las competencias en humanidades ha disimulado el hecho de que las llamadas «ciencias puras», como la biología, la química, la física y las matemáticas, son un componente central del canon de las humanidades, y que la informática, en muchos casos, también forma parte de dicho canon. Se ha establecido una falsa dicotomía entre una educación en humanidades y una en STEM, cuando los estudiantes pueden aprender ambas cosas a la vez.

3. ADIÓS A LA LÍNEA DIVISORIA

Pero ¿cuál es exactamente el valor de una educación en humanidades, especialmente si se quiere participar de manera significativa en la ampliación de las fronteras de la innovación tecnológica? ¿Están las áreas de especialización de las humanidades realmente excluidas de las apasionantes posibilidades del futuro? Este argumento esconde una serie de concepciones erróneas. En primer lugar, se pasa por alto un desarrollo tecnológico que avanza rápidamente y en el que las personas altamente cualificadas en campos distintos a los STEM pueden, sin embargo, desempeñar un papel esencial e incluso asumir el liderazgo en la aplicación de las nuevas tecnologías a productos y servicios innovadores, como el caso de éxito de Katelyn Gleason. Tal y como demuestra su historia, aunque es importante adquirir conocimientos sobre las herramientas tecnológicas, ya no se requiere un título técnico para prosperar en muchas áreas de la actual economía tecnológica. La línea divisoria para aprovechar el poder de estas herramientas tecnológicas también se ha visto reducida, por lo que aquellos que no tienen experiencia técnica pueden ahora obtener esa alfabetización mucho más fácilmente y colaborar de manera más creativa y eficiente con los expertos en tecnología, al mismo tiempo que impulsan nuevos productos y servicios más innovadores.

Una de las tendencias tecnológicas predominantes en las últimas décadas ha sido la democratización de las herramientas utilizadas para crear productos y servicios de base tecnológica. Los expertos en tecnología han creado interfaces cada vez más intuitivas que han hecho que el uso de los ordenadores sea tan sencillo que hasta los niños de tres años pueden utilizar un iPad con facilidad. Además, los nuevos programas de voz, como Siri de Apple y Echo de Amazon, continuarán mejorando y permitirán que las personas sin formación en programación puedan instruir a sus ordenadores para realizar las tareas que antes requerían desarrollo de *software*. Incluso ahora, la creación de páginas web es una tarea que puede llevarse a cabo sin ningún tipo de conocimiento técnico; cualquiera puede convertirse en diseñador web simplemente seleccionando una plantilla y luego adaptándola a su gusto con tan solo arrastrar elementos prediseñados dentro de ella. Estos sitios también pueden conectarse fácilmente a servicios de pago, sistemas de control de inventario y sistemas de gestión de la relación con los clientes.

Un ejemplo más es la impresión en 3D, que sonaba a fantasía futurista hace solo una década, y ahora hay impresoras muy potentes disponibles para el público a costes asequibles y programadas para crear sin esfuerzo cualquier tipo de objetos, como muebles o ropa diseñada a medida. Por otra parte, hace pocos años, la creación y el mantenimiento de un almacén para grandes volúmenes de datos, necesarios para muchos tipos de empresas de base tecnológica, eran prohibitivamente técnicos y costosos, excepto para los más expertos, que decidieron crear un negocio a partir de dicha imposibilidad. Ahora, uno no necesita entender los detalles técnicos sobre cómo funcionan los servidores para comprar almacenamiento de datos en la nube en Amazon Web Services, por ejemplo. Esto no quiere decir que todas las herramientas tecnológicas actuales estén disponibles «para aficionados»; muchas aún requieren un alto nivel de experiencia para utilizarlas. No obstante, en esos casos, abundan los recursos para adquirir esa experiencia con mayor facilidad, y no hay duda de que la tendencia a la democratización continuará.

Hace unos años, mi padre, de setenta años, estrelló su bicicleta Litespeed a más de treinta kilómetros por hora, aterrizó de cabeza y acabó en la unidad de cuidados intensivos con un hematoma subdural. Su neurólogo recomendó, como parte de su recuperación, que comenzara un entrenamiento cerebral usando Lumosity, un programa *online* que ofrece ejercicios atractivos y de gran calidad para desarrollar habilidades lingüísticas, computacionales, lógicas y de la memoria. Mi padre empezó a hacer sus ejercicios a través de la aplicación móvil de Lumosity y disfrutó tanto de la experiencia que se inspiró para crear una aplicación propia. Como psicólogo industrial con un máster por la Universidad de la Mancomunidad de Virginia, no era un programador cualificado, pero aprendió por sí mismo a usar un lenguaje de programación llamado LiveCode y rápidamente comenzó a crear un prototipo funcional para el producto que quería construir. Utilizando un sitio web de *freelances* llamado UpWork, contrató a un desarrollador de iOS en India para que le ayudara. Finalmente, mi padre lanzó una una aplicación para iPhone de *ranking* de jugadores[23] justo a tiempo justo a tiempo para la Copa Mundial de la FIFA 2014. Sin duda, es un brillante ejemplo de cómo cualquiera con la motivación suficiente para contribuir a la era de la innovación puede hacerlo sin ninguna formación técnica formal. Aunque mi padre optó por aprender LiveCode, una evolución de un programa muy antiguo de Apple Mac llamado HyperCard con el que había experimentado hace décadas, no es la única opción y, a lo largo de este libro, escucharemos las historias de muchos otros graduados en humanidades sin formación tecnológica que lideran innovaciones excitantes con el potencial necesario para mejorar significativamente nuestras vidas colaborando con los perfiles más técnicos para aprovechar el poder de nuevas capacidades tan sofisticadas.

4. LAS COMPETENCIAS DERIVADAS DE LAS HUMANIDADES

Puesto que una especialización en informática no es un requisito para participar en la Segunda Era de las Máquinas, ¿qué habilidades poseen específicamente los graduados en humanidades para contribuir a este nuevo y desafiante mundo? Otro descuido importante en el debate entre ciencias y humanidades ha sido la falta de reconocimiento de que una buena educación en humanidades proporciona muchas habilidades que no solo son valiosas para el mundo de los negocios en general, sino que, de hecho, son vitales para participar en la próxima ola de productos y servicios innovadores impulsados por la tecnología. Muchas apologías del valor de una educación en humanidades han puesto su énfasis en la adquisición de habilidades fundamentales de pensamiento y comunicación, tales como el pensamiento crítico, la argumentación lógica y la resolución de problemas complejos. Fareed Zakaria, en su libro *In Defense of a Liberal Education* [En defensa de una educación liberal] de 2015, destaca «la creatividad, la resolución de problemas, la elaboración de opiniones, la argumentación persuasiva y la gestión» como las competencias que caracterizan la enseñanza liberal[24]. Se trata de un argumento sólido y, sin embargo, parece pasar por alto lo que puede ser el factor más importante en la defensa de por qué esta especialización está particularmente bien equipada para asumir roles de liderazgo en la innovación actual y futura.

Un aspecto de la educación en humanidades que ha sido extrañamente olvidado en este debate es el hecho de que las humanidades y las ciencias sociales están dedicadas al estudio de la naturaleza humana y de nuestras comunidades y sociedades más importantes. Los estudiantes que se embarcan en grados en humanidades suelen contar con una motivación manifiesta por investigar lo que nos hace humanos: cuáles son nuestros comportamientos y por qué tenemos dichos comportamientos. Cuentan con un impulso por explorar cómo funcionan las familias y las instituciones públicas —sistemas educativos y sistemas legales— y por encontrar el modo de mejorar su funcionamiento, así como por descubrir cómo funcionan los gobiernos y las economías, sistemas a menudo plagados de disfuncionalidades. Estos estudiantes extraen una información muy sólida de sus estudios y aplican ese conocimiento a los temas más actuales y a los principales problemas que deben ser abordados, construyendo enfoques muy diversos de análisis y de abordaje de dichas cuestiones.

Las mejores oportunidades en esta era emergente surgen de la evolución de las capacidades tecnológicas para encontrar formas más efectivas de resolver problemas humanos como la disfuncionalidades sociales o la corrupción política; para encontrar formas de educar mejor a los niños; para ayudar a las personas a vivir vidas más sanas y felices mediante la alteración de comportamientos nocivos; y para mejorar nuestras condiciones de trabajo, así como para descubrir formas más efectivas de abordar la pobreza, de mejorar la atención médica y de hacerla más asequible, de lograr gobiernos más responsables —tanto a nivel local como global— y de dar con la forma más óptima de incorporar máquinas inteligentes y ágiles a nuestras vidas laborales, de modo que se nos permita realizar el trabajo que mejor sabemos hacer mientras las máquinas hacen el resto. Aquellos trabajadores con una sólida formación en humanidades tienen una base sólida en la que apoyarse para alcanzar estos objetivos.

Una de las necesidades más inmediatas en la innovación tecnológica es invertir en productos y servicios con mayor calidad humana, cuya sensibilidad a las necesidades y deseos de las personas sea más acertada. Un caso de éxito de este objetivo fue Steve Jobs, creador de una de las compañías más valiosas del planeta que se concentró intensamente en esa misión. Las empresas y los empresarios que buscan el éxito en la actualidad y a largo plazo deben aprender a seguir su ejemplo, deteniéndose a reflexionar sobre cómo hacer que sus productos y servicios sigan un perfil más humano. Por su parte, Jobs basó su innovación en los conocimientos de la disciplina liberal del diseño: el Macintosh fue el primer ordenador que ofreció a los usuarios una selección de hermosas tipografías, que Jobs aprendió a apreciar tomando un curso de caligrafía en Reed College, en Portland, Oregón. En su discurso de apertura en Stanford, describió la tipografía como «bella, histórica, artísticamente sutil de una manera que la ciencia no puede captar»[25].

Sin embargo, existen muchas otras disciplinas de las humanidades cuya aportación a la innovación tecnológica puede ser de gran importancia. El estudio de la psicología, por ejemplo, puede ayudar a construir productos que estén más en sintonía con nuestras emociones y formas de pensar. Si nos detenemos a considerar el éxito arrollador de Facebook, podemos apreciar una increíble comprensión del «factor humano» que marca la diferencia en la creación de nuevos productos, programas y servicios. La mayoría de nosotros conocemos a Mark Zuckerberg como un programador rápido como el rayo que carecía de habilidades sociales y tenía dificultades con las relaciones interpersonales. No obstante, se pasa por alto que se especializó en humanidades en la academia Phillips Exeter, donde los estudiantes aprenden alrededor de mesas ovaladas y la enseñanza se realiza a través de la exploración socrática de las ideas en lugar de lecciones y conferencias. Después, fue admitido en la Universidad de Harvard, donde le encantaba aprender latín y griego. Incluso superó de forma excelente un examen final de Historia del Arte creando un sitio web que mostraba doscientas obras y permitía a sus compañeros de clase incluir comentarios sobre la importancia de cada obra, un preludio de plataforma de estudio social[26]. Al igual que su hermana mayor, Randi, estudió Psicología y, en la creación de Facebook, aplicó ideas sobre el deseo innato de los humanos de conectarse entre sí. No cabe duda de que Zuckerberg poseía habilidades prodigiosas de programación que contribuyeron al desarrollo temprano de Facebook, pero tampoco cabe duda de que Facebook explotó la psicología humana.

Por otro lado, tener experiencia en antropología puede ayudar a las empresas a comprender los factores culturales y de comportamiento individual que deben tenerse en cuenta en el desarrollo de productos y en su comercialización. En una entrevista con un periódico hace unos años, el exgobernador de Florida, Rick Scott, aseguró que estaba tratando de que los fondos del Estado no sostuvieran los títulos en Psicología y Antropología, sino aquellos en disciplinas STEM, y comentó: «¿Es un interés vital del Estado tener más antropólogos? No lo creo... Si voy a coger el dinero de un ciudadano para invertirlo en educación, entonces lo haré para crear empleos»[27]. Antes de ese discurso, Scott debería haber tomado nota de un estudio del Departamento de Trabajo de Estados Unidos[28] que estimaba un fuerte crecimiento de la tasa de empleo para los antropólogos, por encima de la tasa media de crecimiento de la mayor parte de las profesiones y a la par con las tasas de crecimiento actuales para los ingenieros de *software*.

5. ANTROPÓLOGOS Y VEHÍCULOS DE AUTOCONDUCCIÓN

Recientemente, el fabricante de automóviles Nissan ha contratado a Melissa Cefkin[29], doctora en Antropología por la Universidad de Rice, para que evalúe su diseño y dirija la investigación de la compañía sobre la interacción hombre-máquina en el centro técnico de Nissan. Actualmente, la doctora Cefkin dirige un equipo que investiga las complejidades de la interactuación entre los coches autónomos y los seres humanos, así como las implicaciones de dichas dificultades para el diseño y control de los coches. ¿Por qué era tan necesaria su contribución? Echemos un breve vistazo a las perspectivas y a los potenciales riesgos de los vehículos autónomos.

La hazaña de ingeniería de implementar esta tecnología ha sido un logro asombroso, pero aún quedan muchas preguntas espinosas por responder sobre su seguridad. En 2016, la trágica muerte de un conductor de un coche Tesla equipado con tecnología de piloto automático de navegación autónoma puso de manifiesto las limitaciones a las que se enfrentan actualmente los diseñadores de automóviles a la hora de tener en cuenta todos los riesgos[30]. Su muerte ocurrió en un entorno de conducción poco complejo, en una autovía, cuando el piloto automático no detectó que un camión de remolque que estaba cambiando de carril para colocarse delante del Tesla. Más tarde, el análisis reveló que la carrocería blanca del camión había quedado eclipsada por un brillante cielo primaveral. La teoría más probable fue que el conductor no vio el camión porque, con toda su fe puesta en el piloto automático, había apartado la vista de la carretera para ver una película de Harry Potter[31]. Los expertos están de acuerdo en que, hasta ahora, muchas de las situaciones que los vehículos autónomos pueden encontrar en las carreteras están más allá de su capacidad para navegar con seguridad, como es el caso de carreteras inundadas, con grandes baches, con escombros o con controles temporales del tráfico, como señales de desvío. En la actualidad, Cefkin está estudiando los desafíos de los vehículos de conducción autónoma que se desplazan en ambientes urbanos, más atestados e inherentemente impredecibles, poco rutinarios y más complejos.

Tratar con entornos mixtos hombre-máquina es uno de los retos más difíciles a los que se enfrentan los diseñadores de automóviles autónomos. A largo plazo, estos entornos podrían ser homogéneamente operados por máquinas, pero, en un futuro previsible, no hay duda de que serán heterogéneos. Cuando las máquinas pueden ser programadas para ser eficientes y respetuosas con las normas, los humanos son seres desordenados que rompen las reglas y analizan las situaciones caso por caso, recurriendo a un complejo conjunto de interpretaciones muy difíciles de enseñar a una máquina. Pensemos, por ejemplo, en una intersección con señales de *stop*, pero sin semáforos: los coches proceden de una manera que está poco determinada por las reglas, mediante una coreografía sutil desarrollada en el momento; un movimiento de mano allí, un gesto grosero allá, otros avanzando poco a poco, azuzados por motoristas especialmente ansiosos... El antropólogo Edward Sapir escribió sobre el característico sistema de comunicación humana mediante gestos[32], refiriéndose a él como «un código elaborado y secreto que no está escrito en ninguna parte; conocido por nadie y comprendido por todos». Sin embargo, un vehículo autónomo todavía no puede percibir y entender dichos gestos; la máquina solo sabe detenerse en la señal. Le corresponde a Cefkin averiguar qué debe hacer a partir de ese momento y cómo manejar la compleja danza que es la interacción humana.

Para ello, Cefkin deberá identificar patrones en el comportamiento humano que puedan ayudar a los programadores a entender cómo deben comportarse los coches autónomos en la carretera. Y, por supuesto, en la búsqueda de esos patrones tomará prestadas muchas herramientas del mundo de la antropología, como prácticas etnográficas de observación y patrones del comportamiento. Uno de sus objetivos principales es ayudar a Nissan a diseñar un sistema de comunicación para coches autónomos que interactúe con peatones y otros conductores. Las luces codificadas por colores podrían indicar la intención del automóvil de arrancar, de detenerse o de permanecer en su lugar; también podría crearse algún tipo de aparato ocular que facilite que las personas sepan si el automóvil es consciente de ello o no. Tal vez se pueda colocar una pantalla para mostrar texto en la parte delantera de los coches y comunicar así los mensajes que antes se comunicaban mediante gestos. Además de estos problemas de comunicación, para entender cómo pueden introducirse de forma segura los vehículos autónomos será necesario tener en cuenta la psicología de los conductores, como la irritación de algunas personas cuando un coche conduce por debajo de la velocidad del tráfico en el «carril rápido», por no hablar de la furia al volante. Según Hans-Werner Kaas, socio principal de McKinsey & Company, «los fabricantes de automóviles son cada vez más conscientes de que tienen que ocuparse de los problemas psicológicos en torno a estos vehículos. Están reforzando sus habilidades»[33].

Identificar los innumerables problemas logísticos que hay que abordar es solo el principio para hacer viables los coches autónomos; aún quedan muchas cuestiones éticas complejas por resolver. Un artículo publicado en junio de 2016 por la revista *Science* bajo el título «The Social Dilemma of Autonomous Vehicles» [El dilema social de los vehículos autónomos] abordaba con rigor la relevancia que podía tener en la actualidad un experimento de pensamiento de 1967 presentado por la filósofa británica Philippa Foot y conocido como «el dilema del tranvía»[34]. En este, un tranvía fuera de control se dirige hacia cinco trabajadores mientras otro trabajador, testigo de accidente, podría cambiar el tranvía de carril, a pesar de que hay otro trabajador en ese carril. ¿Qué debe hacer el operario que acciona la palanca? Los coches de navegación autónoma presentan un dilema similar: ¿debe programarse un automóvil para privilegiar las vidas del conductor y de los pasajeros sobre las vidas de un peatón o de un ciclista que podría desviarse hacia el camino del automóvil? Si el coche pudiera evitar golpear a alguien girando bruscamente a la derecha, pero, en ese caso, terminara estrellado contra un muro de contención o, para empeorar la situación, contra una familia de tres personas que esperan en una acera a que el semáforo se ponga en verde, ¿qué debería hacer el coche? Aunque estos vehículos se denominan autónomos en realidad —y como discutiremos más en el próximo capítulo—, conducen según lo que les han enseñado los programadores, siempre dirigidos por un código.

¿Debería «enseñarse» a un coche a intentar una maniobra evasiva en todos estos casos, al mismo tiempo que calcula los riesgos para sus pasajeros para desviarse solo si también los mantiene alejados de los daños? ¿Debería programarse para responder de la misma manera que la mayoría de los seres humanos en tales circunstancias? ¿Existe una forma predominante en que los seres humanos reaccionan en tales circunstancias y, de ser así, se debe imitar u optimizar ese comportamiento? ¿Se «retirará» esta toma de decisiones programada tal y como ocurre con los *airbags* defectuosos en la actualidad? Si el coche es capaz de elaborar una respuesta y de calcular todas las opciones más rápido que un humano y de seleccionar siempre aquella que tiene más probabilidades de salvar la mayor cantidad de vidas, entonces, ¿no deberían las leyes obligar a que el coche sea programado para hacerlo y que, bajo toda circunstancia, la máquina quede al cargo? ¿Debería deshabilitarse automáticamente la opción de que el conductor humano se haga cargo del volante? Además, si se demuestra que los coches autónomos son más seguros y, además, más eficientes en cuanto al consumo de combustible, ¿debería exigirse a las empresas automovilísticas que aumenten el ritmo de desarrollo de estos? Después de todo, hemos pedido a las empresas que aceleren el desarrollo de la mejora de la eficiencia del combustible y la reducción de sus emisiones de carbono. Estas preguntas solo comienzan a rascar la superficie de los temas que deben ser abordados antes de introducir estos vehículos en nuestras vidas.

¿Qué ocurre si se pide a los pasajeros que acepten la responsabilidad de la misma forma en que aceptan los términos y condiciones al descargar el último *software* de bloqueo de anuncios? ¿Sería suficiente? El psicólogo de Harvard Joshua Greene describió la raíz de las complejidades en un artículo en la revista *Science* titulado «Our Driverless Dilemma»[35] [Nuestro dilema del vehículo autónomo]: la toma de decisiones de las máquinas es «más filosófica que técnica. Antes de que podamos volcar nuestros valores en las máquinas, debemos averiguar cómo hacer que nuestros valores sean claros y consistentes», escribe. Queridos estudiantes de ética legal, ¡bienvenidos a un floreciente campo de investigación! De hecho, el bufete de abogados internacional DLA Piper ya ha lanzado unas prácticas para los coches autónomos y con acceso a internet[36]. Elliot Katz, un estudiante de la Universidad de Vanderbilt de 33 años, licenciado en Derecho por la Universidad de Cornell, como copresidente global del bufete, ya consideró muchas de estas cuestiones que le llevaron a cofundar una empresa de coches autónomos llamada Phanton Auto.

6. APROVECHAR LOS CONOCIMIENTOS DE LOS GRADUADOS EN HUMANIDADES

A medida que la tecnología va permitiendo una mayor inteligencia en las máquinas y que el internet de las cosas puebla nuestras vidas, y que la recopilación de nuestros datos y su análisis permite más descubrimientos sobre nuestro comportamiento, cobrará cada vez más importancia la creación de nuevos productos y servicios para la mejora de nuestras vidas y de la naturaleza de nuestras comunidades, lugares de trabajo y gobiernos. Aquellos productos y servicios que se hayan generado a partir de un estudio profundo de las necesidades humanas y los que sirvan para complementar nuestros talentos tendrán una clara ventaja competitiva.

Por esta razón, Tinder, el servicio de citas de rápido crecimiento, ha contratado a la socióloga Jessica Carbino, doctora por la Universidad de Los Ángeles, California, para que comprenda más a fondo los patrones que se siguen a la hora de encontrar pareja[37]. Aunque algunos pueden considerar Tinder una aplicación de conexión insípida donde los usuarios deslizan el dedo hacia la izquierda o la derecha en función de su atracción hacia otro usuario, también puede tratarse de un vasto hallazgo de datos sobre atracción humana, sociología y psicología para un científico social. De hecho, Carbino tiene miles de millones de datos de los que puede aprender sobre el «corte fino», el término que designa las señales no verbales que las personas emplean en la toma de decisiones instantáneas. Los datos muestran, por ejemplo, que las mujeres encuentran a los hombres con mandíbulas suaves más amables, mientras que los hombres encuentran más atractivas a las mujeres que usan maquillaje. Puesto que el 15 % de los adultos estadounidenses usan aplicaciones de citas, van a surgir muchos más descubrimientos sobre nuestras formas de evaluar la atracción de una persona y sobre las complejidades de las citas.

Además, Tinder no es la única empresa que aprovecha el talento de los licenciados en humanidades para hacer productos más atractivos y efectivos. Por ejemplo, Nathan Jurgenson, estudiante de doctorado en Sociología en la Universidad de Maryland, estaba escribiendo su tesis sobre «vigilancia en las redes sociales» desde Brooklyn, cuando captó la atención del fundador de Snap, Evan Spiegel, de Los Ángeles. Nathan había escrito sobre el «dualismo digital»[38], reconociendo la falacia de que el mundo es «real» mientras que el mundo digital es «virtual». Así, puso el énfasis en la realidad sociológica de que, en la medida en que el mundo real se subía decorado a Instagram, este era quizás más virtual que una auténtica alternativa digital. En cambio, Snapchat era una alternativa efímera, transitoria y, por lo tanto, más auténtica. Ya que las generaciones más jóvenes estaban cansadas del artificio que se escondía tras el arte de compartir, Snapchat era un lenguaje directo y, en una era marcada por el almacenamiento interminable y la abundancia digital, creaba escasez[39]. Spiegel adoptó esta noción de deconstruir el dualismo digital y contrató a Jurgenson. En la actualidad, Jurgenson es crítico interno de redes sociales y editor de la revista *online* financiada por Snap[40] llamada *Real Life*, que publica ensayos sobre cómo vivir con la tecnología.

La exitosa empresa de comunicaciones corporativas Slack, que ofrece un *software* que permite a los empleados de un equipo profesional comunicarse de manera más eficiente que con el correo electrónico, emplea a grandes compañías de teatro para ayudar a que los mensajes que Slack envía a los usuarios sean más atractivos. Así como Siri ofrece respuestas humorísticas o atrevidas cuando la presionas para obtener respuestas personales, como «Tal vez tengas razón» —en un tono gracioso—, los robots del chat de Slack buscan «ofrecer a los usuarios un toque extra de sorpresa y deleite»[41] al proporcionar respuestas no convencionales. La directora editorial, Anna Pickard, estudiante de teatro de la Universidad Metropolitana de Manchester en Inglaterra, es la encargada de idear estos pequeños detalles. Cuando te unes a Slack como nuevo usuario, en lugar de introducir tus datos en los campos de un formulario, simplemente chateas con un amigable bot que te pide tus datos relevantes. Asimismo, Wade and Wendy, una empresa que creó un «chat bot» impulsado por inteligencia artificial con el objetivo de agilizar las conversaciones de contratación entre candidatos y reclutadores, cuenta con programadores que intentan transformar conversaciones fluidas en código estático basándose en la investigación y el análisis proporcionado por Tommy Dyer, un psicólogo organizacional interno que recibió una clásica educación de letras, basada en la lectura de textos originales en el St. John's College de Annapolis, Maryland.

Gran parte de la crítica de las humanidades se basa en el falso supuesto de que sus estudiantes carecen de rigor en comparación con los que participan en las disciplinas STEM, además de poseer únicamente las competencias blandas y ser poco analíticos, puesto que no estudian el método científico. Lo cierto es que las humanidades enseñan muchos métodos de investigación y análisis rigurosos, como la observación cercana o las entrevistas, con métodos que los partidarios de las «ciencias duras» no siempre aprecian. De hecho, también hace tiempo que muchos campos incorporaron el método científico y otros tipos de investigación basada en datos y resolución de problemas. En economía del desarrollo, por ejemplo, a los estudiantes se les enseña a realizar ensayos aleatorios de control que prueban las intervenciones políticas con el mismo rigor que los ensayos médicos clínicos con grupos como el Laboratorio de Acción contra la Pobreza del MIT y las Innovaciones para la Acción contra la Pobreza de Yale a la cabeza.

Los sociólogos han desarrollado sofisticados modelos matemáticos para analizar las redes sociales; los historiadores recopilan grandes volúmenes de datos desde hace siglos sobre los gastos domésticos, las tasas de matrimonio y de divorcio y el comercio mundial, y utilizan esta información para realizar un análisis estadístico que identifica las tendencias y los factores que contribuyen a los fenómenos que están estudiando; y los lingüistas han desarrollado modelos de alta tecnología de la evolución del lenguaje y han hecho contribuciones cruciales al rápido desarrollo del procesamiento de un lenguaje automatizado natural, mediante el cual las computadoras son capaces de comunicarse con la precisión y personalidad de Siri y Alexa. Cuando el capitalista de riesgo Vinod Khosla afirmó, en un artículo de amplia circulación en 2016 titulado «Is Majoring in Liberal Arts a Mistake for Students» [¿Cometen un error los estudiantes que se especializan en humanidades?], que una educación en humanidades limita «la dimensionalidad de su pensamiento, ya que hace que tengan menos familiaridad con los modelos matemáticos y peor comprensión estadística». Pero se olvidó de señalar lo mucho que se enseñan estos métodos de investigación a los especialistas en humanidades[42].

También es importante desacreditar la falacia de que los estudiantes de humanidades que no estudian estos métodos analíticos cuantitativos no tienen habilidades «duras» o relevantes. Esto nos devuelve al argumento, adoptado por Fareed Zakaria, entre muchos otros, sobre las formas fundamentales de pensar, de indagar, de resolver problemas y de comunicar que se enseñan en una educación de humanidades. Parte del malentendido que se ha extendido sobre el rigor de dichas habilidades se deriva de la concepción errónea de que las materias que se estudian son extrañas o incluso esotéricas. A los críticos les encanta sacar a relucir lo que el escritor de *The New York Times* Charles McGrath llamó «historias apócrifas» de estudiantes «que son expertos en el texto erótico implícito en la danza folclórica croata anterior a la Primera Guerra Mundial»[43]. Por su parte, mi padre solía advertirnos a mi hermana y a mí sobre la especialización en cestería; afortunadamente, optamos por la literatura comparada y las ciencias políticas. Lo cierto es que una de las características de esta educación es que pone el foco en alentar o incluso exigir a los estudiantes que estudien una amplia gama de materias, ya sea a través de un plan de estudios básico que todos los estudiantes deben seguir o, más comúnmente, a través de una serie de materias optativas que complementan su especialización.

Esta especialización de la que tanto hablamos es más característica de los posgrados en las disciplinas de humanidades que de los estudios de grado. Un detalle irónico, en este sentido, es que las disciplinas STEM tienen más problemas con dicha especialización, ya que la carga de trabajo de muchos grados deja poco espacio para una búsqueda más personal y amplia de las pasiones intelectuales o de simples curiosidades. Es más, los graduados en Ciencias de la Computación a menudo no aprenden los lenguajes de programación que necesitan para trabajar con efectividad y desarrollar un producto en la actualidad, ya que estos cambian constantemente. Por tanto, muchos de estos estudiantes necesitan formación adicional en línea. De hecho, Zach Sims, un estudiante de Ciencias Políticas de la Universidad de Columbia, cofundó Codecademy, una compañía que ofrece clases de programación *online* para resolver ese despropósito concreto de los programas tradicionales. «Comprendimos que ser un buen estudiante de Ciencias de la Computación no implica ser buen programador. Cuando entrevistamos a gente para Harvard y el MIT, nos dimos cuenta de que tal vez no fueran los mejores programadores prácticos», explicó en 2013[44]. La expresidenta de la Universidad de Wooster, en Ohio, y miembro titular del Consejo de Universidades Independientes, Georgia Nugent, señaló en un artículo para *Fast Company* titulado «Why Top Tech CEOs Want Employees with Liberal Arts Degrees» [Por qué los directores ejecutivos de las empresas líderes en tecnología buscan empleados con títulos en humanidades] que, con la rápida evolución de la tecnología y las necesidades impredecibles y cambiantes de las empresas, «es una horrible ironía que, ahora que el mundo se ha vuelto más complejo, estemos animando a nuestros jóvenes a que se especialicen al máximo en una sola tarea. En resumen, les hacemos un flaco favor a los jóvenes al decirles que la vida es un camino en línea recta. La razón por la que las humanidades son relevantes es porque preparan a los estudiantes para ser flexibles y para que desarrollen la capacidad de adaptarse a circunstancias cambiantes»[45]. En un mundo en constante cambio, la demanda de agilidad intelectual, de creatividad y de curiosidad por explorar nuevos terrenos es más alta que nunca.

El objetivo central de la educación en humanidades es permitir que los estudiantes descubran y sigan sus pasiones. Exponer a los estudiantes a nuevas áreas de erudición y a otras culturas, sistemas de creencias, métodos de investigación y argumentación es el núcleo de esta misión, que está basada en el hecho de que una amplia exposición a las humanidades estimula la mente y fuerza al estudiante a considerar posiciones y opiniones que le hacen cuestionar sus propias perspectivas y prejuicios, a menudo mediante debates a altas horas de la noche con sus compañeros de clase. Así, se los anima a que elijan su especialización basándose en sus intereses intelectuales y no solo el campo de trabajo que finalmente perseguirán. Un estudiante puede entrar a la universidad esperando especializarse en economía o literatura inglesa, pero tomar una clase de sociología urbana como asignatura optativa y descubrir un interés incipiente e intenso por la planificación urbana que quizá lo anime a dedicarse a los estudios urbanos y a una carrera en la planificación o el gobierno urbano. O tal vez ese mismo estudiante saque a relucir ese conocimiento para colaborar con expertos en tecnología con el fin de desarrollar un sistema de transporte urbano eficiente que incorpore vehículos sin conductor, o estudie cómo el análisis demográfico podría mejorar el precio de los bienes inmuebles.

Un aspecto central de la filosofía de esta educación se basa en la posibilidad de que un estudiante no descubra sus intereses más fuertes o el trabajo al que le gustaría dedicarse antes de exponerse a una amplia gama de conocimientos y formas de pensar, así como a la investigación de la naturaleza de nuestro mundo y a la resolución de los problemas que lo caracterizan. Una educación en humanidades no se basa en aprender un trabajo, sino en aprender a aprender y a amar ese aprendizaje. Se trata de una aventura intelectual que favorece la construcción de las habilidades fundamentales para la preparación de los estudiantes de cara a continuar persiguiendo nuevos intereses por el resto de sus vidas, cuenten o no con una educación formal en esas actividades. Estas competencias esenciales —pensamiento crítico, comprensión lectora, análisis lógico, argumentación, comunicación clara y persuasiva— también son un pilar fundamental en la preparación de los estudiantes para la vida laboral.

En este sentido, Georgia Nugent recogió en un ensayo de agosto de 2015 para el Consejo de Universidades Independientes que, «una y otra vez, todos los graduados en cualquiera de las profesiones y ámbitos (desde el liderazgo corporativo hasta la prevención del crimen, desde la diplomacia hasta la odontología, desde la medicina hasta los medios de comunicación) hablan apasionadamente del valor de haber sido introducidos en el arte, la antropología, la filosofía, la historia, las religiones del mundo, la literatura y las lenguas, sin importar cuál sea el área de especialización de su carrera académica y profesional. De hecho, a menudo atribuyen el éxito que han logrado a esta exposición universitaria a muchos tipos diferentes de pensamiento»[46]. La innovación en productos y servicios de base tecnológica también forma parte de esta lista. Por ejemplo, Steward Butterfield, fundador de Slack, admitió en un artículo de julio de 2015 en *Forbes* escrito por George Anders que la filosofía le había enseñado mucho: «Aprendí a escribir con mucha claridad. Aprendí cómo mantenerme firme a lo largo de un debate, algo incalculable para ciertas reuniones de negocios. Y, cuando estudié la historia de la ciencia, comprendí la forma en la que las personas creen que algo es verdad —como la vieja noción de que existe un tipo de éter en el aire que propaga las fuerzas gravitacionales—, hasta que se dan cuenta de que no es cierto»[47], recuerda.

El desarrollo de estas habilidades fundamentales es la razón por la que tantos empleadores están decididos a contratar a graduados en humanidades, a pesar de las terribles advertencias de ciertos titanes de la tecnología. En una encuesta publicada en *Liberal Education* en 2013, el 74 % de los empleadores encuestados respondió que la educación en humanidades «es la mejor manera de prepararse para el éxito en la economía global actual»[48]. Y los empleadores del sector de la tecnología están muy incluidos en este porcentaje. LinkedIn, que posee un tesoro en cuestión de datos sobre el tipo de personas que están siendo contratadas para cada empleo, llevó a cabo un estudio en 2015 que reveló que «los graduados en humanidades se están incorporando a la fuerza laboral tecnológica más rápidamente que los graduados técnicos. Entre 2010 y 2013, el número de graduados en humanidades que se incorporaron a la industria de la tecnología superó en un 10 % al de las especialidades de ciencias de la computación e ingeniería»[49].

Las empresas necesitan empleados tanto con destreza intelectual como con conocimientos técnicos; debido al ritmo actual de la innovación, mantenerse competitivo es una necesidad. Veremos una y otra vez en este libro ejemplos de personas que obtuvieron grados en humanidades y se adentraron con audacia en un terreno totalmente desconocido, estableciendo puntos de conexión entre diferentes campos, percibiendo problemas que los expertos habían pasado por alto y juntando la confianza necesaria para adquirir los conocimientos esenciales para desarrollar una idea innovadora. Esto no quiere decir que solo una educación en humanidades fomente dicha destreza, pues muchos de los perfiles que se forman en campos técnicos son inmensamente creativos, sino que dicha educación fomenta activamente tales habilidades y tiene la misma importancia.

Hace ya muchos años que las empresas líderes en Silicon Valley contratan a gran parte de su personal con poco o ningún conocimiento tecnológico y, a menudo, sin experiencia previa trabajando en una empresa de base tecnológica, con el fin de adaptar su experiencia en diseño, ventas, desarrollo de marca y gestión de relaciones con el cliente al desarrollo de productos y a una estrategia de marketing adecuada. El elemento diferencial es el papel actual de los *fuzzies* en la creación de una gran parte de las ideas de negocio más creativas y exitosas, así como en el impulso del desarrollo del producto principal. De hecho, mientras que algunos de ellos aplican los métodos específicos de investigación y análisis que aprendieron en su campo de estudio principal, ya sea economía, sociología, lingüística o psicología, otros llevan a cabo tareas para las que no tenían capacitación especial, como Katelyn Gleason. De esta forma, los *fuzzies* están ayudando a salvar las distancias entre especialidades, estableciendo conexiones inesperadas entre los problemas más apremiantes y los medios tecnológicos para resolverlos, y formando los equipos interdisciplinares necesarios para fomentar el desarrollo de las áreas de innovación más prometedoras, todo ello mientras expanden una idea central: la importancia de contabilizar el factor humano para que las nuevas tecnologías mejoren considerablemente nuestras vidas.

Actualmente, las innovaciones más emocionantes e importantes, aquellas que Peter Thiel denomina «de cero a uno»[50] en el libro publicado en 2014 bajo el mismo título junto con Blake Masters, surgen de la fusión de la experiencia de los *fuzzies* y de los *techies* para reforzar la forma en que se resuelven los problemas más urgentes en una amplia gama de sectores, como educación, sanidad, venta minorista, fabricación, mantenimiento del orden y seguridad internacional. En este sentido, Mark Zuckerberg argumentó en una entrevista en agosto de 2016 con el presidente de Y Combinator, Sam Altman: «Siempre he creído que hay que empezar identificando el problema que tratas de resolver en el mundo y no decidiendo que quieres fundar una empresa... Las mejores compañías son aquellas que tratan de impulsar algún tipo de cambio social»[51]. Estos líderes de la innovación mejoran la forma en que fomentamos el compromiso de nuestros hijos en su educación; aprovechan el conocimiento de la psicología humana y el poder de persuasión para optimizar la medicina preventiva; y ayudan a lograr que un gobierno más transparente y democrático facilitando una comunicación interpersonal de mayor calidad y eficiencia. Los líderes de la innovación están aprovechando el potencial de la avalancha del *big data* para hacer un uso ingenioso de las tecnologías de vanguardia, como el procesamiento del lenguaje natural y el aprendizaje automático. Y esta era de innovación transformadora no ha hecho más que empezar.

Sin embargo, aunque las oportunidades abundan, también surgen amenazas. Si una empresa no está promoviendo una colaboración sana entre sus perfiles *techies* y *fuzzies* —contratando personas con las habilidades necesarias para comprender la importancia del factor humano y las posibilidades de las nuevas herramientas tecnológicas—, se arriesga a quedarse obsoleta. Como escribió el especialista en estrategia empresarial Michael Porter, junto con James Heppelmann, en la *Harvard Business Review* de 2015, «la evolución de los productos hacia dispositivos inteligentes y conectados [...] está reformando radicalmente las empresas y la competencia», lo que demanda el desarrollo de nuevos modelos de negocio y una estrecha colaboración entre las funciones *techies* y *fuzzies*[52].

Cualquier trabajador está deseoso por tener un rol relevante en esta ola de innovación; los estudiantes universitarios que están considerando sus carreras; los padres que quieren llevar a sus hijos al éxito; y los empresarios y gerentes corporativos, sin importar el sector, deben entender el extraordinario potencial de fusionar lo *fuzzy* con lo *techie*. Mientras que el ascenso de los robots ha sido anunciado de manera persuasiva, la Segunda Era de las Máquinas no se trata tanto de que los robots asuman funciones humanas como de que los seres humanos hagan que las máquinas nos sirvan mejor.

2

AÑADIR EL FACTOR HUMANO AL *BIG DATA*

El 2 de mayo de 2014, el USS Blue Ridge, el buque de mando de la Séptima Flota de la Armada de Estados Unidos, patrullaba en las traicioneras aguas del mar de China Meridional. Los servicios de inteligencia detectaron lo que parecía ser una gran colmena de buques en la zona conocida como la zona económica exclusiva (ZEE) de Vietnam[1]. Los datos de una intrincada red de dispositivos de vigilancia de la región se mostraban en el sistema global de mando y control marítimo (GCCS-M) o por su apodo, Geeks.

Andreas Xenachis estaba de servicio ese día, al mando de seis analistas en un «piso de vigilancia», un término que se refiere a grupos rotatorios que monitorizan y analizan la avalancha de datos provenientes de la flota más grande de sistemas C4I —comando, control, comunicación, computadoras e inteligencia—. Su equipo era responsable de mantenerse informado de todos los datos de Geeks, lo que implicaba un complejo baile de recepción, recuperación y visualización de datos sobre los movimientos de los barcos, los satélites, las firmas de los radares y los cables de noticias. También debían proporcionar al comandante de la flota un conocimiento situacional de primera línea de lo que indicaban los datos y del posible peligro para cualquiera de los ochenta barcos, cientos de aviones y decenas de miles de personas bajo su mando[2].

Nadie en el equipo ese día había visto nunca una baliza como la que estaba mostrando Geeks. Las señales parecían estar colocadas en una defensa por capas, utilizada normalmente en la flota militar, en la que una nave militar es rodeada por naves más pequeñas, creando múltiples capas de defensa[3]. China y Vietnam habían estado involucrados en una acalorada disputa durante años por las incursiones chinas en la ZEE vietnamita. ¿Podría ser una operación militar china? ¿Podría ser el principio de un ataque? ¿O era solo un ejercicio marítimo de algún tipo?

Los datos no parecían indicar con precisión cómo evaluar aquel patrón o qué aconsejar al comandante. El equipo de Xenachis, al igual que los que coordinaban el piso de vigilancia cuando su equipo se fue a dormir, durante el turno nocturno, tendría que poner en común su experiencia en operaciones navales, su conocimiento de la compleja situación en el mar de China Meridional y la ubicación específica de la formación para comunicarse a tiempo real con el equipo más grande de C4I a través de sus docenas de salas de charla y una ráfaga de llamadas telefónicas. Era necesario establecer un buen racionamiento sobre el nivel de amenaza potencial; un movimiento erróneo podía desembocar en conflicto.

China, Taiwán, Vietnam, Malasia, Brunei y Filipinas hicieron reclamos territoriales por el mar de China Meridional, y cada país disputaba los reclamos de los demás. Su interés tampoco era de extrañar: existe el equivalente a 11 000 millones de barriles de petróleo y 5000 billones de pies cúbicos de gas natural en dicho mar, además del potencial de sus recursos energéticos. Para 2035, se prevé que el 90 % de las exportaciones de combustibles fósiles de Oriente Medio se destinen a Asia[4]. China, haciendo gala de su poderío económico, construyó agresivamente una serie de instalaciones militares que rodean gran parte del mar e islas artificiales equipadas para albergar una creciente flota de destructores navales alineados con pistas de aterrizaje diseñadas para aviones de combate[5]. A pesar de las fuertes protestas de los países vecinos, China siguió adelante con la perforación del terreno en disputa, que podía pertenecer a muchos[6]. Ante esta agresión, la Armada estadounidense intensificó las patrullas para asegurar la libertad de navegación garantizada por el derecho internacional[7]. China consideró que esto era una violación de su soberanía, afirmando que sus instalaciones eran técnicamente islas, lo que les otorgaba derechos exclusivos sobre el mar.

Entonces los buques de la marina china dirigieron diversas provocaciones a los barcos de Estados Unidos. En 2009, unos buques pesqueros chinos, conocidos por cumplir con las demandas del Estado, intentaron cortar cables submarinos conectados a un sistema de sonar de Estados Unidos[8]. Más tarde, ese mismo año, un submarino chino chocó con un sumergible estadounidense que vigilaba la zona subacuática cerca de Filipinas[9]. El secretario de Defensa de Estados Unidos, Ashton Carter, calificó las acciones chinas de «disconformes» con las normas internacionales, y los expertos en seguridad mundial llegaron a plantearse si el mundo estaba al borde de otra Guerra Fría, con un nuevo *statu quo* de agresión sostenida en el que un error de cálculo por parte de China o Estados Unidos en respuesta a una amenaza percibida podría desencadenar una importante crisis internacional[10].

Con gran cautela, el piso de vigilancia de Xenachis y el equipo de C4I discutieron el espectro de escenarios y las posibles explicaciones para aquella formación densa de barcos. Tras haber considerado todas las señales del servicio de inteligencia y analizar todas las circunstancias, llegaron a la conclusión de que el gran objeto alrededor del cual se habían colocado los barcos más pequeños era una plataforma petrolífera china, rodeada de decenas de barcos de pesca, barcos de la guardia costera china y barcos de escolta militar. Más tarde, se confirmó que la empresa estatal China National Offshore Oil Corporation estaba transportando su plataforma de perforación en alta mar Haiyang Shiyou 981 (HYSY 981) a un lugar frente a la costa de las islas Paracel —islas que habían sido reclamadas por Vietnam, China y Taiwán— y que la plataforma había comenzado a perforar inmediatamente, lo que desembocó en un mes de confrontación entre vietnamitas y chinos. Los primeros afirmaban que la perforación se encontraba en su plataforma continental, en violación de la Convención de las Naciones Unidas sobre el Derecho del Mar, pero los segundos llegaron a enviar ochenta barcos, incluidos siete buques, y aviones militares para garantizar la seguridad de la plataforma[11].

Zack Cooper, experto en seguridad asiática que trabaja con la Iniciativa para la Transparencia Marítima en el Centro de Estudios Estratégicos e Internacionales (CSIS) en Washington D. C» explicaba: «Aunque ha habido varias operaciones en aguas disputadas en el mar del Sur de China, la colocación por parte de China del HYSY 981 en aguas reclamadas por Vietnam (y Taiwán) condujo a uno de los enfrentamientos más duraderos que se han producido en este mar en la última década. Esta acción tan desestabilizadora aumentaba el riesgo, pero el hecho de que no se produjera ningún conflicto importante demuestra que este tipo de incidentes coercitivos pueden ser manejados... Vietnam se enfrentó a un riesgo real, lo que probablemente sorprendió a los líderes chinos y los convenció para alterar sus cálculos sobre la voluntad y capacidad vietnamita para desafiar la presión china»[12].

La retirada del HYSY 981, como se ha conocido el incidente, es un buen ejemplo de lo que grandes cantidades de datos recopilados pueden proporcionar en términos de información valiosa. El sistema Geeks es, en efecto, una herramienta robusta que proporciona información inestimable en tiempo real sobre los movimientos de buques en todo el mundo marítimo. Sin embargo, esos datos deben ser interpretados con la sabiduría de la experiencia humana y la resolución creativa de problemas. De hecho, la educación de Xenachis en humanidades lo preparó bien para dirigir aquella bomba de relojería. Además de sus estudios en tecnología, se especializó en Ciencias Políticas en la Universidad de Yale y en Asuntos Internacionales en la Facultad de Derecho y Diplomacia Fletcher de la Universidad de Tufts. Después de graduarse, fue admitido en la Institución Brookings en Washington D. C., donde trabajó como asistente del director, perfeccionando sus habilidades analíticas[13]. Aunque era quizá el hombre perfecto para el trabajo, «si alguien se viera envuelto en un escenario así, enfrentándose a aquel desafío analítico, debería considerar algo más que el *big data*», asegura.

Como inmigrante rumano, siempre se sintió obligado a servir al país que le había dado tantas oportunidades, por lo que a los treinta y un años se unió a la Marina de Estados Unidos como oficial de reserva. Su esperanza era desempeñar un papel directo en la negociación de las complejas tensiones geopolíticas que afectan a la comunidad mundial. Xenachis trabajó inicialmente en el equipo de apoyo como analista, pero pronto fue ascendido a oficial de inteligencia de flota a bordo del USS Blue Ridge. Allí recibió un correo electrónico invitándolo a participar como pronosticador geopolítico de eventos y a formar parte de uno de los esfuerzos más excitantes que se estaban llevando a cabo para maximizar la combinación de inteligencia humana y la experiencia sobre el terreno con el enorme volumen y la riqueza del *big data*, un esfuerzo que tomó el nombre de Proyecto del Buen Juicio.

1. AÑADIR EL FACTOR HUMANO AL PODER DE LA TECNOLOGÍA

Uno de los roles humanos cruciales en el futuro será ayudar a mejorar las nuevas tecnologías. Esto no quiere decir que la educación en STEM carezca de importancia, pero, a medida que las tecnologías se vuelven más accesibles que nunca, nuestra capacidad para aplicarlas de manera significativa alcanza nuevos estadios. La oportunidad de reforzar el poder de la tecnología y aplicarla de manera más provechosa es un terreno amplio y productivo para quienes han recibido formación en investigación, resolución de problemas e incorporación del factor humano.

Un representante de este esfuerzo es el psicólogo Philip Tetlock, profesor de Administración, Psicología y Ciencias Políticas en la Universidad de Pensilvania. En 2011, Tetlock lanzó el Proyecto del Buen Juicio (GJP, por sus siglas en inglés) con su esposa, la analista de datos Barbara Mellers, y el economista Don Moore. Durante dos décadas, Tetlock había explorado las características y los riesgos de la toma de decisiones de los expertos, combinando los conocimientos cualitativos de la psicología y la ciencia política con los métodos cuantitativos de análisis para evaluar la opinión de los expertos, en particular, si es fiable o no[14].

Tetlock encabezó el GJP con el objetivo de resolver un problema planteado en un concurso patrocinado por la Oficina del Director de Inteligencia Nacional de Estados Unidos, que dirige específicamente la Actividad de Proyectos de Investigación Avanzada de Inteligencia (IARPA, por sus siglas en inglés). IARPA es el equivalente en inteligencia al grupo conocido como la Agencia de Proyectos de Investigación Avanzada (ARPA, por sus siglas en inglés), que estuvo detrás de la primera red de comunicaciones electrónicas que se convirtió en Internet. En 2010, IARPA creó el Programa de Estimación Contingente Agregada (ACE, por sus siglas en inglés), cuyo objetivo era «mejorar drásticamente la exactitud, precisión y puntualidad de los pronósticos de inteligencia sobre una amplia gama de tipos de eventos», es decir, sobre eventos de seguridad internacional, como los que Xenachis estaba evaluando en el mar del Sur de China[15]. Así, Tetlock invitó a Xenachis a unirse al equipo que estaba formando para abordar el reto de IARPA, pues había demostrado su capacidad de convertir los puntos de una pantalla en información. Ansioso por poner a prueba sus habilidades, Xenachis se unió al emocionante proyecto y pronto pasó a engrosar el 2 % de los mejores pronosticadores.

Cada año, la IARPA plantea públicamente entre cien y ciento cincuenta preguntas sobre temas de política exterior para obtener pronósticos de fuentes multitudinarias sobre, por ejemplo, la probabilidad de que se realicen inspecciones de armas químicas en Siria o de que la próxima secretaria general de las Naciones Unidas sea una mujer[16]. El consenso en IARPA fue que la respuesta a ACE sería una solución de *big data*, lo que significa que se encontraría mediante la aplicación de sofisticados análisis matemáticos a las grandes cantidades de datos que IARPA había puesto a disposición de los concursantes. Sin embargo, Xenachis aseguró que «lo que terminó pasando fue muy diferente».

Para resolver el problema, se dio acceso a los contribuyentes al sistema integrado de alerta temprana de conflictos (ICEWS, por sus siglas en inglés) de IARPA, una gran base de datos que contiene datos históricos sobre distintos conflictos. Por otro lado, se dio a los equipos la facultad de utilizar cualquier metodología que consideraran conveniente. Varios incluyeron expertos en análisis de datos provenientes de las principales instituciones académicas de Estados Unidos o buscaron soluciones puramente tecnológicas, incorporando una gama de técnicas analíticas, incluido el aprendizaje automático, es decir, el entrenamiento de máquinas para realizar tareas de manera autónoma, poniendo a su disposición enormes cantidades de datos y programándolos después con un conjunto de reglas para que los analicen. En la actualidad, los coches que conducen por cuenta propia son las máquinas autónomas que más llaman la atención, pero también están siendo entrenadas para realizar otras muchas hazañas impresionantes. Por ejemplo, como veremos más adelante en el capítulo 8, el aprendizaje automático ha permitido al programa DeepMind de Google, llamado AlphaGo, derrotar al campeón mundial del asombrosamente complejo y antiguo juego de mesa chino Go. Hasta ese partido, se consideraba que jugar al Go superaba con creces la capacidad de las máquinas de inteligencia artificial más potentes.

Sin embargo, el equipo de Wharton adoptó un enfoque diferente al de los demás grupos. Tetlock se basó en los últimos avances de la ciencia de datos, pero también fue más allá: buscó la aportación de miles de contribuyentes humanos con una amplia gama de antecedentes, incluyendo la experiencia de Xenachis con el movimiento de barcos, y utilizó un análisis de alto nivel para realizar una investigación inicial de los datos que también tenía en cuenta la experiencia humana. Los resultados de la competición fueron asombrosos[17]. El Proyecto del Buen Juicio fue el único equipo que mostró una mejora significativa en el pronóstico de eventos, superando al grupo de control que realizaba el método preexistente. «Los otros equipos no lograron mejorar las predicciones. A pesar de tener algoritmos tecnológicos sofisticados, se les escapó algo. Yo creo que lo que les faltaba era el factor humano», me explicó Xenachis cuando tomamos un café.

El resultado del GJP es un testimonio inspirador que demuestra que, en una era en la que la tecnología cada día nos sorprende más, lo humano todavía tiene mucha fuerza. Según uno de los mantras de las Fuerzas de Operaciones Especiales de Estados Unidos, «los humanos son más importantes que el *hardware*»[18]. En este caso, un psicólogo con una visión humanista aguda de las fortalezas y debilidades del juicio humano ideó un medio para combinar lo mejor que el hombre y la máquina podían ofrecer. Los resultados fueron tan impresionantes que, de hecho, IARPA pidió de vuelta el dinero que había dado a otros equipos y se lo dio todo al grupo Wharton para expandir su programa. El presidente del Consejo Nacional de Inteligencia y otras personas reconocidas, como el profesor de Derecho de Harvard y exasesor de la Casa Blanca Cass Sunstein, han elogiado públicamente el programa. De hecho, Sunstein aseguró que se trata del estudio científico más importante que ha leído sobre la predicción y el pronóstico[19]. El columnista de *The New York Times* David Brooks dijo que, si él fuera el presidente, querría tener en su escritorio predicciones como las del GJP[20]. Tetlock apostó por un punto de vista arriesgado: cuestionó las suposiciones y construyó un enfoque que combinaba inteligencia humana y ciencia de datos potenciada por una máquina[21].

Hoy en día, el Proyecto del Buen Juicio capacita a analistas de decisiones de los sectores público y privado para que formen a sus propios expertos en pronósticos, quienes podrán ayudarlos en el futuro a predecir diversos desarrollos[22]. Andreas Xenachis ahora dirige el proyecto público. «Lo que era interesante», explicó reflexionando sobre la competición de IARPA, «era que había un supuesto inicial que preguntaba: "¿Cómo podemos automatizar esto?, ¿cómo podemos sacar al humano de este proceso?". Creían que podían relegar lo humano. Sin embargo, aunque yo creo en la innovación, también estoy seguro de que no debemos dejarnos llevar por las soluciones tecnológicas hasta el punto de que saquen al ser humano de ecuación cuando aún tiene un valor añadido significativo».

Ahora que el GJP ha ampliado su alcance hasta el sector privado, sus nuevos pronósticos investigan las posibles perturbaciones de la innovación de vehículos autónomos. En colaboración con el Programa de Innovación en Vehículos y Movilidad de Wharton, realizan encuestas sobre las actualizaciones de *software* del sistema de piloto automático de Tesla y la adopción del vehículo eléctrico en China[23]. Una vez más, han apostado por combinar la tecnología y las humanidades, facilitando un progreso en *big data* y complementando este esfuerzo con las ciencias sociales.

Chris Anderson, empresario y autor de *The Long Tail*, así como exeditor jefe de la revista *Wired*, argumentó en 2008 que la gran cantidad de datos que se están recopilando actualmente harían que el método científico se quedara obsoleto, ya que «se basa en hipótesis comprobables», mientras que la mayoría de estos sistemas la visualizan los científicos en su mente. Más tarde, se prueban los modelos, y los experimentos confirman o descalifican los modelos teóricos sobre cómo funciona el mundo. Una gran cantidad de datos sin un modelo son solo ruido, pero, con el *big data*, esta aproximación a las ciencias —hipótesis, modelo, test— se vuelve obsoleta»[24]. En un artículo de *Wired* titulado «The End of Theory: The Data Deluge Makes the Scientific Method Obsolete ['El fin de la teoría: El diluvio de datos deja atrás el método científico'] Anderson argumentó que el fin de la teoría era inevitable, puesto que, con tantos datos disponibles, el análisis conduciría a diferentes descubrimientos sin la necesidad de que los humanos postularan primero lo que los datos podían revelar. Con suficientes datos y suficiente información, se crearía conocimiento.

No obstante, Luciano Floridi, profesor de Filosofía y Ética de la Información en el Instituto de Internet de la Universidad de Oxford, refuta la afirmación del «fin de la teoría» de Anderson en su libro *La Cuarta Revolución: Cómo la infosfera está remodelando la realidad humana*. Floridi señala que esta afirmación de Anderson es poco original y recuerda un argumento de hace cuatrocientos años formulado por el filósofo inglés *sir* Francis Bacon, quien sostenía que, si uno recopila suficientes hechos, estos pueden hablar por sí mismos sin necesidad alguna de hipótesis. El mismo argumento fue esgrimido con anterioridad por el filósofo griego Platón, quien enfatizó que el conocimiento es algo más que información o datos; proviene de saber «cómo hacer y responder preguntas». Floridi concluyó que este es un argumento antiguo y que «los datos no hablan por sí mismos, [sino que] se necesitan interrogadores inteligentes»[25]. Y lo cierto es que esta afirmación de Floridi es similar a una cita que se atribuye a menudo a Voltaire: debemos empezar a juzgar a una persona sobre la base de sus preguntas, no de sus respuestas.

Una serie de avances en el desarrollo de tecnologías «inteligentes» en los últimos años ha desembocado en la creencia de que gran parte de las capacidades humanas han sido superadas por las de las máquinas o de que pronto las eclipsarán. Es fundamental entender el papel del advenimiento del *big data* en estos desarrollos, es decir, la acumulación de una cantidad mayor de datos de lo que era técnicamente factible hasta la creación de las «granjas de servidores» o «centros de datos», que ahora los almacenan —irónicamente— en la nube[26]. Al mismo tiempo, la migración de la actividad empresarial y de ocio a la web ha generado un tsunami de nuevos datos para almacenar y analizar. Además, productos como teléfonos inteligentes, coches y electrodomésticos cuentan ahora con sensores cada vez más pequeños y potentes integrados que generan datos a un ritmo exponencial. De esta manera, leen una amplia gama de datos, desde información visual hasta información sobre el movimiento de otros objetos en las cercanías del sensor, así como sobre las condiciones ambientales y los sonidos. De hecho, algunos realizan lo que se conoce como «captura de la realidad», convirtiendo los átomos del mundo físico que nos rodea en bits digitales.

Otro desarrollo importante que contribuye al procesamiento de *big data* han sido los chips informáticos, cada vez más pequeños, y la conectividad web inalámbrica. Combinados, permiten la implantación de objetos de todo tipo con capacidad informática, así como la conexión de dispositivos a la web, lo que ha conllevado la rápida evolución del internet de las cosas, es decir, de un entorno en el que los objetos se comunican continuamente no solo con sus fabricantes, sino también entre sí, mediante interacciones entre máquinas. De hecho, la empresa John Deere US ya está fabricando tractores equipados con sistemas de guía y sensores que recogen información sobre las condiciones del suelo y la transmiten a la empresa, donde se analiza para asesorar a los agricultores sobre cómo mejorar el rendimiento de los cultivos[27].

Algunos cronistas de estos desarrollos, como Chris Anderson, han argumentado que el nuevo poder del aprendizaje de la máquina suplantará el factor humano en el análisis de datos[28]. El escenario más probable es que los humanos encuentren formas mejores y más eficientes de aprovechar el poder del *big data* y el aprendizaje de la máquina, de forma que puedan resultar de ayuda para abordar una serie de problemas que reclaman a gritos una mejor analítica, pero que se beneficiarían tanto de máquinas como de personas.

El debate sobre si las máquinas sustituirán a los seres humanos se remonta a mediados del siglo pasado. El profesor del MIT y pionero de la informática Marvin Minsky argumentó que la inteligencia artificial debería ser nuestro objetivo y que podría igualar la capacidad humana[29], mientras que J. C. R. Licklider, también profesor del MIT, aseguró que las máquinas complementarían las habilidades humanas en lugar de desplazarlas, un debate acalorado sobre el desarrollo de la inteligencia artificial. En este sentido, Licklider cuenta con un renombre importante por haber plantado las semillas fundamentales de diversos desarrollos, como el ordenador personal, la importancia de la interacción persona-ordenador e incluso Internet. Tuvo un impacto significativo en casi todos los aspectos de la tecnología actual[30]. En su influyente ensayo de 1960 «Man-Computer Symbiosis» ['Simbiosis hombre-ordenador'], Licklider argumentaba que no habría apocalipsis robótico, sino que «dicha combinación pensará como ningún cerebro humano antes y procesará los datos de una manera en que las máquinas de manejo de la información de hoy en día no son capaces».

Lo que estamos presenciando es un crecimiento en potencia. El trabajo más fructífero que se está llevando a cabo con las nuevas tecnologías combina las competencias de las humanidades con las de las máquinas autónomas. El aprendizaje automático parece la fortaleza tecnológica de moda y se está democratizando, aunque parezca demasiado misteriosa para que alguien que no sea especialista pueda hacer uso de ella o mejorarla. Gracias a la creación de plataformas y comunidades *online,* formadas por científicos e informáticos, que permiten el planteamiento de problemas que deben resolverse, personas sin experiencia alguna en análisis de datos pueden lanzar preguntas y obtener acceso a un gran número de expertos en ciencia de datos. Kaggle, una empresa fundada por un economista australiano, gestiona una de estas plataformas.

El fundador de Kaggle, Anthony Goldbloom[31], creó en Australia y asistió a la Universidad de Melbourne, donde se graduó en Economía en 2006. No había previsto convertirse en empresario, pero resultó que su formación en economía le abrió la puerta que le llevó hasta Kaggle. Después de la universidad, se trasladó a Canberra y comenzó a trabajar como economista en el Tesoro de Australia. «Solía trabajar en cosas como el PIB, la inflación y el desempleo», recuerda. «Nada de esto me resultaba demasiado interesante. Entonces, el Tesoro me dio tres meses de permiso para realizar una estancia en *The Economist* en Londres, donde escribí un artículo sobre análisis predictivo. Había todo tipo de datos interesantes encerrados dentro de las empresas, y yo quería jugar con ellos. Existía una gran cantidad de datos ahí fuera y... estas compañías probablemente necesitaban ayuda para encontrarles sentido». De hecho, pronto vio que lo mismo ocurría con otras organizaciones. Goldbloom decidió que quería dedicarse a permitir el acceso del público general a las mejores herramientas de resolución de problemas. En un abrir y cerrar de ojos, comenzó a dedicar sus noches y sus fines de semana a crear la tecnología que se convertiría en la plataforma Kaggle y, tras seis meses de noches de insomnio, dejó su trabajo para lanzar la compañía.

En resumen, Kaggle permite que empresas e investigadores publiquen datos en la plataforma para que científicos de datos de todo el mundo compitan en el análisis de los mismos y proporcionen información. Las soluciones ganadoras ganan sustanciales recompensas en efectivo por sus esfuerzos. Así, Goldbloom hizo de la ciencia de datos un deporte muy competitivo y muy bien pagado. Mientras que las empresas que manejan datos sensibles pueden pagar por organizar concursos cerrados para expertos que trabajen tras acuerdos de confidencialidad, gran parte de los análisis están abiertos y disponibles para todo el mundo. Kaggle ya ha sido anfitrión de cientos de competiciones, y sus científicos de datos han hecho importantes avances en la resolución de problemas muy diversos.

General Electric, por ejemplo, ha publicado premios por valor de 600 000 dólares en Kaggle, en busca de soluciones a una serie de desafíos empresariales, como predecir el uso de las pistas y los patrones de llegada a las puertas de embarque de los vuelos de las aerolíneas comerciales de Estados Unidos. GE proporcionó a los participantes de Kaggle voluminosos datos de vuelo e información meteorológica y, tras una competición de cuatro meses, recibieron más de 3000 análisis. El equipo ganador mejoró la precisión estándar de la industria en un 40 %, lo que supone un ahorro de cinco minutos por vuelo y por puerta de embarque, así como un ahorro anual aproximado de 6.2 millones de dólares para una aerolínea de tamaño medio[32].

En otro caso, Kaggle ayudó a mejorar la forma en que los médicos tratan a los pacientes que sufren daño ocular causado por la diabetes. Una de las complicaciones a largo plazo de la diabetes es la retinopatía diabética, que daña los diminutos vasos sanguíneos del ojo que suministran oxígeno a la retina. Cuando estos vasos sanguíneos se rompen, impactan en la retina, lo que en muchos casos desemboca en ceguera, constituyendo una de las principales causas de ceguera en los países desarrollados. Debido a esto, el 80 % de los diabéticos sufren de alguna forma de afección retiniana. La Fundación para la Salud de California reconoció que, si se detecta a tiempo, la retinopatía diabética podría tratarse con láser, fármacos y cirugía. Por tanto, decidieron publicar un reto, con un premio de 100 000 dólares, para encontrar un método de detección temprana. Miles de imágenes de retinas, sanas y enfermas, fueron colocadas en Kaggle y, después de cinco meses de trabajo, un estadístico llamado Benjamin Graham de la Universidad de Warwick, en Inglaterra, diseñó un algoritmo que predecía el daño retiniano el 85 % de las veces[33].

De esta forma, Kaggle ayuda a resolver desafíos en todos los campos. Otro resultado valioso fue la creación de un método para la evaluación informatizada de exámenes con preguntas de desarrollo. En el sector educativo, las pruebas estandarizadas suelen incluir preguntas de opción múltiple, no porque sean la mejor manera de evaluar el pensamiento complejo, la comunicación y la colaboración, sino porque son las más baratas de calificar. Las pruebas estandarizadas tampoco están consideradas la mejor manera de evaluar el conocimiento de los estudiantes, mientras que los exámenes con preguntas de desarrollo o de ensayo proporcionan una evaluación más holística de su rendimiento académico y reflejan mejor las habilidades requeridas en el mercado[34].

Ante este dilema, la Fundación Hewlett decidió descubrir si se podía encontrar un medio para automatizar la clasificación de los ensayos sin sacrificar la calidad. De esta forma, la tecnología podría mejorar las pruebas estandarizadas para habilidades cognitivas facilitando la clasificación de formatos fluidos, como los ensayos. La fundación patrocinó el Premio de Evaluación Automatizada del Estudiante (ASAP, por sus siglas en inglés), que desafió a los participantes a usar la ciencia de datos para construir modelos que pudieran reproducir las puntuaciones de evaluadores humanos a través de un conjunto de datos de 27 000 ensayos escritos por estudiantes en un plazo amplio de tiempo y sobre muy diversos temas. Durante tres meses, recibieron 1800 inscripciones, y los mejores equipos superaron incluso a los proveedores comerciales. El codirector de ASAP, Tom Vander Ark, concluyó que «se pueden implementar ordenadores que validen —no reemplacen— el trabajo de los maestros, reduciendo los costos para los distritos escolares y ofreciendo exámenes que pueden ser calificados más rápido y menos costosa»[35].

2. UN BOTÓN PARA ENCONTRAR TERRORISTAS

Aunque muchos innovadores tecnológicos han establecido la eliminación del factor humano de la ecuación del análisis de datos como un objetivo natural, otros, como Shyam Sankar, director de Palantir Technologies, son muy conscientes de la ventaja competitiva que supone un aporte humano. Palantir es una empresa valorada en 20 000 millones de dólares[36] que diseña plataformas analíticas para capacitar a expertos en seguridad, aplicación de la ley y política internacional, lo que les permite luchar contra el crimen y el terrorismo global de forma más eficiente mediante el aprovechamiento de la ciencia de datos. Básicamente, sus clientes son algunas de las agencias secretas de tres letras más significativas[37]. Es fácil que sus «ingenieros de vanguardia» o *forward deployed engineers*, como se conoce a sus vendedores, instalen cuadros de mando analíticos detrás de las líneas enemigas, trabajando bajo el mando directo de comandantes de operaciones especiales. De hecho, en 2016, Palantir ganó un contrato de 222 millones de dólares para trabajar con el Comando de Operaciones Especiales de Estados Unidos[38].

Por su parte, Sankar obtuvo su licenciatura en Ingeniería Eléctrica e Informática en la Universidad de Cornell y un máster en Ciencias de Gestión e Ingeniería en Stanford; en resumen, es un *techie* de cabo a rabo. Sin embargo, también cree firmemente en la visión de J. C. R. Licklider de complementar la inteligencia humana, la intuición y el reconocimiento de patrones con poderosos análisis realizados por máquinas.

La tecnología de Palantir ayuda a las organizaciones a fusionar datos estructurados y no estructurados, ofreciendo a los analistas una capacidad óptima de búsqueda y la posibilidad de plantear preguntas a múltiples fuentes, todo al mismo tiempo. Esto permite que quienes utilicen esta inteligencia para encontrar a niños desaparecidos, detectar fraudes o localizar terroristas puedan ver patrones que de otra manera estarían ocultos, aunque no tengan experiencia en analítica de datos. La filosofía de Sankar es que el aumento de la inteligencia humana es la única manera de mantenerse por delante de adversarios que se adaptan con facilidad, como los grupos terroristas. «Los terroristas siempre se están adaptando, de una manera u otra, a las nuevas circunstancias», señaló Sankar en el escenario de TED Global en Glasgow, Escocia, en 2012. «A pesar de lo que se ve en la televisión, estas adaptaciones y el hecho de poder detectarlas son fundamentalmente humanas. Las computadoras no detectan nuevos patrones y comportamientos, pero los humanos sí, usando tecnología, probando hipótesis y pidiendo a las máquinas que lleven a cabo una serie de tareas. Osama bin Laden no fue capturado por la inteligencia artificial, sino por gente dedicada, ingeniosa y brillante que empleó diversas tecnologías»[39].

En otro caso, en octubre de 2007, las fuerzas estadounidenses y de la coalición allanaron un refugio de Al Qaeda en Sinjar, en la frontera siria con Irak. Allí, encontraron setecientos bosquejos biográficos de combatientes extranjeros, formularios de recursos humanos que especificaban de dónde eran los combatientes, quiénes los habían reclutado, qué trabajo buscaban y por qué se habían unido a ellos. El único problema era que se trataba de papeles arrugados, escritos a mano en árabe, por lo que procesar los formularios e interpretarlos requería experiencia humana, pero también se utilizó el poder del análisis automático una vez que se extrajeron y codificaron los datos.

Los analistas descubrieron así que el 20 % de los combatientes extranjeros eran de Libia y que el 50 % provenían de la misma ciudad. También comprobaron un aumento de la participación tras un discurso de un clérigo de alto rango del Grupo de Combate Islámico Libio, lo que hizo saltar la alerta de Al Qaeda sobre su creciente importancia. La detección de dicho patrón no habría sido posible sin el uso de máquinas que clasificaran aquellos volúmenes de datos, pero tampoco los datos habrían estado disponibles o no habrían sido de alta calidad sin el allanamiento del refugio, la recuperación de activos físicos y la traducción y el etiquetado de los formularios de recursos humanos para el procesamiento mecánico por parte de las personas. Se necesitó conocer el contexto y el marco del problema para poner a trabajar a las máquinas, así como a los pensadores críticos para interpretar los resultados.

Las numerosas empresas, como Palantir, que se dedican a la prestación de servicios de análisis de datos son consideradas generalmente como las más avanzadas en el uso tecnológico de obtención de información a partir del *big data*. De hecho, ellas mismas se presentan como compañías puramente tecnológicas, puesto que la narrativa que prevalece en Silicon Valley es que las capacidades técnicas son muy superiores a las humanas, pero la realidad es que toda empresa tecnológica —Google, Facebook, Slack y Palantir, entre otras— depende en gran medida de aportes técnicos y humanos.

El reto para la mayoría de los *techies* está en cómo recopilar, almacenar, buscar y procesar el *big data*, que según Sankar es «es necesario pero insuficiente» para obtener el máximo valor de los datos. «Lo imperativo no es averiguar cómo computar», asegura, «sino qué computar. ¿Cómo puede imponerse la intuición humana a los datos a esta escala? Hay que empezar diseñando lo humano en el proceso». Por eso, es importante cambiar la narrativa en torno a las humanidades y las ciencias pues, en partes iguales, son vitales para el desarrollo y el despliegue de nuestras mejores tecnologías.

3. IDENTIFICAR DATOS SESGADOS

Es indudable que la ciencia de datos no es objetiva y debemos tener en cuenta los sesgos que surgen de su análisis. «Los sistemas algorítmicos que convierten los datos en información no son infalibles, sino que dependen de entradas imperfectas, de la lógica, de la probabilidad y de la gente que los diseña», advirtió la Casa Blanca en 2016[40]. Por ejemplo, los datos sobre la delincuencia no reflejan todos los delitos cometidos; solo reflejan aquellos denunciados, y la denuncia de los delitos está distorsionada por muchos factores[41]. Una comunidad puede estar a favor de llamar a la policía y denunciar un delito, mientras que otra no. ¿Llamarán a la policía desde comunidades de inmigrantes ilegales para que se ocupen de delitos menores con la misma frecuencia que las comunidades que no tienen miedo de que sus miembros sean deportados? ¿Llamará alguien con una docena de multas de estacionamiento sin pagar para reportar un robo menor en su coche? Por lo tanto, los datos sobre los delitos comunicados reflejan también una serie de matices en torno a la confianza y los detalles de la comunidad que, a primera vista, podrían pasarse por alto fácilmente.

Por ejemplo, la Oficina de Estadísticas de Justicia ha informado de que ciertos crímenes, como los de odio o de agresión sexual, suelen estar infrarregistrados, por lo que muchas veces no se incluyen en las estadísticas de los crímenes reportados[42].

El Grupo de Análisis de Datos sobre Derechos Humanos (HRDAG, por sus siglas en inglés), una organización sin fines de lucro con sede en San Francisco, realiza un riguroso análisis de datos para abordar las violaciones de los derechos humanos en todo el mundo. HRDAG llevó a cabo un estudio acerca de los sesgos en los datos sobre delitos y sobre cómo los algoritmos pueden amplificar los sesgos en la respuesta de los departamentos de policía[43]. Un estudio, publicado en *Significance*, la revista de la Real Sociedad de la Estadística, investigó la eficacia de un algoritmo de vigilancia predictiva publicado por PredPol, una compañía enfocada en predecir y prevenir el crimen a través de la ciencia de datos. El algoritmo informa a los departamentos de policía sobre las ubicaciones óptimas para el despliegue de agentes con el fin de prevenir delitos probables.

Los autores Kristian Lum y William Isaac decidieron aplicar este algoritmo, que es uno de los pocos que ha sido publicado en una revista revisada por pares, a los datos que sacaron de los registros disponibles públicamente sobre delitos de drogas en Oakland, California. Lum e Isaac complementaron ese conjunto de datos reuniendo información sobre la distribución de los delitos de drogas en Oakland de varias otras fuentes, como la Encuesta Nacional sobre el Uso de Drogas y la Salud[44]. De esta forma, sus datos mostraron que el consumo de drogas es aproximadamente igual en todos los grupos étnicos[45], mientras que los arrestos por drogas correspondientes no lo son. Según un informe de 2013 de la Unión Americana de Libertades Civiles (ACLU, por sus siglas en inglés), los afroamericanos tienen 3.73 veces más probabilidades de ser arrestados por posesión de marihuana que los blancos, a pesar de que ambos consumen casi las mismas cantidades de marihuana. La ACLU culpa de la discrepancia a la elaboración de perfiles raciales, a los procedimientos de detención y cacheo y a las cuotas de arrestos[46]. HRDAG también concluyó que, aunque el crimen por drogas estaba distribuido de manera bastante uniforme por toda la ciudad, los arrestos se concentraban en solo unos pocos lugares, principalmente en West Oakland y Fruitville, dos comunidades predominantemente no blancas y de bajos ingresos.

Por lo tanto, la información sobre la ubicación de los crímenes estaba sesgada estadísticamente; de hecho, si se enviaban más agentes de policía a los vecindarios con mayores tasas de delitos reportados, como sugiere el algoritmo, el sesgo aumentaba, ya que, cuantos más agentes hubiera, más arrestos se producirían. Finalmente, los datos de los arrestos alimentarían de nuevo al algoritmo, creando un bucle de retroalimentación distorsionado, debido a que el algoritmo procesaría esa información como confirmación de que su predicción era correcta, lo que reforzaría aún más el sesgo inicial. En el primer informe sobre *big data* y derechos civiles, la Casa Blanca destacó las nuevas y poderosas oportunidades que se abrían en el horizonte, pero también advirtió que «sin una atención deliberada, estas innovaciones pueden fácilmente activar procesos de discriminación, reforzar los prejuicios y enmascarar las oportunidades»[47]. En el caso de algoritmos que se están probando para proporcionar recomendaciones a los jueces en los tribunales de San Francisco, estas consideraciones van mucho más allá de la aplicación de la ley tradicional[48]. El escritor de tecnología Om Malik lo llama «darwinismo de datos», que convierte la reputación digital, basada en algoritmos y datos, en el principal mecanismo de selección y en la puerta de acceso a las oportunidades[49].

Cathy O'Neil, exdirectora de Prácticas de Datos de la Escuela de Periodismo de la Universidad de Columbia y autora del exitoso libro *Armas de destrucción matemática: cómo el big data aumenta la desigualdad y amenaza la democracia*, lleva esta cuestión un paso más adelante: «El *big data* tiene muchos evangelistas, pero yo no soy una de ellos»[50]. Su argumento es que los algoritmos pueden ser, como ella dice, «usados como armas» para perpetuar la discriminación y utilizar las matemáticas para camuflar los prejuicios. O'Neil destaca cinco características que poseen estos algoritmos perjudiciales: se dirigen a ciertos grupos de personas; son opacos para que los individuos a los que van dirigidos no entiendan cómo funcionan; afectan a un gran número de personas, a gran escala; sus creadores definen su éxito —su definición de *éxito* es ahorrar dinero a una organización— de una manera que no es compartida por la gente a la que van dirigidos, y crean bucles de retroalimentación perniciosos[51].

Claudia Perlich, científica de datos y profesora adjunta de Inteligencia de Negocios y Minería de Datos en la Escuela Stern de Negocios de la Universidad de Nueva York (NYU), ofrece otro ejemplo revelador que ilustra el punto de vista de O'Neil[52]. En una charla titulada «All the Data and Still Not Enough» ['No es suficiente con tener todos los datos'], habló sobre un concurso de minería de datos que ha ganado en múltiples ocasiones, el Knowledge Discovery and Data Mining Cup[53]. En 2008, Siemens Medical desafió a equipos de investigación de la competencia a analizar una serie de imágenes por resonancia magnética (MRI) y extraer la probabilidad de que sufrieran cáncer de mama. Se proporcionó a los equipos un conjunto de datos de 100 000 de esas regiones candidatas, procedentes de 1712 pacientes donde 118 de las pacientes tenían, al menos, una región candidata maligna. Siemens también les aconsejó que se fijaran en 117 características de cada imagen, algunas de las cuales podrían tener capacidad de predicción para mostrar si el paciente tenía cáncer. A partir de estas instrucciones, se pidió a los equipos que construyeran un modelo de predicción que analizara estas 117 características y diagnosticara las regiones candidatas y, en última instancia, a la paciente[54].

El equipo de Perlich provenía de Watson Research, de IBM. A medida que exploraban el conjunto de datos, percibieron una tasa de incidentes muy alta, aproximadamente un 10 %por encima de lo esperado, en pacientes con números de identificación bajos. Al agregar la identificación de la paciente a su modelo predictivo —algo que ningún científico de datos considera que valga la pena estudiar—, observaron un notable aumento en el rendimiento predictivo. Este número de identificación era, en teoría, un número de diez dígitos generado al azar que simplemente identificaba a las pacientes, por lo que no debería tener absolutamente nada que ver con la incidencia de cáncer de mama en los datos de las resonancias magnéticas. Sin embargo, lo que encontraron indicaba lo contrario, de manera que agruparon las identificaciones de los pacientes en contenedores: el primero contenía el 36 % de las pacientes con regiones malignas, mientras que en los dos segundos solo el 1 % tenía cáncer. De todas las características de los datos que debían mostrar una correlación con el cáncer de mama, no se esperaban que fuera la identificación, por lo que el equipo de Perlich estaba perplejo. Tras un examen más detallado, la mejor hipótesis era que los datos debían de haber sido extraídos de cuatro fuentes diferentes, una práctica típica en el análisis de datos. Sin embargo, en este caso, los encargados de reunir los datos no habían registrado explícitamente el hecho de que algunas pacientes pertenecían a centros de detección del cáncer de mama y otras a centros de tratamiento del cáncer. Como resultado, las identificaciones de las pacientes que tenían diferentes regiones numéricas se volvían muy predictivas, ya que la incidencia de cáncer era mucho mayor en los centros de tratamiento. Aunque el equipo de Perlich había construido un modelo que observaba miles de características en las imágenes, se dieron cuenta de que lo único que el modelo podía predecir de manera fiable era si los pacientes estaban siendo tratados o estaban en proceso de ser diagnosticados. A primera vista, el modelo parecía muy eficaz, pero era casi demasiado bueno para ser cierto, por lo que lo investigaron más a fondo. Las fugas de datos habían nublado la capacidad de predicción del modelo.

«¿Cómo podemos empezar a regular modelos matemáticos que dominan más y más nuestras vidas?», pregunta Cathy O'Neil. «Los datos no van a desaparecer. Tampoco los ordenadores, y mucho menos los matemáticos. Los modelos predictivos van a convertirse, cada vez más, en herramientas en las que confiaremos para dirigir nuestras instituciones, desplegar nuestros recursos y gestionar nuestras vidas [...]. Estos modelos no solo se construyen a partir de datos, sino también a partir de las decisiones que tomamos sobre la información que hay que tener en cuenta y los que hay que omitir. Y esas opciones no se limitan a la logística, el beneficio y la eficiencia; son fundamentalmente morales»[55].

Estos errores humanos en la recopilación e interpretación de datos deben ser corregidos mediante análisis humanos, un trabajo para el que los formados en humanidades y ciencias sociales están bien equipados, pues aportan una perspectiva valiosa sobre los contextos sociales en los que se recopilan los datos, así como las habilidades necesarias para interpretar y comunicar la información que se encuentran en ellos. No podemos eliminar los prejuicios de la sociedad, pero podemos emparejar a los de ciencias y a los de humanidades para entrenar a nuestros algoritmos, con el fin de buscar y mitigar los puntos débiles más humanos.

4. ALFABETIZAR EN CIENCIA DE DATOS

Leslie Bradshaw, que estudió género, economía, antropología y latín en la Universidad de Chicago, fue nombrada por *Fast Company* como una de las cien personas más creativas en el mundo de los negocios y la mujer «que hace que la ciencia de datos sea genial»[56]. Bradshaw cofundó la empresa de diseño interactivo JESS3 y actualmente se encuentra a la vanguardia de la creación de productos digitales. Desde 2012, también ha sido defensora de lo que ella llama *data literacy* o «alfabetización de datos»[57].

«Para aumentar los beneficios del *big data*, debemos igualar las ciencias sociales y las humanidades a las matemáticas y la informática», escribió como parte del proyecto American Dreamers, un experimento de publicación organizado por la agencia creativa Wieden + Kennedy, la misma agencia que inventó el famoso eslogan de Nike «Just Do It»[58]. Bradshaw define la alfabetización de datos como «una comprensión de los problemas fundamentales que pueden surgir a lo largo del camino [en la recopilación y el análisis de datos], desde la estrategia hasta la recopilación de datos, pasando por la filtración, el análisis y la presentación»[59].

Bradshaw argumenta que las personas instruidas en humanidades y ciencias sociales pueden desempeñar un papel importante en el avance de la alfabetización de datos, tanto entre quienes practican la ciencia de datos como entre el público al que se presentan sus descubrimientos. Esto se debe a que prestan especial atención a los problemas sociales y a los sesgos psicológicos que deben tenerse en cuenta en la evaluación de cómo se han creado los conjuntos de datos y a que están especialmente bien formados para presentar claramente los resultados. Bradshaw enfatiza que la alfabetización de datos requiere tres «tratamientos» esenciales de conjuntos de datos: una contextualización social más amplia, una presentación clara a través de visualizaciones efectivas y una narración sobre los hallazgos que los haga claros y convincentes. Explicando su misión de mejorar esta ciencia, explica: «Mi sueño [...] es un futuro de datos más significativos. Y, para ello, necesitamos los datos recopilados y analizados; los datos analizados, interpretados y contextualizados; y los datos visualizados, narrados y accesibles. Sin embargo, actualmente, el culto al 'científico de datos', inclinado hacia las matemáticas y educado en las ciencias de la computación, no permite que se ponga en práctica todo el potencial del *big data*».

A las personas que han estudiado ciencias sociales se les ha enseñado no solo a buscar fuentes de sesgo y opinión que puedan interferir en el análisis de los datos, sino también a pensar en las cuestiones que deben ser investigadas si queremos mejorar la aplicación del análisis de datos para resolver una miríada de problemas sociales. ¿De qué manera se podrían recopilar y analizar los datos para conocer cómo preparar mejor a los niños para el aprendizaje durante la educación preescolar? ¿Cuáles serían las mejores medidas para crear empleo en los barrios más pobres? ¿En qué nos pueden ayudar los nuevos y voluminosos datos que podemos recopilar sobre los factores que contribuyen a la depresión o a la incidencia de la diabetes? Estas son solo algunas de las áreas en las que las ciencias sociales han proporcionado métodos y perspectivas que pueden aplicarse tanto para recopilar datos más sólidos y relativamente imparciales como para analizarlos con mayor eficacia.

En cuanto a las humanidades, las personas con formación en diseño pueden ayudar a la visualización de los resultados de los datos para hacer comprensible lo que de otro modo serían inmensas hojas de cálculo de cifras ininteligibles. Además, aquellos entrenados en escribir con claridad y habilidad narrativa pueden comunicar mejor los hallazgos de los datos, asegurando un impacto mayor. «Es imprescindible recurrir a los graduados en Literatura, Filosofía y Periodismo y aceptarlos como iguales», aconseja Bradshaw a los científicos, ya que «esto creará más accesibilidad y, por lo tanto, más compromiso con sus datos».

5. RESOLVER MISTERIOS MILENARIOS

En 2015, los empleadores encuestados por la Asociación Nacional de Universidades y Empleadores [National Association of Colleges and Employers] catalogaron la «capacidad de trabajar en equipo» como el atributo más deseable de los nuevos graduados universitarios, incluso por delante de las habilidades analíticas, cuantitativas y de resolución de problemas[60]. Sin embargo, «trabajo en equipo» sigue siendo un término ambiguo y poco comprendido. Google lanzó un estudio llamado Proyecto Aristóteles para determinar por qué algunos equipos de trabajo funcionan mejor que otros. Puesto que Google es una compañía notoriamente basada en datos, incluso midió el aumento de la productividad cuando un gerente saluda a su nuevo empleado el primer día de trabajo. ¿La respuesta? Un sorprendente 15 %[61].

Laszlo Bock, autor del libro *La nueva fórmula del trabajo,* publicado en 2015, y asesor sénior de Google —donde durante una década dirigió People Operations (conocido como Recursos Humanos en la mayoría de las empresas)—, dice: «Intentamos aportar tanta analítica, datos y ciencia a lo que hacemos de cara a las personas como lo hacen nuestros ingenieros de cara a los productos». Con ese espíritu, se formó un equipo de investigación de psicólogos, sociólogos y estadísticos dentro del grupo de People Operations para encontrar respuesta a uno de los misterios más desconcertantes del mundo empresarial: ¿Por qué algunos equipos son más eficaces que otros?

El grupo pasó varios años analizando una gran cantidad de datos sobre las características de más de doscientos equipos de la empresa y cuestionaron cincuenta años de investigación académica, analizando qué motivaba a los equipos, si tenían valores compartidos y cuánto socializaban fuera de la oficina. Estudiaron tanto equipos formados por amigos como otros formados por completos desconocidos, y se fijaron en equipos con identidades similares y rendimiento variable.

Finalmente, el grupo de investigación concluyó que importa más la interacción que los miembros que componen el equipo, y descubrieron que la forma en que los equipos manejaban el debate, el desacuerdo y el consenso era un aspecto crucial. Además, los grupos tenían reglas culturales no escritas; algunos eran agresivos y la gente se interrumpía con frecuencia, mientras que otros eran muy conversadores. Algunos equipos contaban además con expertos que ponían de manifiesto que sabían de lo que estaban hablando, mientras que otros mantenían discusiones abiertas. Lo que finalmente encontraron fue que uno de los mayores impulsores del rendimiento del equipo en Google era lo que se conoce como «seguridad psicológica» o la capacidad de asumir riesgos y equivocarse.

La investigación de Google confirmó las conclusiones de un estudio realizado en 2008 por psicólogos de Carnegie Mellon, MIT y Union College, que descubrieron que los equipos de alto rendimiento tenían una inteligencia colectiva elevada y que el motor de la inteligencia colectiva era la contribución[62]. Los mejores equipos tenían líderes fluidos que se aprovechaban de las fortalezas relativas de cada uno y fomentaban normas de apertura o «igualdad en la distribución de la toma de turnos conversacionales», como se denomina en el artículo de Charles Duhigg en *The New York Times,* «Lo que Google aprendió de su búsqueda para construir el equipo perfecto». En los equipos donde una persona dominaba, el rendimiento a menudo decaía. Google también confirmó que, al igual que en el estudio de 2008, era extremadamente importante una «sensibilidad social elevada». Los equipos que estaban formados por miembros que hablaban por igual y eran sensibles a los estados de ánimo, las historias personales y las emociones de sus compañeros de equipo funcionaban mejor. Google analizó su propio rendimiento de forma rigurosa y basada en datos y descubrió que este último aspecto era crucial[63].

Quizá el argumento más convincente del poder de combinar la fuerza *fuzzy* con la *techie* es el hecho de que una de las compañías líderes en recopilación y análisis de datos, cuya misión corporativa es «organizar la información del mundo y lograr que sea útil y accesible para todo el mundo», descubrió que, incluso contando con las mentes analíticas más brillantemente entrenadas y las herramientas tecnológicas más poderosas, que sin duda los empleados de Google tienen en abundancia, el mayor éxito proviene de la atención a factores humanos como el liderazgo y las habilidades «más blandas».

Como descubrió el Proyecto Aristóteles, las habilidades sociales no cognitivas tienen un valor excepcional para las empresas. La Red de Información Ocupacional de 1998 (O*NET), una encuesta administrada por el Departamento de Trabajo de Estados Unidos, identifica las siguientes habilidades sociales: «1) coordinación; 2) negociación; 3) persuasión; 4) y percepción social». David Deming, profesor de Economía de la Facultad de Educación de la Universidad de Harvard, ha evaluado los beneficios de las habilidades sociales observando la producción en equipo, donde los trabajadores con ventajas comparativas en el desempeño de ciertas tareas cognitivas superan a aquellos que realizan «tareas comerciales»[64]. Tradicionalmente, siempre se ha considerado que las tareas comerciales tienen costes de coordinación, pero Deming argumenta que «las habilidades sociales actúan como una especie de antigravedad social, reduciendo el coste del comercio de tareas y permitiendo a los trabajadores especializarse y coproducir más eficientemente». En esencia, las habilidades sociales engrasan las ruedas del trabajo en equipo, reduciendo el coste de colaboración.

Puesto que la tecnología se ocupa del trabajo más mecánico, nos quedamos con tareas complejas y poco rutinarias para las que todos albergamos diferentes pasiones y habilidades. El trabajo en equipo, las tareas comerciales y, en consecuencia, las habilidades sociales son cada vez más importantes en este mundo. Por eso, cuando las artes liberales investigan las habilidades personales y lo que significa ser humano, nos enseñan empatía, el núcleo de las habilidades sociales; de hecho, dichas habilidades sociales son las que facilitan el intercambio de tareas, la colaboración y, por lo tanto, mayor productividad.

Si consideramos las lagunas y los sesgos que afectan al análisis de datos, la forma en que administramos las nuevas herramientas y la construcción de nuestros equipos, no podemos evitar apreciar el papel crucial de los *fuzzies* como complemento de los *techies*.

3

LA DEMOCRATIZACIÓN DE LAS HERRAMIENTAS TECNOLÓGICAS

Conocí a Peter Platzer, fundador de Spire y pionero en el envío de satélites pequeños y relativamente baratos al espacio, cuando nos encontrábamos en un café de San Francisco llamado apropiadamente Sextant (el Sextante), por el dispositivo que usaban los marineros para navegar guiándose por las estrellas. Spire desarrollaba pequeños satélites para cubrir las desconcertantes lagunas que se formaban en el seguimiento de los buques marinos, a pesar de la llegada del GPS, con la seguridad de que una mayor conciencia del dominio marítimo podría mitigar la piratería, la pesca ilegal y el tráfico humano. Sin embargo, el seguimiento de buques es solo una de las varias funciones de Spire. Los sensores de a bordo, que miden la flexión de las ondas de radio que rebotan en la atmósfera, también ayudan a mejorar la precisión de los pronósticos del tiempo. Estos «sondeos», colecciones de datos brutos de presión atmosférica y temperatura, pueden alimentar los modelos de predicción meteorológica, no solo para ayudar a que las personas planifiquen sus vacaciones en la playa y sus viajes de esquí, sino también para informar a industrias como la agricultura o las aseguradoras.

Peter y su equipo son un ejemplo de lo accesibles que se han vuelto tantas herramientas tecnológicas, que permiten a personas de todas las profesiones y condiciones sociales encabezar el desarrollo de muchas innovaciones interesantes que abordan problemas actuales y que van mucho más allá del alcance y las expectativas tradicionales de Silicon Valley.

De hecho, los satélites siempre han sido una de las herramientas tecnológicas más sofisticadas e inaccesibles, pues no solo son increíblemente caros de construir, sino que deben ser lanzados con cohetes, y el coste del lanzamiento por sí solo puede oscilar entre 55 y 260 millones de dólares, dependiendo del tamaño y el peso del satélite[1]. El resultado ha sido que, incluso con la capacidad que tenemos ahora de vigilar las condiciones y los acontecimientos en la superficie del planeta desde el espacio, siguen existiendo muchas limitaciones debido al alto coste que supone enviar más satélites. El acceso a los satélites existentes también es prohibitivo para muchas empresas y organizaciones que podrían beneficiarse de sus capacidades, debido a que la oferta es escasa en comparación con la demanda existente. Spire ha sido capaz de construir satélites mucho más pequeños que siguen siendo herramientas poderosas, porque muchos de los componentes de alta tecnología requeridos se han vuelto asequibles y medianamente fáciles de integrar en ciertos productos.

Para entender cómo se pueden utilizar estos pequeños satélites para solucionar algunos de los problemas hasta ahora irresolubles mediante la recopilación y democratización de nuevos tipos de datos, analicemos detenidamente la cuestión de los navíos extraviados.

Desde el comienzo de la navegación, el mar ha sido como una sirena, que invita a la humanidad a navegar a través del horizonte. Sin embargo, las vastas extensiones de mar abierto del planeta son tan embrujadoras como traicioneras, y el seguimiento de los barcos mientras atraviesan aguas turbulentas y tormentosas siempre ha sido un problema inquietante. Desde el año 31 a. C., cuando el ataque naval del general romano Agripa contra las fuerzas de Antonio y Cleopatra en Accio, en la Grecia actual, colocó a César Augusto en el trono como primer emperador del Imperio romano, el secretismo de las maniobras marítimas ha sido uno de los temas más desafiantes para la seguridad nacional, tanto para los comandantes navales como para los navíos comerciales[2]. Hoy en día, los satélites escudriñan continuamente los mares, pero hay muchas lagunas en su cobertura y los barcos desaparecen a menudo, a veces para obtener una ventaja comercial y otras con malas intenciones[3].

En este sentido, la República Popular Democrática de Corea, Corea del Norte, ha causado numerosos escándalos internacionales al *hackear* las cuentas de correo electrónico de los estudios de Hollywood y probar misiles balísticos sin previo aviso[4]. El país también es cómplice de actividades clandestinas en alta mar, especializadas en contrabando de armas y tráfico de estupefacientes[5].

Los expertos en seguridad internacional se alarmaron cuando un barco norcoreano llamado Mu Du Bong desapareció de la red de transporte marítimo comercial electrónico durante nueve días en julio de 2014[6]. Según el derecho marítimo internacional, los buques deben estar equipados con transpondedores que envíen señales regulares y programadas utilizando para ello lo que se conoce como sistema de identificación automática (AIS, por sus siglas en inglés), una red mundial de comunicaciones que ayuda a proporcionar seguridad y rastreo en alta mar[7]. Los transpondedores no suelen apagarse, por lo que era de esperar un juego sucio por parte del Mu Du Bong. Además, no era la primera vez que los comandantes navales norcoreanos lo apagaban.

Tal vez el incidente más infame sea el del Chong Chon Gang, un barco de 155 metros de eslora capaz de transportar más de 9000 toneladas de carga[8]. El buque partió desde la ciudad portuaria norcoreana de Nampo en 1977 e inició una larga carrera de comercio de armas, infracciones de seguridad y otras transgresiones de este tipo. El barco estaba registrado a nombre de la empresa Chong Chon Gang Shipping, con sede en Pyongyang, que se considera una organización de tapadera dirigida por el Despacho 39 del Comité Central Partido Coreano de los Trabajadores, al que se conoce con el apodo orwelliano de «Office 39».

Office 39 se dedica rutinariamente a actividades ilegales con el objetivo de falsificar divisas para el Gobierno. Básicamente, es una entidad dedicada al crimen organizado creada y dirigida por el régimen norcoreano, que informaba directamente a Kim Jong-il hasta su fallecimiento en 2011. Sus estratagemas para hacer dinero siempre han sido muy creativas y cambian cada año. Sheena Chestnut Greitens, una investigadora de la Institución Brookings y la Universidad de Misuri, ha vinculado sus operaciones a toda una red criminal, desde la producción de metanfetamina y los mejores dólares estadounidenses falsificados del mundo —tan buenos que el Servicio Secreto de Estados Unidos los llama *supernotes* (super-billetes)— hasta el tráfico de especies en peligro de extinción, además de participar en fraudes de seguros y fabricar cigarrillos y productos de imitación[9]. Incluso ha vendido Viagra falsa, aunque *The Washington Post* asegura que funciona[10]. Andrea Berger, una experta en Corea del Norte del Instituto Real de Servicios Unidos de Reino Unido, un gabinete estratégico, comenta: «Office 39 es extremadamente importante. Está considerado el fondo de reserva del régimen»[11]. Según un reglamento oficial de aplicación de la Comisión Europea contra Corea del Norte, Office 39 tiene representación en lugares tan lejanos como Roma, Bangkok y Dubái, y sus filiales están «involucradas en la facilitación de proyectos de financiación para la proliferación de Corea del Norte», eludiendo las sanciones de la ONU, blanqueando dinero ilícito a través de bancos extraterritoriales en Macao y utilizando ese dinero para financiar las ambiciones del Estado en materia de armas nucleares[12].

En marzo de 2009, unos piratas somalíes persiguieron al Chong Chon Gang a través del mar Arábigo, disparando cañones y granadas propulsadas por cohetes desde lanchas a motor. A diferencia del caso del secuestro en 2009 del Maersk Alabama, famoso gracias a la película *Capitán Phillips*, el Chong Chon Gang repelió a los piratas. Sin embargo, debido a los daños reportados por el ataque, el buque realizó una parada no anunciada en Tartus, Siria[13], situado en el norte del Líbano, en la costa mediterránea. Tartus fue un desafortunado puerto de escala para el barco, porque al alojar una gran base naval rusa que es, de hecho, el mayor puesto de avanzada del poder ruso en la región y su única instalación militar fuera de la antigua Unión Soviética, la escala del buque parecía sospechosa, y algunos analistas marítimos dudaban de su necesidad de reparaciones. El mantenimiento de la base[14] es posiblemente una de las razones por las que el presidente ruso, Vladimir Putin, ha ayudado a apuntalar el régimen draconiano del presidente sirio Bashar al-Assad, incluso cuando una guerra civil ha asolado el país y cientos de miles de personas han muerto[15].

Además, un año después, en febrero de 2010, las autoridades ucranianas detuvieron al Chong Chon Gang cuando cruzaba el mar Negro por razones que, de nuevo, no estaban claras[16].

En julio de 2013, el Chong Chon Gang llegó a Cuba, a una costa que se encuentra a 150 kilómetros de Estados Unidos, y desapareció del sistema

AIS durante diez días, justo después de salir de Cuba, tras apagar su transpondedor. Más tarde, cuando el barco intentaba salir del golfo de México para comenzar su viaje de 13 000 kilómetros de regreso a Corea del Norte, fue visto cerca del canal de Panamá por las autoridades de este país, por lo que, después de un intenso enfrentamiento de cinco días, los funcionarios panameños abordaron y peinaron el barco. Al principio, no parecía cargar nada más que 200 000 sacos de azúcar moreno en su inmensa bodega, pero, conscientes de la reputación del barco, realizaron una búsqueda a fondo y, escondidos entre el azúcar, encontraron dos baterías de misiles antiaéreos de la era soviética, nueve misiles de defensa aérea desarmados, dos aviones de combate MiG-21 y quince motores. Aunque el Gobierno de Corea del Norte afirmó que Cuba quería enviar las piezas a Corea del Norte para su reparación, muchos expertos afirmaron que se trataba de una violación clara de las sanciones de la ONU, que prohibían la venta de armas a Corea del Norte[17].

Debido a esto, cuando solo un año después el Mu Du Bong desapareció de la red de visibilidad, se supuso inmediatamente que estaba ocurriendo algo similar. El barco se dirigía desde Cuba hacia Estados Unidos cuando su señal desapareció y el capitán «perdió el rumbo», o eso decía[18]. El transpondedor volvió a encenderse cuando el barco encalló accidentalmente en un arrecife frente a las costas de México, pero su casco estaba vacío, por lo que fue imposible saber qué tipo de carga llevaba. El solo hecho de que un gran barco extranjero que podría estar cargado de armamento pudiera acercarse, secretamente, a las costas de Estados Unidos ilustra lo imperativa que, en materia de seguridad, resulta la mejora del rastreo marítimo. Combinados con datos de GPS e imágenes, los satélites de Spire, relativamente baratos, ofrecen capacidad adicional para proporcionar ese servicio, cubriendo las lagunas entre los sistemas de vigilancia terrestres y la inteligencia de señales basadas en el espacio.

Debido a la curvatura de la Tierra, los sistemas AIS terrestres solo pueden ver barcos a menos de ochenta millas de la costa, lo que no se acerca siquiera a cubrir las más de trescientas millas que cubren las ZEE y que otorgan derechos exclusivos sobre las aguas costeras[19]. Es más, los satélites responsables de rastrear naves más allá de ese rango envían informes con mucha menos frecuencia de la deseada. No se trata de una elección personal, sino de que la frecuencia de escaneo está limitada por el número de satélites, que es muy reducido por el gran coste que supone construirlos y lanzarlos.

De hecho, es típico que los navíos desaparezcan de forma regular de la red de seguimiento y es casi imposible determinar a dónde se dirigen. Si un buque se mueve a una velocidad manejable de treinta nudos, entonces, desde el momento de la última lectura AIS, ese buque puede viajar a cualquier lugar dentro de un radio de aproximadamente trescientos kilómetros. Quizá no parezca mucha distancia, pero, puesto que un barco es libre de moverse en cualquier dirección, ese radio equivale a un área de búsqueda de 324 000 kilómetros cuadrados, por lo que no solo es complicado localizar barcos norcoreanos como el Chong Chon Gang y el Mu Du Bong, que apagan sus transpondedores, sino que también son difíciles las misiones de búsqueda y rescate de los barcos en problemas.

Los pequeños satélites —a menudo llamados *nanosatélites*— que Spire y otras empresas están construyendo harán que los costes de ampliar la cobertura y tomar lecturas terrestres sean mucho más asequibles. Dado que la frecuencia de exploración oceánica depende del número de satélites en órbita, a medida que disminuyan los costes de despliegue de los nanosatélites, resultará menos costoso para empresas como Spire desplegar muchos satélites, así como para las empresas y los gobiernos que deseen acceder a esta inteligencia mejorada. Otros sensores que ya se encuentran a bordo de los satélites de Spire posibilitan diferentes tipos de lecturas adicionales, como proporcionar mejores datos sobre patrones meteorológicos emergentes y un escrutinio más riguroso de la pesca ilegal, además de ofrecer un acceso a estos flujos de datos mediante suscripción, del mismo modo que Amazon Web Services ofrece servicios informáticos en la nube. En un país como Indonesia, que cuenta con 17 000 islas, los flujos de datos de suscripción desde el espacio podrían ser la solución para la gestión de la pesca ilegal en sus aguas[20].

Spire es una empresa que demuestra cómo una mayor accesibilidad a las herramientas tecnológicas está abriendo el campo de la innovación a cualquiera que, con una buena formación y una idea, pueda aplicar la tecnología a un problema que necesita solución.

Platzer no estudió en una institución clásica de humanidades, pero sí en una de ciencias puras, donde cursó física, una de las disciplinas científicas básicas. El debate sobre la importancia de contar con más graduados en STEM ha hecho que nos olvidemos de que la física, las matemáticas, la biología, la geología y muchas otras ciencias puras también forman parte del canon científico. De hecho, se ha establecido una falsa dicotomía entre estas ciencias puras y la educación STEM. Hay una diferencia esencial, sin embargo, en el enfoque de ambos tipos de educación; en algunas universidades de ciencias puras aconsejan a los estudiantes no pensar en términos estrictamente vocacionales y se les anima a asistir a cursos de humanidades y ciencias sociales, para que aprendan a apreciar el valor de otros campos. Pero lo más importante es que se les alienta a seguir sus instintos y sus pasiones a la hora de decidir cómo aplicar su aprendizaje. Es decir, se les motiva a que conozcan más de un campo de estudio y que no sé especialicen solo en uno.

Platzer es un físico que eligió aplicar su formación científica a su pasión por el espacio, y algunos de los que rodean a Platzer y a los líderes de Spire son *techies* de la cabeza a los pies, de aquellos que estudiaron y entendieron profundamente los matices de la ingeniería eléctrica, por ejemplo. Pero también son muchos los que proporcionan un contexto de cómo se aplicarán los nuevos datos de Spire. Estos individuos, como Theresa Condor, que hoy en día dirige la Unidad de Desarrollo Corporativo, que han estudiado temas como el comercio y el desarrollo internacional, pueden entender asuntos como la pesca ilegal o el tráfico humano y proporcionan un impulso significativo para orientar los datos de la empresa hacia la resolución de problemas graves, por lo que contribuyen a expandir un producto tradicionalmente limitado a áreas de la economía casi obsoletas, como el análisis en tiempo real de los flujos comerciales o de los patrones climáticos y su efecto en el mercado.

Es importante señalar que la evolución de la tecnología y la rápida disminución del coste de los dispositivos sensoriales —a su vez cada vez más potentes— han hecho posible el progreso de la incipiente industria espacial comercial y han permitido que personas sin una educación tradicional en ciencia y tecnología aeroespacial puedan pasar a formar parte de sus filas. Con una visión más transversal, es posible crear satélites más pequeños y de lanzamiento más barato, utilizando componentes disponibles en el mercado, para que recojan datos que puedan aplicarse a todo tipo de ideas y mercados.

Tanto la experiencia de Condor, graduada por la Escuela de Asuntos Internacionales y Públicos de la Universidad de Columbia y por la Escuela de Economía de Londres en Comercio Internacional, como su trabajo al frente de la oficina de sindicaciones comerciales de Citibank para América Latina, contribuyeron, sin duda, a que el equipo de Spire comprendiera el valor de los datos satelitales sobre la ubicación en tiempo real. Por supuesto, un equipo de técnicos de vital importancia ensambla las piezas, pero fue la experiencia de Condor como negociadora de contratos en Bangladesh en representación de la Agencia Estadounidense para el Desarrollo Internacional (USAID, por sus siglas en inglés), lo que dio sentido al alcance de la actividad de los satélites. Además, facilitó la recopilación de conjuntos de datos más ricos gracias a una mayor cobertura de estos, pero la comprensión de sus aplicaciones exige un conocimiento riguroso de las condiciones y los acontecimientos mundiales. Y muchos de estos expertos son formados en humanidades, como Theresa. Según los estándares de Stanford, Platzer sería catalogado de *techie*, pero es un estudiante de ciencias que ha adoptado un enfoque humanista para desarrollar habilidades tanto científicas como sociales, sin seguir una ruta estrictamente vocacional en su educación. Hoy en día, es líder en uno de los campos de alta tecnología y su elemento diferencial se basa en haberse rodeado de *fuzzies* y de *techies* para aplicar los datos espaciales de manera innovadora.

Sin duda, la existencia de empresas como Spire es posible gracias a que las versiones comparativamente pequeñas y baratas de los componentes de los satélites están disponibles para el consumo general, por lo que no necesitan un desarrollo especial, y estos componentes proporcionan a los satélites más pequeños capacidades de gran alcance a un coste muy reducido[21]. Mientras que los primeros satélites solían ser del tamaño de un coche pequeño y costaban millones de dólares, los de Spire son del tamaño de botellas de vino y su construcción solo cuesta cientos de dólares. En palabras de Platzer a *SpaceNews* en 2015, «se trata de la "iPhonización" del espacio. Podemos cambiar lo que hace nuestro satélite remotamente desde la Tierra con solo cambiar el *software*»[22]. El rápido desarrollo de los vuelos espaciales comerciales, como el servicio de lanzamiento de cohetes ofrecido por la empresa SpaceX de Elon Musk, también hizo económicamente viable el envío de los satélites a órbita. Los nanosatélites son tan pequeños que pueden ser transportados en cargas útiles más grandes, compartiendo el espacio a bajo coste. Tras desplegar aproximadamente veinte nanosatélites en 2016, Spire está creciendo rápidamente y planea contar con una red de más de cien satélites[23]. Actualmente, ya cuenta con 88 en órbita.

En conclusión, emprender siempre es arriesgado, pero ahora existen posibilidades ilimitadas para cualquiera que sienta pasión por una idea, gracias a la accesibilidad de las nuevas herramientas tecnológicas. Echemos un vistazo a algunas de estas increíbles herramientas disponibles en la actualidad y a cómo se pueden usar para crear innovaciones revolucionarias, sin necesidad de una formación específica en tecnología.

1. BLOQUES DE CONSTRUCCIÓN TECNOLÓGICA

La próxima vez que llegues tarde a una reunión y abras la aplicación de Uber para llamar a un coche, reflexiona sobre el montaje de los bloques de construcción que han hecho posible este servicio. La empresa necesita tener acceso a una cantidad extraordinaria de datos sobre la ubicación de los automóviles, las condiciones del tráfico, las rutas y los destinos, pero no era necesario un almacenamiento propio para aquellos datos. Hasta que construir su propio centro de datos resultó factible, pudo utilizar Amazon Web Services, una de las opciones de computación en la nube más importantes, que se encargaba del almacenamiento a un coste cien veces menor que en el año 2000[24]. La aplicación también utiliza mensajes de texto para poner en contacto a conductores y pasajeros, pero no tuvo que desarrollar su propio sistema, sino que utiliza tecnología proporcionada por Twilio, otro de los proveedores de servicios web en auge, que disfrutó de una exitosa

IPO en junio de 2016[25]. Uber tampoco ha creado su propia tecnología de mapeo, pues utiliza Google Maps, y para enviar por correo electrónico los recibos de los usuarios utiliza un proveedor de correo electrónico llamado SendGrid, una compañía de pagos en línea. Por su parte, Braintree gestiona todas las transacciones de Uber.

Estos bloques son solo unos pocos ejemplos de los que, en la actualidad, están disponibles para el público general de cara a crear productos y servicios innovadores[26]. Si miramos los engranajes de cualquier *start-up*, veremos un ensamblaje de una docena de bloques tecnológicos subyacentes que la compañía no ha tenido que desarrollar por sí misma, sino que ha combinado de una manera estratégica. Los desarrolladores dejarán paso a los integradores[27]. Así como los grandes jugadores de ajedrez dicen que no ven el tablero como un conjunto de piezas individuales, sino como lo que ellos denominan «pedazos de piezas» que trabajan en conjunto para crear formaciones estratégicas, los empresarios ahora pueden construir sus compañías a partir de agrupaciones de servicios disponibles. *Chunking* o fragmentación, un término que proviene de la psicología cognitiva, describe cómo el cerebro procesa la información, reduciendo enormemente la complejidad en la forma en que recordamos fechas, números de teléfono o secuencias para jugar al ajedrez[28]. El advenimiento de los servicios tecnológicos y de los componentes prefabricados también ha reducido y reducirá, en gran medida, la complejidad de la innovación.

En 2012, escribí un artículo en *Forbes* argumentando que Silicon Valley ya no cuenta con una cerradura que separa la innovación más excitante de los humanos de a pie y que «la innovación es un fenómeno demográfico, no geográfico [...]. Aunque Silicon Valley sigue siendo un bastión y una fuerza gravitacional, sus jardines amurallados se están marchitando, y la clase que tiene acceso se está convirtiendo en una clase de activos»[29]. Mientras que antes el sector de la tecnología solo era accesible para unos pocos y eran los *techies* quienes impulsaban la innovación tecnológica, la realidad actual incluye a cualquier persona y, más específicamente, a aquellos con experiencia en humanidades y ciencias sociales, que ahora pueden participar en el mundo digital y combinar las herramientas tecnológicas de nuevas formas. De hecho, muchas son gratuitas y de fácil acceso a través de la web. Además, a medida que la innovación en la infraestructura tecnológica subyacente continúa, lo que pondrá al servicio general herramientas aún más poderosas, se va abriendo la puerta para que los *fuzzies* las apliquen a una amplia gama de problemas que, seguramente, solo ellos pueden percibir.

Ya vimos previamente cómo Kaggle y el Proyecto del Buen Juicio están volviendo accesible el análisis de datos de más alta calidad. Pero son solo dos ejemplos en un mar de innovaciones. Forrester Research publicó un informe en 2015 bajo el título «La ola Forrester: plataformas analíticas de *big data*», que identificó a otros trece grandes proveedores de servicios de soluciones analíticas de datos, incluyendo IBM, Dell, Microsoft y Oracle[30]. Además, el análisis de datos es solo una de las muchas tecnologías que están abriendo sus puertas.

Lo cierto es que gran parte de la democratización ha sido encabezada por *techies* y se ha desarrollado como consecuencia natural de la simplificación de la arquitectura web y de las interfaces, pero también existen innovaciones líderes que impulsan la accesibilidad de la tecnología y que han constituido la verdadera puerta de entrada para los *fuzzies*.

2. SERVICIOS DE ALQUILER: DESDE LA CREACIÓN DE PROTOTIPOS HASTA LA GESTIÓN DE CLIENTES

El requisito básico para lanzar un producto o servicio tecnológico en la actualidad —cualquier tipo de producto o servicio— es la creación de un sitio web. Hace solo unos años, esto requería saber de código HTML o de la contratación de un desarrollador web, lo que implicaba un coste considerablemente alto. Hoy en día, una gran cantidad de herramientas gratuitas y asequibles permiten que un principiante cree un sitio con un bonito diseño. Todo lo que hay que hacer es seleccionar una plantilla y personalizarla haciendo clic y arrastrando hacia ella elementos prediseñados, como carruseles giratorios de fotografías o una función de carrito de la compra. Estos servicios también facilitan la compra de un dominio y la gestión continua del sitio, desde la prestación de servicios de alojamiento y comercio electrónico hasta las integraciones con el análisis de datos de los servicios de tráfico de clientes. Si se desea un mayor nivel de personalización, estas plataformas permiten programación y, además, algunas incluso ofrecen programadores expertos, aunque también existe una oferta muy amplia de desarrolladores autónomos.

Para el diseño y la creación de productos, es posible contratar a diseñadores e ingenieros con experiencia de todo tipo, ingenieros mecánicos, diseñadores industriales, artistas gráficos y diseñadores de interacción, entre otros, mediante plataformas como Behance, Dribbble y Framer. Todos ellos muestran el trabajo de sus diseñadores, lo que facilita la elección por parte del cliente. El cofundador de Behance, Scott Belsky, quien vendió la empresa a Adobe en 2012 por una cifra superior a los 150 millones de dólares[31], no era un experto en diseño ni en tecnología; sin embargo, había cultivado un fuerte interés por el diseño gracias a una serie de clases optativas que tuvo como estudiante en la Universidad de Cornell en una especialización llamada Diseño y Análisis Ambiental y a sus estudios en ciencia de la creatividad con la profesora Teresa Amabile mientras obtenía su MBA en la Escuela de Negocios de Harvard.

En 2006, Belsky se asoció con el diseñador español Matías Corea, quien obtuvo su licenciatura en Bellas Artes en la Escola Massana de Barcelona, y juntos se centraron en una paradoja existente sobre las necesidades profesionales de diseñadores. Como cuenta Belsky, comprendieron que «existían muchas empresas, libros y conferencias para la creatividad; todo se trataba de inspiración e ideas. Lo gracioso es que lo último que necesitan los creativos son más creatividad y más ideas»[32]. En cambio, necesitaban una forma clara y sencilla de promover su trabajo y de obtener un crédito y una remuneración adecuados. «Clasificar los porfolios por autor ayuda a mostrar el trabajo del diseñador y a descubrir más fácilmente lo que uno quiere», explicó. «La transparencia es un paso esencial en la meritocracia [...]. Si sé quién ha hecho algo increíble, entonces puedo contratarlo para que haga algo increíble para mí; además, si sé lo buenos que son, estoy dispuesto a pagar más». Esta visión fue vital para atraer talento de alta calidad a la plataforma y para lograr que Behance sea ahora anfitriona de más de ocho millones de proyectos públicos de diseño[33].

Por otro lado, Framer es una empresa joven con sede en Ámsterdam que está liderando otro enfoque, haciendo hincapié en la necesidad de reunir a diseñadores y desarrolladores web *fuzzies* en una comunidad colaborativa. Construida sobre otra *start-up* holandesa de diseño ampliamente utilizada llamada Sketch, con sede en La Haya, Framer permite a los usuarios visualizar el diseño y el código al mismo tiempo. Utilizando lo que se denomina autocódigo, ofrece la posibilidad de manipular la imagen, que se presenta en la parte derecha de la pantalla, para actualizar el código subyacente, que aparece a la izquierda. En otras palabras, es posible crear diseños en Sketch, exportarlos a Framer y obtener automáticamente el código correspondiente: si manipulas el código, verás cambios en tu imagen; si manipulas la imagen, verás cómo se actualiza tu código. Hay todo un mundo de herramientas de clasificado, como Zeplin en Estambul, Turquía, que autogeneran un código basado en imágenes visuales. Estas herramientas hacen que una gran parte del desarrollo web o de aplicaciones de *front end* sean tan fáciles como copiar y pegar.

Actualmente, la creación de prototipos de productos también es más fácil y menos costosa. Una de las primeras barreras para convertirse en emprendedor es el hecho de tener que comenzar en el tiempo libre, mientras se mantiene otro trabajo hasta que quede probado el concepto o se genere una tracción considerable. Sin embargo, la abundancia actual de herramientas de desarrollo de prototipos tanto de productos físicos como de productos web, cuyo uso no requiere tanto tiempo y ni tanto dinero, facilita mucho el despegue. Traigamos de vuelta el caso de mi padre de setenta años, que construyó una aplicación para iPhone dibujando primero sobre una servilleta lo que quería construir. Luego, transfirió esos dibujos a una explicación completa pantalla por pantalla de su aplicación usando el *software* de presentación Keynote de Apple. Más tarde, descubrió los comandos básicos que la aplicación necesitaba y comenzó a leer en la web lo que necesitaba aprender. Primero aprendió conceptos básicos de programación, pero, cuando se encontró con desafíos más complejos, pudo contratar a un programador de India para que le ayudara. Puesto que había diseñado y enmarcado su aplicación de forma tan específica, pudieron construirla de forma económica y rápida. Una vez que identificó en detalle el problema que estaba resolviendo y cómo navegaría el usuario, pudo guiar al programador a través de la lógica y al diseñador a través de la narración necesaria. El mayor de sus desafíos fue encontrar la idea.

Para aquellos que desean crear prototipos físicos de productos, la tecnología de impresión en 3D, que evoluciona rápidamente, ya permite al empresario enviar digitalmente el diseño de un producto a la máquina de impresión y crear un prototipo en una amplia gama de materiales, ya sea plástico, metal o incluso cerámica. La introducción del diseño se realiza mediante un *software* de diseño asistido por ordenador, que es bastante fácil de dominar, aunque también se puede contratar a alguien para que realice este trabajo.

Shapeways, con base en Países Bajos, es una empresa que ha creado un servicio de alquiler de diseñadores y que ofrece una «fábrica del futuro» de impresión en 3D para los creadores de productos[35], donde máquinas de tamaño industrial se alimentan de un material físico y lo exprimen más tarde por una boquilla en capas extremadamente delgadas, siguiendo el patrón que creará el objeto deseado, capa tras capa. En la actualidad, se están imprimiendo objetos de todo tipo en 3D, desde muebles hasta instrumentos musicales, pasando por elementos para el hogar, accesorios para drones y materiales prefabricados para la construcción. Estas impresoras 3D convierten los diseños, configurados mediante bits digitales, en átomos. La industria está creciendo a un ritmo vertiginoso; McKinsey Global Institute pronostica que su impacto económico podría alcanzar los 550 000 millones de dólares en 2025[36]. De la misma manera, compañías como MakeTime, con sede en Lexington, Kentucky, ponen a disposición máquinas de control numérico por computadora (CNC) que pueden producir piezas y prototipos bajo demanda, utilizando la capacidad sobrante de talleres de maquinaria en todo Estados Unidos. Después de haber estudiado Psicología en la Universidad DePaul y arquitectura en el Savannah College of Art and Design y en el Instituto de Arquitectura del Sur de California, Drura Parrish, fundador de MakeTime, comprendió los procesos de fabricación digital y el atractivo de la economía combinada para aprovechar los activos subutilizados[37]. Ya hayan sido creadas por *fuzzies* o por *techies*, estas compañías han ampliado considerablemente nuestro acceso a los procesos de creación.

Los componentes electrónicos disponibles también permiten crear prototipos de todo tipo de productos electrónicos a precios razonables. Uno de estos proveedores, Arduino, es una plataforma de código abierto que ofrece componentes de *hardware*, como placas de circuito, y una biblioteca de *software* con código para controlar el *hardware*. Los componentes de Arduino pueden ser fácilmente ensamblados y programados por personas sin formación en ingeniería eléctrica. Por ejemplo, Chad Herbert decidió utilizar Arduino para crear un dispositivo de bajo coste y portátil que pudiera monitorizar el sueño de su hijo, que padece de un tipo de epilepsia y, a veces, tenía convulsiones mientras dormía. Los monitores existentes eran caros, entre cuatrocientos y quinientos dólares, mientras que el dispositivo de Herbert costó una décima parte. Por otro lado, los monitores también eran voluminosos, lo que dificultaba su transporte, pero Herbert adaptó un diseño y un código que ya estaban disponibles en la biblioteca de Arduino[38], a pesar de que no era un *techie*, sino un entrenador de fútbol, padre preocupado y editor en Baton Rouge, que había estudiado Periodismo en la Universidad del Sudeste de Luisiana[39]. Este es un caso emblemático de las posibilidades de la accesibilidad a la creación de *hardware*.

Cualquier persona curiosa y lo suficientemente motivada para aprender a usar estas herramientas puede encontrar espacios de trabajo donde el equipo, la instrucción y la guía necesarios estén disponibles. Estos «espacios de *hackeo*» han aparecido en ciudades de todo el mundo. Por ejemplo, TechShop, con sede en siete estados, ofrece un servicio de membresía que proporciona acceso a equipos por valor de millones de dólares para la fabricación de productos, incluyendo herramientas de metalurgia, dispositivos de corte láser, un laboratorio de electrónica, impresión en 3D y clases formativas. Por 150 dólares al mes, estas plataformas pueden sacar la creatividad que todos poseemos. Por supuesto, también es posible acceder a todas las herramientas desde la nube, enviando archivos de diseño a MakeTime. «Solo queremos ser el mayor taller mecánico de Estados Unidos de acceso general», explica Parrish[40].

Otra herramienta útil es la videografía básica, que permite crear un vídeo para mostrar cómo funcionará el producto antes de su lanzamiento. El fundador de Dropbox, Drew Houston, compartió su visión con usuarios e inversores potenciales antes de llevar a cabo gran parte de la sofisticada codificación que dio vida a Dropbox mediante un vídeo que destacaba la funcionalidad básica del servicio de gestión y envío de archivos, lo que generó cientos de miles de visitantes a su sitio y amplió el número de personas interesadas en su producto, prelanzado de 5000 a 75 000 de la noche a la mañana[41]. Del mismo modo, Spire, que entonces se llamaba Nanosatisfi, recaudó capital para el desarrollo inicial mediante la publicación de un vídeo en el sitio de *crowdfunding* Kickstarter, donde 676 personas diferentes contribuyeron con 106 330 dólares, lo que permitió que pudiera reunir los componentes para construir y lanzar su primer satélite[42]. Aunque nadie trata de ser el próximo Martin Scorsese, existen videógrafos independientes que, combinados con las plataformas de *crowdfunding*, contribuyen a que cualquiera pueda recaudar dinero para lanzar una idea.

Una vez que existe un prototipo, también existen servicios que permiten recopilar las reacciones de los consumidores, como TestFlight, que es propiedad de Apple y permite a los fabricantes de aplicaciones móviles para iOS recibir *feedback* de los probadores en beta, igual que el programa nativo de Google Play. Estos y otros servicios facilitan la adopción del enfoque *lean start-up* para el desarrollo de productos, una iniciativa que alcanzó el éxito tras la publicación en 2011 del libro de Eric: *El método Lean Start-up*, que sostiene que un *feedback* adecuado sobre un mínimo producto viable (MVP), probado por los clientes en su fase beta, puede ayudar a perfeccionarlo, permitiendo que el creador construya, mida y aprenda[43].

También hay otros servicios de encuesta o de pruebas para consumidores que convierten las primeras versiones de los productos en un juego de niños. Este es el caso de Optimizely, que permite llevar a cabo lo que se conoce como pruebas A/B, comparando las respuestas de los clientes con dos versiones finales de un diseño, como el carrito de la compra de un sitio web o pruebas multivariadas para probar muchas versiones a la vez. Así, cualquiera puede editar visualmente la interfaz iOS o Android sin escribir una sola línea de código o cambiar algunas variables sobre la marcha y llevar a cabo pruebas A/B o cambios. El 80 % de las aplicaciones se eliminan después de su primer uso, por lo que Optimizely facilita la realización de pruebas y análisis rápidos para que cualquiera pueda desarrollar un producto eficaz.

Por otro lado, existen numerosos servicios adicionales que permiten a las operaciones de una empresa construir una infraestructura de apoyo. Las compañías de computación en la nube, como Amazon Web Services, facilitan el almacenamiento, la gestión y la recuperación de grandes cantidades de datos a un coste muy inferior al de hace unos años. Según Kleiner Perkins, uno de los primeros inversores de Amazon y Google y una de las empresas de capital riesgo más exitosas de Silicon Valley, el coste de almacenar un *gigabyte* de datos se ha reducido a una cuarta parte desde 2010, de aproximadamente veinte centavos a cinco centavos[44]. Para ponerlo en perspectiva, a partir de julio de 2015, You-Tube informó de que los usuarios estaban subiendo 400 horas de vídeo cada minuto, casi 210 millones de horas de vídeo al año[45]. Según una estimación algo conservadora, cada minuto de vídeo tiene un tamaño de archivo de unos 40 *megabytes*, por lo que podría decirse que YouTube recibe 500 millones de *gigabytes* de datos al año. En otras palabras, reducir el coste de almacenamiento de esos datos a una cuarta parte pudo suponer un ahorro de 75 millones de dólares al año para Google, sin tener en cuenta la redundancia del almacenamiento, donde la misma información se guarda varias veces, lo que implica un ahorro aún más pronunciado. En la actualidad, los servicios de recepción de pagos, de control de inventario y de logística de envío, así como de operaciones de ventas y de gestión continua de la relación con los clientes están compitiendo fervientemente por dar soporte a las nuevas empresas.

Las potentes herramientas de marketing y de publicidad, especialmente el programa AdWords de Google y la publicidad en Facebook, facilitan la captación de clientes potenciales con mucha más precisión que nunca, mientras que otras nuevas herramientas sociales, como Pinterest e Instagram, proporcionan a los empresarios información muy valiosa sobre las tendencias de consumo. Además, mejoran la estrategia de marketing, pero lo más sorprendente, dejando de lado las herramientas que han sido diseñadas para *fuzzies* y gestores de negocios, es el hecho de que incluso la programación se está volviendo más accesible.

3. LA DEMOCRATIZACIÓN DEL CÓDIGO

Para aquellos que quieran aprender a crear productos y servicios *online* desde cero, es decir, a dominar el código requerido, la nueva generación de plataformas educativas permite a los principiantes ponerse al día rápidamente en cualquiera de los lenguajes de programación, gracias a que los lenguajes se han vuelto mucho más fáciles de aprender en los últimos años. Antes, ser programador implicaba escribir un código binario compuesto de unos y ceros para controlar las corrientes electrónicas y el voltaje para manipular los componentes físicos, pero más tarde se crearon lenguajes de programación de alto nivel, como Basic, C y luego C++, que transformaron la codificación en un proceso de uso del lenguaje, a partir de esto, surgieron opciones cada vez más accesibles: JavaScript, Ruby y Python[46].

Igual que el ruso y el inglés usan símbolos y sistemas sintácticos diferentes, aunque comparten un significado subyacente, y Google Translate y otras herramientas en línea traducen texto de un idioma a otro, la programación está avanzando hacia la universalidad. No es tan importante hablar ruso o inglés, sino el contenido y el significado de las palabras. Del mismo modo, la lógica es más importante que programar en Java o Ruby; es decir, lo importante son las preguntas que se hacen y las que se intentan responder. Aunque al principio se debía escribir el código desde cero, en la actualidad, GitHub, una comunidad de desarrolladores de código abierto que cuenta con una colección de repositorios accesibles, ofrece un tesoro de bibliotecas y bloques de código probados y comprobados, que denominan *fork*, que permite copiar y construir sobre ellos. Y mientras que antes se dedicaba mucho tiempo a comprobar si había errores, los programas de edición modernos, como Sublime Text, ofrecen información codificada por colores y una guía editorial que equivale al corrector ortográfico para la codificación.

Del mismo modo, *frameworks* o entornos de trabajo como Ruby on Rails ofrecen una abstracción aún mayor al emplear lo que se conoce como filosofía de «convención sobre configuración»[47]; estandarizan las convenciones para realizar tareas rutinarias y comunes, como la integración con una base de datos. Mientras que Ruby podría requerir veinte líneas de código si un desarrollador lo configurara originalmente, Ruby on Rails lo reduce a dos líneas de código al permitir que el desarrollador utilice la convención, lo que hace que las tareas estándar sean extremadamente fáciles de realizar, altamente fiables y más seguras que en el pasado. Y estos entornos no se limitan solo a Ruby. De hecho, existen marcos de trabajo para casi todos los idiomas: Django es un *framework* para Python, mientras que Express se utiliza para JavaScript.

Por supuesto, YouTube es justificadamente famoso por sus vídeos de gatos, pero también ofrece un tesoro de tutoriales para casi todos los lenguajes de programación, disponibles por el precio de ver solo tres segundos de publicidad —la plataforma incluso ofrece a los espectadores la opción de saltarse los anuncios—. Si aun así quieres un método pedagógico más curado, puedes acceder a la conocida Khan Academy, con clases cortas extraordinariamente efectivas y gratuitas.

Por otro lado, para el desarrollo de aplicaciones de iPhone, Apple ofrece lo que llama *playgrounds*, o 'patios de recreo', donde cualquiera puede aprender a programar. Proporcionan una biblioteca de recortes o fragmentos de código, es decir, bloques específicos para diferentes tareas, y un teclado QuickType que hace que la codificación sea más intuitiva. Los *playgrounds* de Apple ofrecen una vía rápida para crear aplicaciones complicadas, destinada a cualquiera que desee leer las instrucciones básicas de cómo hacerlo, que también pueden encontrarse en el sitio web de Apple[48]. Los cursos en línea masivos y abiertos (MOOC, por sus siglas en inglés) ofrecen formación para la mayoría de los lenguajes de computación, así como para todos los demás aspectos de la innovación tecnológica, siempre de forma gratuita, y muchos de estos cursos se imparten directamente desde las aulas de la Ivy League. De hecho, Richard Levin, director general de Coursera, una de las empresas más exitosas de MOOC, fue presidente de Yale durante veinte años[49].

Otras empresas educativas privadas, como la ya mencionada Codecademy, cofundada por el estudiante de Ciencias Políticas de la Universidad de Columbia, Zach Sims, están enseñando al mundo cómo codificar, dividiendo el aprendizaje en píldoras que facilitan su consumo en línea.

Codecademy permite a la gente aprender interactivamente a través del sitio web de la compañía, nombrado por *Time* como uno de los cincuenta mejores del mundo[50], utilizado por más de 25 millones de estudiantes. Por otra parte, Treehouse, con sede en Portland, Oregón, ofrece miles de horas de vídeos que muestran en profundidad cómo programar por solo veinticinco dólares al mes. Más de 180 000 estudiantes en 190 países han aprendido habilidades técnicas dedicando solo treinta minutos al día. De hecho, muchas empresas, entre ellas Twitter, Airbnb y AOL, confían en estos servicios[51] para mejorar sus habilidades y capacitar su fuerza laboral en el uso de las siempre cambiantes herramientas tecnológicas. General Assembly (GA), cofundada por Matthew Brimer, graduado en Sociología por Yale, también ofrece formación virtual y presencial. Uno de sus talleres más populares, llamado Dash, es gratuito y ofrece numerosos tutoriales en HTML, CSS y JavaScript básico. Más de un cuarto de millón de personas, incluido yo mismo, hemos asistido a esta clase, que fue creada por Nathan Bashaw. Uno podría asumir que es un *techie*, pero lo cierto es que estudió teoría política, democracia constitucional y filosofía en la Universidad Estatal de Michigan y atribuye su éxito en el desarrollo de la clase a su formación en artes liberales: «Mi amplia educación liberal[52] me preparó para pensar de manera crítica y creativa, para establecer conexiones que otros no ven y para articular argumentos de manera efectiva». GA también ofrece enseñanza presencial, basándose en ideas *fuzzies* sobre los métodos más efectivos para enseñar habilidades *techies*, es decir, logrando que los estudiantes se involucren inmediatamente en la creación de programas y en la creación de productos.

Cuando me senté con Brimer en la oficina de GA en Nueva York en 2016, me comentó que la filosofía sobre la que se fundó GA se basaba en la creencia de que, con la rápida evolución actual de la tecnología, «su enseñanza debería estar siempre en beta», el término de ingeniería para un producto que está en construcción. De hecho, muchos de los estudiantes que asisten a las clases son programadores que desean añadir nuevos lenguajes a su repertorio. «Los lenguajes de codificación del mañana ni siquiera existen todavía. La educación no debería ser algo que se recibe o una casilla que se marca. Debería ser algo que crece junto a ti, a lo largo de toda tu vida», añadió Brimer sabiamente[53]. Con quince campus de la GA en ciudades de todo el mundo, cien millones de dólares en fondos de capital riesgo y setecientos empleados hasta 2016, la Asamblea General es un nuevo colegio comunitario urbano, abierto a cualquiera que quiera aprender o mejorar sus habilidades tecnológicas. En otras palabras, se trata de un gimnasio intelectual, un lugar donde se puede, en esencia, levantar pesas y mantenerse en forma. Además, el fondo de oportunidades de GA permite que estudiantes de bajos ingresos puedan asistir a sus cursos de inmersión de tres meses de forma gratuita. Este fue el caso de Jerome Hardaway, un veterano de las Fuerzas Aéreas con base en Tennessee que sirvió en Irak y en Afganistán, logró obtener el primer lugar en su clase de desarrollo web y esto, sumado a su grado en Justicia Criminal y Ciencias Políticas por la Universidad Estatal de Florida, le dio el impulso necesario para fundar Vets Who Code, una organización que ayuda a otros en su mismo caso a entrar en el mundo tecnológico.

Otro empresario que se sirvió de las ofertas de GA para aprender a ejecutar su visión fue el antes médico de emergencia (EMT), bombero voluntario del condado de Allegheny, Pensilvania, y oficial de policía en el condado de Los Ángeles Rahul Sidhu. Su compañía, SPIDR Tech, lidera los servicios policiales de datos, gracias a lo cual tiene el potencial de abordar algunos de sus sesgos, como los arrestos desproporcionados de minorías de los que se ha hablado antes. El hecho de que los teléfonos siempre estén encendidos permite que todos los ciudadanos denuncien abusos, lo que ha desvelado prejuicios a ambos lados del sistema policial y ha posibilitado avances tecnológicos. El objetivo de Sidhu era cambiar estas dinámicas mediante la creación de una nueva herramienta de CRM o gestión de relaciones comunitarias.

A Sidhu le llamó la atención la brecha entre la recopilación de grandes cantidades de datos policiales y su uso efectivo. «Cuando un policía detiene un vehículo, envía la información por radio»[54], explicó, «transmite la ubicación y pasa a formar parte del *software*. Se especifica el nombre del oficial, el lugar donde se está produciendo la parada de tráfico y la hora. Luego, el oficial pide que se verifique la identidad del conductor, lo que remite a la base de datos del DMV, de donde se obtiene el nombre, la dirección y el origen étnico». De esta manera, la policía logra hacer un uso altamente efectivo de los datos, pero hay mucho progreso por hacer en el análisis de los depósitos de información sobre lugares, fechas, horas y muchos otros aspectos de los crímenes. Sidhu cayó en la cuenta de que la recopilación de datos policiales en un grupo más amplio y la realización de un análisis a fondo de los mismos podrían ayudar a optimizar los recursos y a dejar al descubierto los prejuicios. Por ejemplo, los datos podrían mostrar que un oficial en particular detiene más conductores de un tipo en particular o en un momento o lugar en particular, lo que podría desembocar en investigaciones que ayuden a mantener la coherencia o a mitigar sesgos.

De esta forma, Sidhu comenzó a pensar en cómo podría unir los diversos tipos de datos que las fuerzas policiales recopilan, como los de los dispositivos GPS de los coches patrulla, los datos de despacho y el registro del DMV, para facilitar un análisis mejor de los mismos. «Me encantaba hacer cumplir la ley y ser policía», dijo, «pero muchas de las cosas que veía a diario estaban retrasadas con respecto a otras industrias. Y el análisis de datos era una de ellas».

Además, Sidhu ya había reunido los recursos técnicos necesarios para construir un producto antes. En la Universidad de Pittsburgh, había cultivado su pasión por la medicina de emergencia y, cuando trabajaba como paramédico, fue testigo de cómo una mujer fallecía diez minutos después de dejarla en el hospital, lo que lo inspiró a desarrollar una herramienta que permitiera a los paramédicos realizar electrocardiogramas en el campo y enviar los resultados a los hospitales antes de su llegada, para agilizar la atención a los pacientes críticos. Trabajó con profesionales médicos e ingenieros para construir el dispositivo y comenzó a sentir confianza en sí mismo para administrar recursos tecnológicos, a pesar de que no era un *techie*. De hecho, cuando empezó, no sabía nada de codificación, por lo que decidió aprender.

Realizó un curso intensivo de 720 horas en GA, donde aprendió todos los aspectos del desarrollo web y móvil. Luego, tomó un curso de 160 horas de inmersión en ventas y desarrollo de negocios que le enseñó cómo lanzar el producto y administrar las ventas y las relaciones con los clientes, así como un curso intensivo de doce semanas en diseño de experiencias de usuario, donde exploró el proceso de diseño y las habilidades de administración de productos para crear prototipos, probarlos y avanzar en la construcción de un producto final. Cuando su director tecnológico, un empleado de Google a tiempo completo, le comunicó que no estaba dispuesto a dejar su trabajo para crear una empresa, el profesor de desarrollo web de Sidhu, Kenaniah Cerny, le invitó a comer y se ofreció a intervenir. Sidhu también le pidió al oficial de policía de Glendale, Elon Kaiserman, que se encargara del desarrollo del negocio, recordando un momento que habían compartido boca abajo en un cajón de arena en la Academia de Policía del Condado de Los Ángeles, cuando se comprometieron a trabajar juntos en el futuro.

En la actualidad, SPIDR Tech ofrece una amplia gama de servicios a las fuerzas policiales valiéndose de los datos para identificar los lugares donde es más probable que ocurran accidentes de tráfico y para monitorizar y asignar mejor el tiempo de patrullaje de los agentes, así como para comunicarse de manera más efectiva con las comunidades que vigilan, enviando informes públicos generados automáticamente sobre arrestos y niveles de criminalidad. Lograr establecer relaciones más sanas con las comunidades está en el centro de la visión de Sidhu, y lo cierto es que es una necesidad crucial en todo Estados Unidos. «No se trata solo de una herramienta», dijo, «sino de algo que puede dar un vuelco a la cultura. Cuando tienes una agencia que utiliza datos para ver dónde tienen más problemas los agentes de policía, dónde les va bien y las partes de la ciudad que requieren un poco más de patrullaje que otras, o si utilizas los datos para emitir informes a cualquier ciudadano que llame al servicio de la policía, entonces estás permitiendo que se produzca un impacto en la comunidad. No solo cambias la cultura del departamento de policía, sino también la de una comunidad al completo».

Mike Schirling pasó veinticinco años en el departamento de policía de Burlington, Vermont, siete de ellos como jefe de policía, y fue testigo de tres revisiones de sistemas informáticos durante su mandato. Al principio, recuerda, «teníamos máquinas de escribir[55] y papel carbón para hacer declaraciones juradas». Con cien oficiales, la fuerza policial de Burlington es la más grande del estado, pero, aun así, recibe muchas más llamadas de servicio al año, 40 000 más de las que se pueden manejar, por lo que Schirling se entusiasmó con SPIDR Tech, con la esperanza de automatizar la comunicación de seguimiento de las llamadas y el manejo de los arrestos, así como la compartición de información con la comunidad sobre cómo responde el departamento, lo que genera confianza. Por esta razón, se convirtió en asesor de la empresa tras jubilarse.

Lo más interesante de los servicios de SPIDR es que se han desarrollado sobre la base de recursos existentes, sin necesidad de nuevas inversiones por parte de las fuerzas policiales en términos de *hardware* tecnológico adicional. Los fundadores trabajaron con el *hardware* existente de los vehículos y de la policía y emplearon herramientas de *software* para utilizarlo de nuevas maneras. «La mayoría de los departamentos de policía tienen unidades GPS en los coches, pero las utilizan para el seguimiento en tiempo real de sus activos», explicó Rahul. «Hemos construido algoritmos para observar estos mismos datos GPS a largo plazo, no para conocer la ubicación, sino para predecir dónde tendrán que ir a continuación. Los mismos datos GPS, desde un punto de vista histórico, pueden ser usados para entender la presencia de patrullas y su correlación con los índices de criminalidad». Como el *big data* solo puede cubrir las predicciones hasta cierto punto, la plataforma SPIDR utiliza la tecnología para extender, en la medida de lo posible, el compromiso humano en los bolsillos de los ciudadanos, a través de su teléfono.

Los graduados en artes liberales pueden aprovechar todos estos notables recursos para aplicar sus conocimientos a las necesidades y deseos humanos de crear soluciones innovadoras. Aquellos, como Rahul, que tienen experiencia en un espectro muy real de los problemas humanos que hay que abordar, pueden liderar el camino hacia nuevas formas de aplicar estas herramientas para mejorar nuestras vidas. Como vimos con las limitaciones del *big data*, las nuevas tecnologías —por muy maravillosas que sean— requieren de participación humana, y de la comprensión de los deseos y de las debilidades de los humanos, para poner todo su potencial a nuestra disposición. En los siguientes capítulos, veremos una gran cantidad de innovadores provenientes de artes liberales que están procurando volver a nuestras máquinas más humanas, ideando formas de mejorar nuestra salud y felicidad, nuestros sistemas educativos y nuestra economía, así como de aumentar la transparencia y la eficiencia de nuestros gobiernos. Todo esto demuestra que, aunque contemos con herramientas cada vez más potentes, seguimos necesitando las cualidades atemporales que nos hacen humanos.

4

ALGORITMOS QUE NOS QUE NOS AYUDAN SIN DOMINARNOS

▶ Una emprendedora *fuzzy* que está haciendo un uso innovador de la nueva generación de tecnología es Katrina Lake, quien colabora con Eric Colson, uno de los programadores más talentosos de lo que se conoce como «algoritmos de recomendación», las matemáticas de minería de datos que ofrecen sugerencias a los compradores de Amazon o las canciones recomendadas del servicio musical Pandora. La compañía de Katrina, Stitch Fix, fue descrita por *Forbes* como parte del proyecto Fashionista Moneyball[1].

Al igual que muchos de sus compañeros del grado en Economía en Stanford, Katrina se dedicó a la consultoría empresarial después de graduarse, donde se especializó en estrategia para empresas minoristas del Parthenon Group, empresas como Kohl's o eBay. También se dio cuenta de que algunos minoristas, como Macy's, no habían cambiado mucho su forma de hacer negocios en décadas. Un resultado irónico de su inmersión en el sector fue que no tuvo mucho tiempo para comprar para sí misma. De hecho, estaba tan ocupada que terminó subcontratando todas sus compras de vestuario a su estilosa hermana, en quien podía confiar[2].

Cuando Katrina finalmente tuvo algo de tiempo libre, decidió salir a acampar un fin de semana a las montañas del norte de California. Comprar una tienda de campaña en línea fue una experiencia desalentadora; se sintió abrumada por la cantidad de opciones. No tenía ni idea de lo que quería y no tuvo tiempo de investigar antes de hacer su compra. «Comprar una tienda de campaña no debería ser tan difícil», se dijo a sí misma. Y, así, descubrió una brecha en la industria de servicios minoristas; había necesidad de asistencia eficiente y especializada para realizar ciertas compras. Su formación en economía le había enseñado que las innovaciones revolucionarias generalmente son el resultado de la detección de tales brechas y de la elaboración de un enfoque poderoso y rentable para abordarlas, por lo que se imaginó que, si estaba teniendo tantos problemas para averiguar qué tienda comprar, muchas otras personas debían de estar teniendo la misma experiencia con todo tipo de artículos.

Estaba segura de que había dado con el núcleo de una buena idea, pero decidió obtener su MBA en Harvard para realizar más investigaciones sobre cómo podría desarrollar un modelo de negocio a partir de aquello. Para complementar su trabajo académico, también aceptó un trabajo de marketing en Polyvore, una nueva empresa de venta al por menor de moda, donde aprendió habilidades de liderazgo del director ejecutivo Sukhinder Singh Cassidy, expresidente de Operaciones en Asia y el Pacífico y América Latina de Google[3]. También aprendió sobre los toques humanos que mejoran las experiencias de compra, incluso para minoristas en línea.

Las empresas logran fidelizar, incluso frente a la intensa competencia de gigantes como Amazon y Walmart, cuando aplican un diseño estético de alta calidad y tentador en la selección de artículos y en su presentación. Polyvore logró capitalizar esta oportunidad, pero la compañía también aprovechaba una de las innovaciones más poderosas centradas en el ser humano que han surgido de la creación de Internet: las redes y los medios sociales. Polyvore formaba parte de una nueva generación comercial, de los llamados «sitios de comercio social», que ofrecen a los compradores diversas formas de participar en la mejora de la experiencia de compra, desde consejos sobre los artículos que podrían gustar a otras personas hasta la exposición de conjuntos de prendas, en cierto modo, actuando como asesores de compras. Pinterest es el ejemplo más destacado de este tipo de comercio social, pero una gran cantidad de otros sitios de comercio electrónico también están aprovechando este potencial.

Estos dos trabajos le proporcionaron a Katrina una sólida comprensión de la venta al por menor tradicional combinada con modelos de negocio *online* innovadores. Al enterarse de que algunos de los minoristas en línea más exitosos estaban usando algoritmos de recomendación, decidió crear un Netflix para compras, aunque con algunas diferencias: su empresa incorporaba estilistas que añadían un toque humano para mejorar la calidad de las selecciones ofrecidas a los compradores, así como una comunicación más personal, que parecía la clave del éxito del comercio social. En resumen, quería crear una marca de comercio de moda que ahorrara tiempo a los compradores al asumir la responsabilidad de elegir los artículos para ellos, de forma que se pudiera evitar una panoplia interminable de artículos y la lucha de los compradores con un sinfín de opciones, como le había ocurrido al elegir una tienda de campaña. El objetivo de Stich Fix era convertirse en un comprador personal en línea y cultivar las relaciones con los clientes, de quienes aprendería y estudiaría sus gustos y estilos a lo largo del tiempo.

El sitio no abrumaría a los visitantes con páginas de artículos ni proporcionaría comentarios contradictorios de otros clientes. No tendría carrito ni botón de la compra. Katrina había imaginado un poderoso algoritmo de recomendación que escarbara entre la masa interminable de prendas de vestir de una amplia gama de marcas y estilos para crear una selección inicial de artículos que se ajustaran a los gustos personales de los clientes. Estas sugerencias se enviarían a un equipo de estilistas personales para evaluarlas y hacer una selección final de los artículos. Los clientes recibirían una caja en su casa que contendría cinco artículos, un *fix* o «arreglo de moda», como la compañía llamaba a cada entrega. Cada uno podría probarse los artículos en la comodidad de su hogar —un modelo del que la compañía de gafas de sol Warby Parker había sido pionera—, cuando les conviniera, y podrían devolver cualquier artículo que no quisieran comprar. Stich Fix se haría cargo de los gastos de envío de la devolución. Para que este modelo de negocio funcionara, las recomendaciones debían ser sobresalientes; sin unas ventas fuertes, los costes de gestión de inventario, la contratación de personal de estilistas personales y el transporte hundirían rápidamente la puesta en marcha.

La visión de Katrina era arriesgada, tanto que una veintena de firmas de capital de riesgo la rechazaron mientras buscaba financiamiento; todas ellas sostenían que no tenía habilidades técnicas para construir el algoritmo de recomendación necesario para que el programa funcionara[4]. Pero su visión también era fuerte y valiente y el potencial del modelo parecía tan fuerte que, en última instancia, fue capaz de convencer a tres actores vitales para llevar a cabo su idea.

Steve Anderson, de Baseline Ventures, que había sido el primer inversor de Instagram, estaba igualmente entusiasmado con Stitch Fix, por lo que invirtió 750 000 dólares en 2011, gracias a lo cual Katrina pudo contar con el capital necesario para realizar algunos negocios clave y contrataciones técnicas. Después, se acercó a Michael Smith, el director de operaciones (COO) de Walmart.com, con el fin de construir la infraestructura tradicional de venta al por menor de la compañía. Lo cierto es que Katrina no tenía en mente algo pequeño. Con su experiencia de COO en supervisión de operaciones, desde la administración de la cadena de suministro hasta el servicio al cliente, Smith podría haberle recomendado profesionales de logística más adecuados para trabajar con ella, pero resultó que estaba interesado en unirse a una *start-up*, y así lo hizo[5].

Finalmente, Katrina logró reunirse con el hombre que había creado el algoritmo de recomendación de Netflix, el vicepresidente de ciencia de datos e ingeniería de la compañía, Eric Colson. ¿Y por qué no? Estaba construyendo el Netflix de las compras. Colson contaba con un equipo de ochenta personas para crear lo que se consideraba el patrón oro en los algoritmos de recomendación. En Stitch Fix, creó un equipo similar; en línea con la visión de Katrina de un servicio de asesoría personal en compras, el equipo de análisis de datos sostenía el trabajo de más de 2500 estilistas. Colson fue el socio perfecto para combinar lo *techie* con lo *fuzzy*, puesto que pudo apreciar la importancia del factor humano, que sería la ventaja competitiva de Stitch Fix y la clave de su éxito[6].

Colson era licenciado en Economía, como Katrina, y sus estudios lo habían expuesto a sistemas de información y ciencias de gestión, temas que le fascinaban. Luego obtuvo dos másteres, uno en Sistemas de Información en la Universidad Golden Gate en San Francisco, California, y otro en Aprendizaje Estadístico en Stanford, sobre cómo las matemáticas están en el centro de los motores de recomendación. Mientras cursaba sus estudios, Colson llevó a cabo una investigación para desarrollar formas de combinar los talentos distintivos de los seres humanos con los de la nueva generación de máquinas de inteligencia artificial, por lo que trabajar con Katrina le dio la oportunidad de probar su argumento de que, como él y sus coautores habían escrito en uno de sus trabajos de investigación, «los sistemas híbridos de recomendación máquina-humano pueden combinar lo mejor del aprendizaje de máquinas a gran escala y del juicio experto humano»[7].

Para un científico de datos a quien le encantaba construir motores de recomendación, el modelo de Stitch Fix era un desafío atractivo. Mientras que en la mayoría de los minoristas *online* se espera que las recomendaciones representen parte de las ventas —por ejemplo, cerca del 35 % en Amazon—, el 100 % de las ventas en Stitch Fix se obtendría a través de las recomendaciones[8]. Colson decidió participar y asumió el papel de director de algoritmos o *chief algorithms officer* (CAO), quizás la última incorporación a los títulos de los consejos de administración.

Para optimizar las recomendaciones, Stitch Fix comienza pidiendo a los compradores que se inscriban como clientes y que respondan a más de sesenta preguntas sobre sus gustos en ropa y accesorios, así como sobre sus atributos físicos, tales como estatura, peso, tallas de ropa y edad. Stitch Fix utiliza interfaces de programación de aplicaciones (API), en particular una API de Pinterest, para mejorar la comprensión por parte de la empresa de los gustos de los clientes, permitiéndoles seleccionar páginas de Pinterest que muestran tipos de artículos y trajes que les gustan o que reflejan su estética personal. Esta opción ha demostrado ser tan popular que el 46 % de los usuarios de Stitch Fix se han beneficiado de ella, creando tablones de anuncios visuales desde los que Stitch Fix puede entender sus preferencias[9].

Todos estos datos se introducen en el sistema informático, y el algoritmo se pone en marcha: a través de los datos del cliente y de grandes cantidades de datos que la empresa ha introducido sobre todos los artículos en el inventario de Stitch Fix, busca las coincidencias que más se adecúan a las preferencias del cliente. Cada artículo del inventario cuenta con entre cincuenta y ciento cincuenta descriptores únicos, desde el tipo básico de material hasta el color y el entalle, como *slim leg* o *bootleg* para los vaqueros o estilos más característicos, como bohemio o clásico[10]. El algoritmo crea entonces una lista de artículos que podrían incluirse en el conjunto inicial del cliente, clasificados según un cálculo de la probabilidad de que al cliente le encanten. Colson llama a esta parte del sistema «algoritmo M», refiriéndose a sus sistemas de aprendizaje automático, y después interviene el «algoritmo H», la toma de decisiones de los estilistas humanos[11].

Cada lista es enviada a un estilista, junto con las probabilidades que la máquina ha calculado y la información que el comprador ha proporcionado sobre sus gustos. Para hacer la selección final de los cinco artículos, el estilista aplica sus conocimientos estéticos y sopesa los factores culturales que intervienen en la selección de la ropa, como los *looks* más populares en la región o los estilos «apropiados para la edad» del cliente. «No intentamos que las máquinas actúen como humanos. Tampoco debería ser al revés», dijo Colson en Data Driven NYC en 2016, un ciclo de conferencias sobre ciencia de datos organizado por FirstMark Capital. «Queremos que cada uno aproveche sus habilidades únicas [...]. Tenemos estos maravillosos recursos clave complementarios que debemos aprovechar».

Pero Colson no se detuvo ahí, sino que llevó el proceso de reforzar las habilidades humanas un paso más allá y añadió un sistema de aprendizaje algorítmico para ayudar a mitigar los sesgos subconscientes de los estilistas, que pueden ser detectados por un análisis de datos muy sofisticado. Por ejemplo, cada estilista tiene sus propias preferencias de estilo y también su propio sentido de qué estilos son modernos o tradicionales, hípster o *fashionforward*. Además, pueden desarrollar prejuicios personales sobre qué artículos se verían mejor en alguien, lo que puede entrar en conflicto con los deseos del cliente, por lo que Colson programó el algoritmo para buscar estos sesgos en el conjunto de selecciones enviadas por cada estilista y perfecciona continuamente tanto el enrutamiento de un cliente a cada estilista como la confección del primer conjunto de artículos que se envía. Por ejemplo, si un estilista solo ve la edad del cliente, puede tener un sesgo diferente que si recibe su edad y una foto. Con toda la información, el experto puede comprender que un cliente mayor tiene una estética más joven o viceversa, actuando así sobre los sesgos subconscientes. Al ver el comportamiento del estilista como un «problema de clasificación» de la ciencia de la información, el equipo de Colson lo trata como un elemento inmutable, arraigado en sus costumbres, por lo que adapta el algoritmo para refinar las opciones que se le envían[12]. En otras palabras, Stitch Fix nunca intenta cambiar a un estilista, sino que utiliza la tecnología para asegurar que cada uno ofrezca el *fit* o «arreglo» perfecto.

Al combinar y fusionar las fuerzas humanas y mecánicas de esta manera, Stitch Fix se ha convertido en el método principal de compra del 39 % de sus clientes y la compañía está creciendo a un ritmo desmesurado cada año[13], lo que ha estimulado una serie de apoyos adicionales de inversores respetados en Silicon Valley, como el miembro del consejo de administración de Uber y socio de Benchmark Capital Bill Gurley. Este último descubrió que su asistente gastaba su salario en Uber y en un antes desconocido servicio estilístico, Stitch Fix[14]. «Katrina Lake es una de las mejores personas con quien he trabajado», admitió[15]. Con Gurley a su lado, Katrina pudo realizar contrataciones ejecutivas de entre los mejores expertos en el negocio de la moda, como Julie Bornstein, antigua CMO, directora digital de Sephora y directora de comercio electrónico de la marca *millennial* Urban Outfitters[16].

En definitiva, Katrina no se sintió intimidada por el desafío técnico que suponía crear su propia empresa en línea, sino que comprendió que los recursos de Silicon Valley estaban a su disposición y que el mundo de la tecnología no estaba cerrado a los gurús tecnológicos, sino que los *techies* también necesitaban desesperadamente el talento de los *fuzzies*, no solo para añadir el toque humano a la tecnología, sino para establecer conexiones creativas, como, por ejemplo, un servicio de suscripción como el de Netflix aplicado a un negocio de moda al por menor. Netflix había existido durante una década, pero se necesitaba que alguien lo suficientemente hambriento y audaz tratara de aplicar su modelo al mundo de la moda. Hoy en día, Katrina, que figuró en la lista *Fortune* «40 Under 40» de 2016, está al mando de 4000 personas y sus ingresos anuales ascienden a 1000 millones de dólares[17], tras recaudar solo 50 millones de dólares en capital de riesgo.

1. EL FACTOR HUMANO ESTÁ ENTRE LOS BASTIDORES DE LA INTELIGENCIA ARTIFICIAL

La capacidad de los algoritmos para clasificar y responder a la abrumadora cantidad de datos que se recopilan sobre los intereses y comportamientos de un individuo abre una gran cantidad de oportunidades para satisfacer las necesidades y deseos humanos, un potencial que las empresas, por no hablar de las instituciones gubernamentales, solo han comenzado a aprovechar. Las grandes mejoras en el poder de los algoritmos han desembocado en la predicción de que gestionarán e incluso reemplazarán a los trabajadores humanos, pero los emprendedores en innovación más destacados que trabajan en la creación algoritmos ven el futuro de forma diferente.

Al igual que Colson, abogan por el uso de algoritmos para aumentar los talentos humanos y advierten sobre los límites de las matemáticas puras para replicar las habilidades humanas. Otro líder en la aplicación de algoritmos para crear un servicio novedoso es Paul English, el fundador del sitio web de reservas de viajes Kayak, un *techie* de la cabeza a los pies que estudió Ciencias de la Computación en la Universidad de Massachusetts, Boston, por lo que cualquiera pensaría que descarta el factor humano; sin embargo, al igual que Colson, piensa que los humanos y las máquinas trabajan mejor juntos.

English es un gran fanático de la inteligencia artificial en productos como los robots de chat, pero se llama a sí mismo «realista en IA»[18]. En la actualidad, English está utilizando nuevas herramientas tecnológicas para reinventar la reserva de viajes por segunda vez, mediante un servicio llamado Lola, que utiliza una interfaz de chat con respuesta automatizada para reservar viajes de forma conversacional desde sus teléfonos móviles, sin necesidad de realizar molestas búsquedas y aplicar filtros. Por ejemplo, si escribes «Estoy buscando un vuelo de San Francisco a Austin el próximo viernes», el bot podría responder preguntando: «¿Viajarás en compañía de alguien?». Sin embargo, el chat de Lola solo puede manejar un número limitado de tareas, por lo que también cuenta con un equipo de agentes de reservas humanos, consciente de que las necesidades humanas pueden ser bastante complicadas y de que los algoritmos pueden bloquearse fácilmente ante las diferentes peticiones. Aunque proporcionar información básica sobre los vuelos es sencillo, las preferencias de los consumidores en la reserva de hoteles, por ejemplo, implican todo tipo de factores psicológicos, como un hotel de moda o el número de sábanas que utiliza un hotel frente a otro. Además, la misma persona puede tener diferentes preferencias dependiendo del tipo de viaje: si es de negocios, puede ser preferible un hotel cercano al aeropuerto, mientras que uno en el centro de una ciudad bulliciosa puede ser la opción ideal cuando se está de vacaciones. «Va a pasar algún tiempo antes de que la IA pueda aceptar la mayoría de las solicitudes», afirmó English. También destaca que se necesitará un nivel extremadamente alto de confianza en la calidad del servicio de los bots antes de que marcas como American Airlines o Hilton Hotels permitan que sus servicios sean gestionados íntegramente por máquinas. Hasta entonces, los seres humanos continuarán desempeñando un papel importante en la dirección de la inteligencia artificial para el beneficio humano. «En Lola, mi nueva empresa [...], han señalado la ironía de que en Kayak tal vez dejamos fuera del negocio a algunos agentes de viajes, porque logramos un autoservicio realmente simple [...], mientras que con Lola voy a dedicar mis próximos diez años a lograr que los agentes de viajes recuperen el poder y revolucionen el negocio *offline*». Con el 46 % de las reservas de viajes[19] en Estados Unidos todavía en persona o por teléfono, English pregunta: «¿Cuál es el papel de los humanos en la planificación de viajes? ¿En qué son mejores los humanos que las máquinas? ¿Pueden los humanos ser mejores que la IA? ¿Y cómo trabajan juntos los humanos y la IA? ¿Deberíamos nosotros, como empresarios [...], construir una IA dirigida por humanos o una respaldada por humanos?»[20]. Sus cinco expertos en IA trabajan íntimamente con sus veinte agentes de viajes, pues ambas partes son vitales.

El hecho es que los programas de máquinas «pensantes» más sofisticados que se están desarrollando hoy en día se utilizan para complementar la inteligencia humana en lugar de suplantarla. Siempre hay personas entre bastidores para mantener las apariencias, como complemento de las máquinas en caso de que haya un fallo en el sistema. X.ai, una *start-up* con sede en Nueva York, creó una asistente digital llamada Amy, que tiene como objetivo «programar reuniones por arte de magia»[21]. En teoría, el usuario solo necesita poner en copia a Amy en un correo electrónico donde se solicite una reunión para que se programe directamente, incluyendo a los participantes del hilo del correo, lo que elimina muchas idas y venidas. X.ai promociona a Amy como una herramienta de inteligencia artificial, pero, en muchos casos, las peticiones de programación van más allá de las posibilidades de comprensión de Amy y el programa se confunde, por lo que la empresa está intentando crear un asistente completamente digital que se sirva del factor humano para suturar los vacíos de sus capacidades tecnológicas.

Un ejemplo entre bastidores fue Willie Calvin, un joven de veinticuatro años graduado en Políticas Públicas por la Universidad de Chicago cuyo trabajo era mantener la pretensión de que Amy podía manejar cualquier situación con facilidad: la asistente digital recibía elogios por parecer excepcionalmente humana, pues demostraba —como salió en prensa— «modales elocuentes», pero gran parte de la razón por la que Amy parece tan humana es porque a veces no es Amy en absoluto, sino un humano, como Calvin. Lo cierto es que es difícil «programar reuniones por arte de magia»[22].

En Facebook, una compañía con recursos casi ilimitados y mucho talento en ingeniería, el equipo de mensajería está desarrollando un asistente digital llamado M para integrarlo en Facebook Messenger. El programa utiliza el procesamiento en lenguaje natural para descifrar el significado de las peticiones de los usuarios y luego ejecutarlas. Sin embargo, M no funciona sin un toque humano, sino que se basa en un equipo de empleados de Facebook llamados «M trainers» o «entrenadores M», muchos de los cuales tienen experiencia en servicio de atención al cliente para realizar las tareas que el programa no puede manejar. Si se trata de reservar un coche para llevar al usuario a un evento, M puede utilizar la API —la interfaz de programación— de Uber para encargarse de ello, pero si la misma solicitud requiere un toque personal, como la entrega de magdalenas en una fiesta de cumpleaños, la IA entrega esa tarea a un entrenador M, que se encargará de llamar a un servicio de mensajería bajo demanda como TaskRabbit o Postmates y de contratar a alguien para que recoja y entregue esas magdalenas[23].

Idear nuevas aplicaciones para combinar el talento humano con los algoritmos es un terreno fértil para aquellos interesados en investigar el comportamiento humano y los problemas que necesitamos resolver, así como de crear soluciones para mejorar nuestras vidas. Por supuesto, algunos de estos problemas, como la entrega de magdalenas, probablemente no necesiten solución alguna. El periodista Nick Bilton, autor del libro *Hatching Twitter* ['Incubando Twitter'] de 2013, informó en *Vanity Fair* de que «la cultura tecnológica de San Francisco se centra en resolver un problema: ¿qué es lo que mi madre ya no hace por mí?»[24]. Esto mismo es lo que la periodista Kara Swisher llama «vida asistida para *millennials*»[25]. Aquellos que tienen formación en humanidades y han estudiado la naturaleza de la vida humana y la sociedad, las peculiaridades de nuestra psique y las normas que se esconden tras nuestros comportamientos, así como aquellos que han aprendido a reforzar su pensamiento creativo y sus habilidades de comunicación, son los principales candidatos para liderar la búsqueda de aplicaciones tecnológicas significativas. Las empresas de tecnología apenas han rozado la superficie de miles de oportunidades que permitirán crear productos y servicios más humanos y, por lo tanto, más atractivos.

2. LAS MÁQUINAS HAN ENLOQUECIDO

Pedro Domingos, profesor de informática en la Universidad de Washington y autor de más de doscientos artículos técnicos en ciencias de la información, ganó en 2014 el premio más reconocido en ciencia de datos, el Premio a la Innovación SIGKDD, por su destacada contribución técnica a la minería de datos tras inventar una técnica de código abierto para la extracción de flujos de datos[26]. En su libro de 2015, *El algoritmo maestro*, que anuncia el avance de los mismos, también admite que «la complejidad computacional es una cosa, pero la complejidad humana es otra [...]. Los ordenadores son como sabios idiotas, mientras que los algoritmos de aprendizaje a veces pueden parecerse a niños prodigio propensos a las rabietas»[27].

Tay, el nombre dado a un bot «femenino» de chat de inteligencia artificial que Microsoft lanzó en marzo de 2016, era uno de esos sabios, es decir, un robot impulsado por el aprendizaje automático que había sido entrenado con datos sociales de Twitter y mediante conversaciones de aplicaciones de mensajería como Kik y GroupMe. Microsoft decidió que Tay gestionara una cuenta de Twitter, por lo que el bot empezó a extraer datos de Internet en vivo, desde cualquier cuenta de la red social. A los pocos minutos de que el bot se estrenara en Twitter, los usuarios comenzaron a ver como funcionaban sus respuestas programáticas y enviaron mensajes para ver qué podían hacer que dijera. Algunos usuarios ordenaron a Tay que repitiera sus propias declaraciones, muchas de las cuales fueron muy ofensivas, y Tay se vio obligado a hacerlo. Otros, parte del tablero de mensajes en línea llamado 4chan, comenzaron a coordinarse juntos, escalando una broma digital ya de por sí muy burda. Cuando se le preguntó sobre el Holocausto, el bot respondió con un emoticono de aplausos[28]. Microsoft rápidamente sacó a Tay del sitio y anunció que haría «algunos ajustes»[29].

Algunos de los reportajes más reflexivos sobre la debacle de Tay fueron escritos por expertos en tecnología, como John West, un desarrollador de primera línea que estudió filosofía cuando era estudiante en la Universidad de Oberlin. Antes de escribir para la revista en línea *Quartz*, West había trabajado como programador, por lo que aportó una perspectiva *fuzzy* y *techie* a la vez, llevando a cabo un análisis especialmente mordaz del asunto: «La pregunta que siempre debemos hacernos antes de lanzarnos de cabeza a lo desconocido con la nueva tecnología es: ¿quién se beneficia?»[30]. Otro escritor, Leigh Alexander, reportero del periódico *The Guardian*, habló con mucha agudeza de cómo Microsoft no había tenido en cuenta las normas sociales de Twitter: «Microsoft aparentemente no ha aprendido nada de los innumerables titulares sobre la forma en que se dirigen los usuarios de Twitter a ciertas cuentas de mujeres —desde troles anárquicos y medianamente inofensivos hasta amenazas—; de ser así, lo habría visto venir»[31]. Es crucial que los *fuzzies*, que se esfuerzan por proteger y mejorar la calidad de nuestras vidas y no solo se centran en el progreso tecnológico, estén presentes para añadir cautela y sensibilidad a la innovación. Es posible experimentar con rigurosidad y rapidez sin que eso signifique romper lo que ya existe. Si no prestamos atención al factor humano en el despliegue tecnológico, corremos el riesgo de sufrir consecuencias mucho más graves que las ofensas de Tay.

Hasta ahora, las consecuencias negativas han sido involuntarias, razón por la cual se ha vuelto tan importante incluir diversidad de pensamiento y experiencia. Si desean seguir el ritmo desmesurado y creciente de los algoritmos, las empresas deberán aumentar sus esfuerzos por integrar analistas humanos en el proceso de desarrollo de sus productos, del mismo modo que la antropóloga Melissa Cefkin está ayudando a Nissan con el diseño de vehículos autónomos, con el fin de garantizar que las máquinas se integren correcta y éticamente en nuestras vidas, ya que no se debe subestimar el daño que podría causar un algoritmo descontrolado.

El autor Michael Lewis logró poner en el punto de mira el poco interesante comercio de acciones tecnológicas en su libro de no ficción de 2014, *Flash Boys*, cuando realizó una vívida crónica desde dentro sobre cómo los programas algorítmicos escritos para participar en el mercado se habían desarrollado con consecuencias terribles[32]. El resultado fue el llamado «Flash Crash» del 6 de mayo de 2010, una caída del mercado de valores de un billón de dólares que se produjo en tan solo treinta y seis minutos[33]. Los operadores técnicos empujaron al mercado miles de contratos electrónicos muy pequeños, así como indicaciones de interés en comprar o vender un valor, pero luego los cancelaron preventivamente en caso de que hubiera demanda para ejecutarlos. Estos minúsculos contratos se utilizaban para «engañar» al mercado, influyendo en el comercio de acciones en una dirección determinada, de modo que los operadores *flash* ganaban dinero con solo tomar una posición rentable en dichas acciones por adelantado[34]. Los implicados fueron acusados de fraude y manipulación del mercado, tras lo cual se modificaron los reglamentos para prohibir estos trucos técnicos ocultos en las entrañas de las máquinas. Pero las nuevas regulaciones incluyeron un arbitraje regulatorio y, con él, nuevos trucos para sortear las limitaciones. Aunque ese caso en particular se ha explicado y evitado, los abusos potenciales son ilimitados y no se revelan tan dramáticamente, como ocurrió con el Flash Crash.

Uno de los protagonistas de Lewis, Brad Katsuyama, el soplón de estos revendedores de acciones, desarrolló un uso admirable de estos algoritmos en mercados financieros para aumentar la igualdad en el mercado.

En junio de 2016, la Comisión de Valores y Bolsa (SEC) aprobó su plataforma de negociación, IEX, como bolsa de valores oficial y como alternativa a la Bolsa de Valores de Nueva York (NYSE) y la NASDAQ[35]. De hecho, debemos analizar nuestra tecnología, pues es la única herramienta que mide el uso indebido; del mismo modo que las compañías de tarjetas de crédito manejan su propio fraude utilizando gran cantidad de técnicas de aprendizaje automático basado en datos de sus propios entornos, tal vez exista un rol para esta autoridad reguladora que arbitre entre *fuzzies* y *techies* para manejar los peligros que estas herramientas pueden proporcionar, si no se consideran en su totalidad.

Hoy en día, los algoritmos controlan el contenido que se nos muestra *online*, ya sea en las sugerencias de Netflix, en el muro de Facebook o en las búsquedas de Google, por lo que es pertinente preguntarse seriamente cómo influye esto en nuestras vidas. En 2016, *The Wall Street Journal* utilizó la API de gráficos de Facebook para extraer artículos del sitio que eran ampliamente compartidos por personas que se autoidentificaban como «muy liberales» o «muy conservadoras» para construir dos fuentes de noticias representativas, una azul y otra roja[36], lo que reveló que la selección algorítmica sesgaba el contenido al que luego se exponían los lectores, creando «cámaras de eco» que reforzaban los puntos de vista de las personas, en vez de abrir sus mentes a una gama más amplia de perspectivas[37]. Si bien es cierto que publicaciones como *The New York Times* siempre han seleccionado sus titulares destacados, en la actualidad estas funciones están ocultas tras el velo de una tecnología que, por estar «impulsada por los datos», se considera objetiva. Tras las elecciones presidenciales de Donald Trump, muchos expertos señalaron que las encuestas habían estado equivocadas, ya que no habían podido predecir la oleada de frustración política que conquistó Estados Unidos. Aaron Timms, un abogado y periodista australiano que es director de contenido de Predata, una empresa de análisis predictivo con sede en Nueva York, argumentó en su lugar que «fueron los humanos quienes fracasaron, no el *big data* [...][38]. Necesitamos datos e informes más precisos, así como una unión entre *techies* y *fuzzies* a la que apunta la buena tecnología». Esto significa que los datos confirman o niegan una afirmación según la voluntad de quien pregunte, por lo que es crucial poner en duda los algoritmos que nos sirven contenido «objetivo».

En este sentido, Facebook ha realizado esfuerzos significativos para contrarrestar esta cámara de eco, en búsqueda continua de nuevas formas de satisfacer las necesidades de sus usuarios, gracias a un vasto equipo *fuzzy* que la empresa ha contratado para trabajar codo con codo con sus *techies*. Naomi Gleit, que dejó Harvard para estudiar Ciencia, Tecnología y Sociedad en Stanford un año antes de que Mark Zuckerberg se mudara a California, estaba tan profundamente comprometida con la misión de entender cómo la tecnología afecta la naturaleza de nuestras vidas que escribió su tesis sobre Facebook en 2005. Estaba tan decidida a formar parte de la nueva y poderosa herramienta social que Zuckerberg y su equipo estaban construyendo que pasó por su oficina de Palo Alto continuamente durante meses hasta que finalmente le ofrecieron un trabajo como asistente. Hoy en día, es vicepresidenta de producto y, después de «Zuck», como se le conoce ahí, Naomi es la empleada con más antigüedad[39].

Otro de los primeros empleados que aportó sensibilidad humana al desarrollo de la plataforma de Facebook desde el principio fue Soleio Cuervo, especializado en música por la Universidad de Duke, Carolina del Norte, que toca tanto el violín como el saxofón. Soleio ayudó a diseñar muchas características, como el crucial botón de me gusta, y atribuye a la música el haberle permitido triunfar en el mundo de la tecnología: «La música me ayudó a operar dentro de un sistema existente y a expandirlo», explicó[40]. Su habilidad para maniobrar sin problemas del *jazz* a la música clásica o del saxo al violín resultó aplicable al proceso de improvisación de la creación de una *start-up*. A pesar de las sandeces iniciales sobre que todos en Facebook «picaban código», la empresa se ha beneficiado enormemente de la contratación de especialistas en artes liberales como Gleit y Cuervo, que contribuyen en igualdad de condiciones al producto central de Facebook y aportan un factor decisivo para el descomunal éxito de la empresa.

3. AÚN QUEDA MUCHO BUENO POR HACER

Por supuesto, los cuentos de precaución no deben interpretarse en modo alguno como una sugerencia de que los algoritmos están plagados inevitablemente de peligros o de que no deberíamos aplicarlos. Francamente, no hay vuelta atrás; los algoritmos hacen innumerables cosas ocultas y maravillosas, son omnipresentes y están mejorando casi todos los aspectos de nuestras vidas, desde nuestras búsquedas *online* hasta la autocorrección de un texto, así como la navegación por GPS o la posibilidad de tomar y enviar fotografías desde el teléfono. Solo con los filtros de Instagram o los ajustes de audio de tu estéreo, encontrarás algoritmos en toda tu vida profesional. Lo importante no es recalcar sus peligros potenciales, sino desarrollarlos con sensibilidad y empatía para encontrar la manera de que mejoren nuestras vidas. Y ahí es donde entran los *fuzzies*.

Otro caso destacable es la joven de 32 años Shivani Siroya, que aplicó su formación en Relaciones Internacionales de la Universidad de Wesleyan y en Economía de la Salud Pública de la Universidad de Columbia, así como su experiencia en el Fondo de Población de las Naciones Unidas y en Citigroup, para ayudar a que personas desfavorecidas en países en vías de desarrollo accedan al capital financiero que necesitan. Aunque ella vive en Santa Mónica, California, gran parte de su trabajo está en Kenia. Se dedica a gestionar micropréstamos para dueños de negocios de bajos ingresos que no tienen un historial de crédito, por lo que a los prestamistas les resulta difícil juzgar su capacidad de devolución. Como resultado, los prestamistas tradicionales deben enviar personal para que se reúna con los prestatarios y evalúe su solvencia, un proceso costoso que significa que las tasas de interés de los microcréditos pueden ser realmente altas, a veces superiores al 25 %[41], por lo que los propietarios de pymes, el motor de una economía en desarrollo, se quedan atrás[42], incapaces de acceder al capital necesario para hacer crecer sus negocios. Sin embargo, Shivani y su empresa, Tala —antes conocida como InVenture—, están reinventando este sistema mediante el aprovechamiento de datos personales que se almacenan en el móvil, como mensajes de texto, registros de llamadas, ubicación e información de viajes, listas de contactos. Entonces, utilizan esta información para evaluar el riesgo de préstamos al dueño del teléfono, un sistema que aprovecha la popularidad de los *smartphones* y su ubicuidad incluso en los países más pobres del mundo. «Escogimos los datos de los teléfonos porque sentimos que era el *proxy* más cercano a la vida diaria», explica. Ella misma entrevistó a 4500 propietarios de pymes en India y en África subsahariana para hacerse una idea de las oportunidades del mercado[43].

Shivani se asoció con *techies* para crear una plataforma basada en la descarga móvil de la aplicación Tala y la solicitud de un préstamo financiero. Entonces, Tala utiliza un algoritmo para analizar 10 000 puntos de datos sobre el cliente. Han descubierto, por ejemplo, que las personas que realizan más llamadas después de las diez de la noche, cuando las tasas de llamadas son más bajas, tienden a ser mejores prestatarios[44], quizá porque son personas orientadas al detalle que se esfuerzan por entender sus opciones y leer la letra pequeña o porque buscan la mejor manera de hacer las cosas hablando con muchas personas de su entorno. Tala también ha observado que, si la mayoría de las llamadas duran más de cuatro minutos, se trata de un préstamo menos arriesgado, porque el individuo es capaz de establecer relaciones telefónicas con éxito. La compañía evalúa estos y otros puntos de datos, como retiros y depósitos bancarios, redes sociales y datos demográficos, para realizar una evaluación holística del prestatario.

Tala comenzó en África Oriental, India y Sudáfrica, pero planea expandirse a lugares que suelen pasarse por alto en el sector financiero. De hecho, debutó en 2014 y, en dos años, 125 000 kenianos que antes no eran solventes y habían pedido préstamos de una media de cien dólares cada uno, solo tenían una tasa de incumplimiento del 5 %. Más de las tres cuartas partes regresaron para obtener otro, aparentemente satisfechos con esta primera experiencia[45].

No obstante, Tala no es la única compañía tecnológica que trata de cambiar el rumbo de los micropréstamos; de hecho, es un terreno fértil disputado por muchas empresas incipientes. Una compañía llamada Branch también utiliza una aplicación para determinar la solvencia crediticia y reparte préstamos que promedian alrededor de treinta dólares con tasas de interés entre el 6 y el 12 %[46], mientras que Lenddo ha creado un algoritmo que evalúa el riesgo crediticio y verifica la identidad basándose en fuentes no tradicionales, como datos en redes sociales. Ahora, Lenddo está presente en veinte países, y las empresas financieras y de telecomunicaciones pueden contactar con la empresa para evaluar y verificar a los solicitantes de la clase media emergente, personas que tradicionalmente no podrían obtener un crédito[47]. Estos son ejemplos de cómo los algoritmos pueden beneficiar nuestra vida, detectando señales que facilitan el acceso a diferentes opciones.

De hecho, los algoritmos y el aprendizaje automático también pueden utilizarse para mejorar las habilidades más humanas, como la expresión creativa. Un ejemplo de esto es una plataforma que mejora nuestra capacidad de contar historias al mundo: Neon. Sophie Lebrecht, graduada en Psicología en la Universidad de Glasgow, Escocia, y doctorada en Neurociencia Cognitiva en la Universidad de Brown, se reunió con el jefe del Departamento de Psicología de Carnegie Mellon, Michael J. Carr, para crear Neon Labs, una herramienta de selección de imágenes que ayuda a las empresas a elegir aquellas que transmiten historias más emotivas sirviéndose de un algoritmo de aprendizaje automático que sugiere varias imágenes que podrían generar un compromiso emocional. En otras palabras, Neon está tratando de usar la ciencia de datos para averiguar el atractivo subyacente de las imágenes[48], algo que se ha convertido en una necesidad apremiante, ya que las empresas reciben avalanchas de imágenes y dedican demasiado tiempo a gestionar su validez para atraer espectadores. De hecho, el tiempo que tarda nuestro cerebro en tomar una decisión visual es de diecisiete milisegundos, por lo que se puede decir que no somos realmente conscientes de este proceso[49]. La tesis doctoral de Lebrecht investigaba cómo el sistema visual del cerebro asigna constantemente reacciones micropositivas o negativas al entorno, lo que denomina «microvalencia», tomando prestado el término químico que determina la carga positiva o negativa de un átomo. Así, convirtió su tesis en una patente y[50], en la actualidad, Neon aún se basa en esta investigación para predecir las preferencias de los consumidores mediante el mapeo de desencadenantes afectivos de la valencia positiva, o, en otras palabras, de lo que hace que nos guste algo.

Con el bombardeo continuo de imágenes en anuncios, artículos y vídeos en múltiples dispositivos, capturar la atención se está volviendo cada vez más difícil; Neon ayuda a los creadores de contenido a optimizar las imágenes que muestran. Para ello, las compañías envían un vídeo compuesto de millones de cuadros o imágenes a la herramienta, y el programa analiza algorítmicamente estas imágenes y etiqueta cada una de acuerdo con miles de variables diferentes, como la coloración o las expresiones faciales que muestra[51]. Después, se comparan con un banco de imágenes para el cual existen datos sobre la reacción a cada una: si una imagen es similar a otra contenida en la biblioteca que ha funcionado bien en el pasado, Neon la marca con valencia positiva. Así, clasifica todas las imágenes con el fin de ayudar a su creador a identificar la que captará la atención de forma más eficaz en un micromomento.

En resumen, Neon empodera a los narradores humanos en lugar de reemplazarlos. Pongamos esto en perspectiva y tengamos en cuenta el trabajo de aquellos que seleccionan imágenes para los espectadores de televisión. Durante los Juegos Olímpicos de 1996 en Atlanta, la NBC transmitió 171 horas de cobertura deportiva. Veinte años después, para los Juegos Olímpicos de 2016 en Río de Janeiro, la NBC transmitió 356 horas de contenido por día y 6755 horas —algo sin precedentes— durante el transcurso de la trigésimo primera Olimpiada[52]. Del mismo modo, durante la Super Bowl de 2016, cuarenta cámaras de la NBC grabaron el fútbol en cámaras de 4K a 120 fotogramas por segundo, mientras que los fotógrafos profesionales tomaron más de 2000 cada uno[53]. Es crucial para curar una cantidad tan impresionante de contenido encontrar los momentos clave para los espectadores, aquellos que más conmueven y que serán identificados por Neon.

Gracias a sus títulos en artes liberales, Sophie Lebrecht, Shivani Siroya y Katrina Lake han creado proyectos *techie-fuzzies* para demostrar cómo el nuevo poder de los algoritmos puede aplicarse para servir mejor a una necesidad humana. La puerta sigue abierta para que más personas se aseguren de que esta extraordinaria tecnología se utilice para servirnos en lugar de dominarnos. La mayor amenaza no es la tecnología, sino la prioridad que le damos a la tecnología a expensas de otros temas, como las humanidades, y el modo en que hacemos las grandes preguntas para que nuestras herramientas se utilicen bien. Debemos alimentar la tecnología, no a través de la exaltación, sino llevando a su desarrollo y aplicación la diversidad del pensamiento.

5

POR UNA TECNOLOGÍA MÁS ÉTICA

Donald Norman, actual director del Laboratorio de Diseño de la Universidad de California en San Diego (UCSD), es defensor del diseño inteligente desde hace mucho tiempo. De hecho, en su libro de 1988 *La psicología de los objetos cotidianos* y, más tarde, en *El diseño de los objetos cotidianos*, habló de lo que denomina la «psicopatología de las cosas cotidianas», analizando tanto la inanidad de los productos mal diseñados: teteras con goteras o puertas giratorias que atrapan; como la necesidad de un diseño «centrado en el usuario»[1]. En su libro de 1992, titulado *Turn Signals Are the Facial Expressions of Automobiles* ['Los intermitentes son las expresiones faciales de los automóviles'], el mensaje tomó un cariz muy serio: los diseñadores deben esforzarse por que los productos respondan mejor a las necesidades y deseos humanos, teniendo en cuenta al mismo tiempo cómo se integrarán en nuestras vidas.

Norman afirmó que las innovaciones, especialmente las tecnológicas, deberían mejorar la calidad de nuestras vidas sin causar frustración. Sin embargo, «gran parte de la tecnología moderna parece existir únicamente por su propio bien», escribió, «ajeno a las necesidades y preocupaciones de las personas de su entorno, personas que, después de todo, son la razón de su existencia [...]. Mi objetivo no es atacar ni defender, sino entender cómo se produce la interacción entre el ser humano y la tecnología, descubrir dónde y por qué aparecen las dificultades e intentar hacer algo al respecto. Podría decirse que mi objetivo es socializar la tecnología, humanizarla»[2].

Del mismo modo, al escribir sobre los intermitentes de los automóviles, Norman destacó que las «máquinas son dispositivos sociales» por su interacción con las personas y, como tales, deben estar diseñadas para responder a pensamientos y comportamientos humanos. En otras palabras, deben crearse con sensibilidad y empatía de cara a la naturaleza humana. Así como las personas han desarrollado un repertorio de señales o gestos faciales para comunicarse entre sí, los automóviles necesitan señales de giro, como semáforos tecnológicos, para la comunicación con otros conductores[3]. Norman pudo predecir así los coches autónomos, una tecnología que requiere de sofisticados patrones de comunicación con los humanos, una cuestión que la antropóloga Melissa Cefkin está desarrollando en Nissan[4].

Donald Norman es ampliamente reconocido como uno de los padres del movimiento del diseño centrado en el ser humano, cuyo objetivo es acercar los productos tecnológicos a las personas, por lo que encarna la combinación de habilidades *fuzzies* y *techies*. Norman recibió su licenciatura en Ingeniería Informática y, más tarde, realizó un doctorado en el pionero campo de la psicología matemática, donde estudió el modelado informático del funcionamiento de la mente humana. Después de casi treinta años de investigación sobre la interacción hombre-máquina como profesor de Psicología en la UCSD, Norman se incorporó a Apple en 1993 con el fin de contribuir a la idea de Steve Jobs de crear una «tecnología unida a las artes liberales, unida a las humanidades, lo que genera un resultado que hace cantar a nuestro corazón»[5]. Allí, Norman ideó la llamada «experiencia de usuario», y una legión de diseñadores que habían seguido sus pasos ayudaron a dar pasos significativos hacia el objetivo de Jobs, con los productos de Apple a la cabeza[6].

Al mismo tiempo, la ola de productos tecnológicos diseñados principalmente para ayudarnos y deleitarnos también ha desembocado en efectos no deseados que son consecuencia de utilizarlos: la adicción a los videojuegos o el estrés de mantenernos al día con los correos electrónicos, los mensajes de texto y las notificaciones, a veces abrumadoras[7], de las redes sociales. Los diseñadores solo han arañado la superficie del potencial de creación de productos más sensibles a las necesidades humanas, que nos ayudarán a promover nuestros objetivos y mejorar nuestras vidas.

En este capítulo, exploraremos cómo una nueva generación de emprendedores ha tomado la idea original de Donald Norman y Steve Jobs para
dar un paso más y aplicar las habilidades, las percepciones y las sensi-
bilidades cultivadas por las humanidades a la innovación tecnológica.
Actualmente, los *fuzzies* lideran algunas de las empresas tecnológicas de
crecimiento más rápido, gracias a la creación de soluciones cotidianas
que aprovechan las ventajas de las nuevas y potentes tecnologías con
una profunda comprensión de cómo pueden ayudar a resolver problemas
humanos urgentes.

Tras los pasos de Norman y Jobs encontramos al fundador de Slack,
Stewart Butterfield, graduado en Filosofía por la Universidad de Victoria,
que trabajó mucho tiempo como empresario tras construir y vender la
plataforma de fotos compartidas Flickr a Yahoo por 25 millones de dólares en 2005, con solo treinta y dos años. Después de dejar Yahoo en 2008,
Butterfield fundó una compañía de juegos de azar llamada Tiny Speck[8] y,
cuando quedó claro que este proyecto no tendría éxito, pensó que podría
recuperar la herramienta de comunicación interna que había creado para
ayudar a su equipo a evitar el correo electrónico; efectivamente, tenía
razón. En menos de tres años tras la fundación de Slack, su nuevo negocio
estaba valorado en 4000 millones de dólares y había alcanzado más de
2.7 millones de usuarios diarios[9].

De esta forma, Butterfield empatizó con la necesidad de reducir el número
de correos electrónicos, pues comprendía la abrumadora sensación de
enfrentarse a una bandeja de entrada repleta tras un fin de semana largo.
Tomando este problema como referencia, Slack ayuda a sus usuarios a
navegar por la jungla del correo electrónico digital. Según el Instituto
Global McKinsey, los trabajadores pasan más del 28 % de sus días de
trabajo en el correo y el 19 % recopilando información[10]. Chamath
Palihapitiya, inversor de Slack y ejecutivo en los primeros años de
Facebook, asegura: «Van a destruir el correo electrónico. Van a crear una
red en todas las empresas y, lo que creo que es más importante para la
gente, te van a devolver el tiempo»[11].

Gentry Underwood dirigió una vez la unidad Knowledge Sharing de la
empresa de diseño IDEO. Se centró en el *software* social, o plataformas
y herramientas de colaboración a gran escala construidas con tecnología

centrada en el ser humano[12]. Asimismo, estudió el campo *fuzzy-techie* de la interacción hombre-computadora en Stanford, obteniendo un título en sistemas simbólicos, pero dejó el mundo de las *start-ups* para obtener dos másteres, uno en Psicología por la Universidad de Santa Clara y otro en Antropología y Desarrollo Comunitario por la Universidad de Vanderbilt en Nashville, Tennessee. De aquella experiencia académica extrajo las prácticas etnográficas, el trabajo de campo para observar la interacción humana, desde las tribus de Borneo hasta los trabajadores de una oficina del siglo XXI, y construyó a partir de ello una bandeja de entrada de correo electrónico más humana, así fundó Orchestra, una empresa que ofrecía Mailbox, un administrador que permitía a sus usuarios posponer los correos. Antes de que la empresa pudiera lanzar su aplicación insignia para iPhone, Dropbox compró la aplicación —de un mes de antigüedad— en 2013 por 100 millones de dólares.

Esta nueva era *fuzzy-techie* de desarrollo de productos no ha hecho más que empezar y existe una tremenda oportunidad de aplicar las perspectivas y métodos de investigación de las humanidades y las ciencias sociales para mejorar el diseño de productos. Como dijo Donald Norman, el diseño es más que crear cosas bonitas, «el diseño es una forma de pensar, de determinar las verdaderas necesidades subyacentes de las personas, para luego ofrecer productos y servicios que los ayuden. El diseño combina comprensión humana, tecnología, sociedad y negocios», y eso requiere la participación de todos[13].

1. LA ERA DEL DISEÑO ÉTICO

Con el fin de cultivar en sus empleados de Apple el espíritu de diseño centrado en el ser humano que él defendía, Steve Jobs llevó a académicos en humanidades a la empresa para impartir cursos, creando así la Apple University, lanzada en 2008 bajo la dirección del exdecano de la Escuela de Administración y Gestión de Yale, Joel Podolny. Su objetivo era educar a los empleados en una amplia gama de productos y habilidades, por lo que el plan de estudios también incluía clases centradas en la importancia de la belleza, la simplicidad y la eficiencia en el diseño del producto[14].

Una de las estrellas académicas de la Universidad Apple fue Kim Malone Scott, graduada en Estudios Eslavos por Princeton y que había dirigido el negocio multimillonario de Google AdSense antes de incorporarse al profesorado de Apple. Otra incorporación fue Josh Cohen, un erudito que había realizado su doctorado en Filosofía en Harvard con el legendario filósofo John Rawls y que había enseñado política, filosofía y derecho como profesor en el MIT, en Stanford y en Berkeley[15]. En una de sus conferencias, destacó los principios de diseño que el arquitecto paisajista Frederick Law Olmsted había aplicado en la creación del plano de Central Park, en Nueva York, uno de los cuales era fomentar la apreciación de la belleza natural en los habitantes urbanos, por lo que cada sendero de Central Park se curvaba para, a cada paso, revelar una nueva vista. El objetivo de Olmsted era sorprender y deleitar, un objetivo que compartía con Apple. También quería democratizar la belleza natural reservada en gran medida a las élites, que podían escapar de Nueva York para acceder a escenarios pastorales[16]. De hecho, la interfaz del iPhone de Apple hará que experimentes una alegría similar a la de caminar por los senderos curvados de Central Park en una tarde de primavera.

Los planes de estudios en humanidades y ciencias sociales tienen mucho que ofrecer a diseñadores de productos con orientación tecnológica de cara a crear productos que no solo sean más atractivos, sino también más humanos.

Si volvemos la vista de Apple a Google, también queda patente su esfuerzo por fomentar un enfoque más reflexivo y centrado en el ser humano. Hasta 2016, Tristan Harris fue el «filósofo de productos» de Google e, igual que Donald Norman, se sumergió durante sus estudios de grado y de posgrado en los métodos para incorporar lo *fuzzy* a la creación tecnológica. Además, es uno de los principales defensores del diseño ético, es decir, del que se basa en que los productos deben fomentar el bienestar humano[17], y hoy lidera un movimiento global que aboga por una «ética del diseño».

Esa es una misión en perfecta alineación con los objetivos originales de la educación de las artes liberales; fomentar el comportamiento ético era el núcleo de la antigua concepción griega del estudio. De hecho, aquellos educados en el pensamiento filosófico, con buenas habilidades de comunicación y pensamiento crítico, estarían preparados para participar responsablemente en la vida cívica, así como para ejercer y defender la democracia, que les permitía conducir sus vidas de acuerdo con sus propias aspiraciones, siempre respetando el bien común. El trabajo de Tristan consiste en replicar ese espíritu a la innovación tecnológica, inspirado por su propia educación en humanidades

Al igual que Gentry Underwood, Tristan estudió interacción humano-computadora en Stanford, un programa que combina la instrucción en ciencias de la computación con la instrucción en lingüística, filosofía y psicología, con el objetivo de desarrollar la «inteligencia» de las máquinas complementada con el pensamiento y los sentimientos humanos. Tristan también estudió con el profesor e investigador psicológico de Stanford B. J. Fogg, que fundó el Laboratorio de Tecnología Persuasiva (PTL, por sus siglas en inglés[18]) de la universidad. Fogg fue pionero en investigar cómo se puede emplear la tecnología para cambiar el comportamiento de las personas, centrándose en el desarrollo de hábitos humanos[19]. El PTL llevó a cabo un análisis tanto del atractivo psicológico y de los efectos de pasar tiempo en Facebook, como de los diseños tecnológicos que favorecen hábitos positivos, como el ejercicio físico, y condenan los negativos, como el tabaco. En 2007, Fogg impartió un curso en Facebook en el que los estudiantes utilizaron técnicas de «persuasión impersonal masiva» para influir en 25 millones de personas y, en 2008, impartió un curso llamado Psicología de Facebook[20]. Sus investigadores en el PTL están incluso explorando cómo «los comportamientos y las percepciones sociales emergentes promueven nuevos caminos hacia la paz global»[21]. Tristan también estudió bajo la tutela de Terry Winograd, profesor de los fundadores de Google, Larry Page y Sergey Brin.

Aunque Page y Brin quedaron cautivados por el potencial de una web que democratizara el acceso a la información, Tristán se sintió inspirado por las posibilidades de mejorar los servicios de información ofrecidos a los lectores en línea. En 2007, al igual que Page y Brin, dejó su carrera profesional para fundar una empresa, Apture[22], y desarrolló una tecnología que permitía a los lectores de texto web hacer clic en cualquier palabra para abrir una pequeña caja con una gran cantidad de información relevante recopilada de toda la web. En resumen, la compañía estaba mejorando la narración de historias y ayudando a proporcionar un mayor contexto en la web. Después de alcanzar más de mil millones de páginas vistas al mes en sitios como *The Economist, Reuters* y *The Financial Times*, Apture fue adquirida por Google en 2011 por 18 millones de dólares[23], cuando Tristan tenía veintisiete años, y se incorporó a Google como gerente de producto centrado en crear diseños éticos que respetaran las necesidades humanas e hicieran avanzar el bien humano para los miles de millones de usuarios de Google.

Una de las iniciativas de Tristan en Google fue inculcar a los empleados el *mindfulness*, haciendo hincapié en la importancia de centrarse en el presente y de experimentar plenamente la vida, en lugar de estar constantemente distraídos por mensajes de texto, correos electrónicos y llamadas telefónicas. También, organizó una reunión entre los principales diseñadores de producto de Google y Thich Nhat Hanh, un monje budista vietnamita que impartía formación en *mindfulness*, en un intento de promover un movimiento fundado por él mismo y que aún hoy se mantiene: Time Well Spent[24] ['Tiempo bien empleado']. La teoría de Tristan es que nuestros amados dispositivos tecnológicos están socavando nuestra capacidad de disfrutar, disminuyendo y, por lo tanto, interrumpiendo la posibilidad de ejercer todo nuestro potencial en interacciones significativas, cultivo de relaciones y pensamiento creativo concentrado[25].

Tristan era un ávido mago aficionado de niño, lo que le concedió una aguda comprensión de los límites de la mente humana para resistir la distracción, pues la magia se basa en distraer al ojo humano[26]. En el Wisdom 2.0 Summit, una conferencia anual que reúne a expertos en varios campos para discutir cómo la tecnología puede fomentar el bienestar humano en lugar de socavarlo, habló sobre cómo Time Well Spent intentaba revertir la tendencia de la tecnología de secuestrar la atención[27]. Herbert Simon, exprofesor de Ciencias de la Información en Carnegie Mellon, formuló el famoso concepto de la «economía de la atención», que insistía en que la atención de las personas es el bien más preciado y más buscado por las empresas, advirtiendo de que «la riqueza de la información crea otro tipo de escasez [...]; consume la atención de sus destinatarios»[28]. Sostenía que la gran ironía de la revolución de la información era que había desembocado en una pobreza de atención. En la actualidad, Tristan conciencia sobre los riesgos de las tecnologías que secuestran la atención y trabaja para fomentar el desarrollo de productos que protejan nuestro tiempo y permitan una mayor concentración y calidad de experiencia.

En el centro del problema está el incentivo económico que se esfuerza por ganar la competición de nuestra atención, pues los creadores de aplicaciones móviles, así como los creadores de nuevos servicios web o los diseñadores de juegos electrónicos, tienen como objetivo animar a la gente a pasar más tiempo con ellos. «Ya sea construyendo una aplicación de meditación o un sitio web informativo, todos compiten por la atención, lo que significa que sus ganancias aumentan cuanto más tiempo pasan los usuarios en su aplicación. Hay toda una industria que apoya este proceso, que se ha convertido en una "carrera hasta el tronco encefálico" para seducir los instintos y hacer que pasemos el tiempo», dijo Tristán recientemente. El diseño ético cuestiona esta carrera identificando la forma en que se secuestra el tiempo humano y fomentando el desarrollo de productos y servicios que lo respeten[29]. La pregunta, según Tristan, es: «¿La tecnología amplifica el potencial humano o nos divierte hasta la muerte?» ¿Siguen siendo las computadoras, como dijo Steve Jobs, «bicicletas para nuestras mentes»?[30]

Cuando nos etiquetan en una foto en Facebook, recibimos una notificación, y este tipo de compañías nos envían estas alertas para convencernos de que podríamos perdernos algo, un momento, un *match* de Tinder, un *snap* o una mención de Twitter, por lo que lo comprobamos inmediatamente. También estamos sujetos a la sutil coerción de las obligaciones sociales que nos imponen, como «etiqueta a esta persona en una foto» o «valida a tu nueva conexión de LinkedIn», además de avisarnos de que nuestro mensaje de Facebook ha sido recibido y leído, lo que presiona al destinatario para responder. «¿No recibiste mi mensaje de texto? Lo envié hace una hora».

Estas características de diseño explotan nuestras costumbres sociales, capturan nuestra atención por un momento y nos distraen de cualquier otro esfuerzo, probablemente más importante, que estemos persiguiendo, es decir, nuestra tecnología nos secuestra. Linda Stone, una antigua empleada de Apple y Microsoft que ahora forma parte de la Junta Asesora de Computación Social del MIT Media Lab, acuñó el término «atención parcial continua»[31], un modo de comunicaciones semisincrónicas que no se realiza en tiempo real ni en diferido, es decir, un proceso de constantes interrupciones menores que nos engañan para hacernos creer que estamos muy ocupados en una serie de conversaciones superficiales, cuando, de hecho, estamos continua y parcialmente sintonizados[32].

Cada vez que introducimos una contraseña para desbloquear nuestro teléfono y ver un mensaje similar a Instagram o un mensaje nuevo de WhatsApp, nos sentimos atraídos. Puede que no parezca mucho, pero, según Deloitte, el estadounidense promedio revisa su teléfono cuarenta y seis veces al día. Con 185 millones de usuarios de *smartphones*, se producen más de 8000 millones de momentos de distracción cada día[33]. El impacto de las decisiones sobre los productos, debido a su amplia adopción, es brutal.

A menudo, hablamos del término «multitarea» en la era de la tecnología como si todos fuéramos capaces de trabajar en dos o incluso doce cosas al mismo tiempo. Cuantas más, mejor, y nos enorgullecemos. Sin embargo, ¿es realmente valioso? Imagínate que te sientas a revisar una hoja de cálculo y luego haces una pausa para revisar tu correo electrónico. Entonces, suena tu teléfono, así que lo agarras y escribes un mensaje de texto rápido a tu pareja. Realmente, te concentras en una tarea hasta que te interrumpen y empiezas otra y otra..., un comportamiento denominado «cambio rápido entre tareas», *rapid toggling between tasks*.

Gloria Mark, profesora del Departamento de Informática de la Universidad de California, Irvine, estudia el impacto de este cambio en la productividad de los trabajadores, además de sus estados mentales y emocionales, es decir, la llamada «ciencia de la interrupción»[34], y ha descubierto que nuestra tecnología está reconfigurando la forma en que nos adaptamos al mundo; nos permitimos más interrupciones, ya que delineamos nuestro comportamiento, y surgen nuevos valores a partir de la tecnología.

Con motivo de un estudio, Mark envió investigadores a las oficinas de importantes compañías estadounidenses y observó con qué frecuencia se interrumpía a los trabajadores o se «autointerrumpían». ¿La respuesta? Tres minutos. Además, señaló que podía llevarles veintitrés minutos volver a concentrarse en una tarea[35]; en contraste con una investigación de 2004 que indicaba que la nueva ola de trabajadores cambiaba de tarea cada tres minutos, Mark descubrió que actualmente se producía cada cuarenta segundos[36].

Por supuesto, no todas las interrupciones son malas e incluso pueden ser útiles. El estudio muestra que, siempre que una interrupción sea breve y no requiera una reflexión profunda, no suele producir un gran impacto en el flujo de trabajo inmediato y que las personas que responden al correo electrónico a través de la autointerrupción, en lugar de una notificación de escritorio, por ejemplo, son más productivas[37]. Una interrupción relacionada con la tarea en cuestión puede fomentar la productividad y la concentración[38].

Sin embargo, el estrés[39] es un alto coste de estas interrupciones. La próxima vez que escuche hablar a un alto funcionario sobre la multitarea y la realización de hazañas simultáneas sorprendentes, recuerde que, tras su apariencia externa, se esconde el estrés. En un experimento, Mark asignó a los trabajadores una tarea típica de oficina: responder a un lote de correos electrónicos. Dejaron que un grupo trabajara ininterrumpidamente, mientras que el otro fue bombardeado con llamadas telefónicas y mensajes instantáneos constantes. Cuando todos los trabajadores fueron sometidos a pruebas para medir el estrés, los trabajadores interrumpidos mostraron niveles mucho más altos de estrés, de frustración y de presión del tiempo que los que trabajaban sin distracciones. Curiosamente, a pesar de ello, completaron las tareas más rápido que el grupo no distraído. Mark midió la capacidad de responder preguntas específicas a través del correo electrónico y la calidad de las mismas, gracias a lo cual demostró que los trabajadores distraídos usaban menos palabras sin que ello afectara a la calidad de sus respuestas; una vez que la gente espera ser interrumpida, trabaja más rápido para compensar el tiempo perdido en dicha interrupción. Por supuesto, no existe una manera perfecta de trabajar, pero es importante que investigadores como Mark nos muestren los efectos de la tecnología e informen de ello a los defensores del diseño ético, como Tristan Harris.

Con el fin de arrojar luz sobre los mecanismos que secuestran nuestra atención, Tristan ha escrito sobre cómo los emprendedores tecnológicos utilizan la psicología de las recompensas variables para hacer que volvamos compulsivamente a nuestras bandejas de entrada o a jugar a un juego como el Candy Crush Saga. B. F. Skinner, psicólogo del comportamiento en Harvard, descubrió en los años cincuenta que, al variar la proporción de refuerzo, los encuestados sentían gusto por la recompensa cuando la tenían y ansia cuando no. Debido a que la entrega era aleatoria, se sabe que las recompensas programadas de proporción variable son altamente adictivas[40]. Como los encuestados nunca sabían cuándo recibirían la siguiente, se obsesionan más con su búsqueda, un principio similar al que genera la adicción a las máquinas tragaperras. Tristan pregunta: «¿Qué genera más dinero en Estados Unidos que el cine, el béisbol y los parques de juegos combinados? La respuesta es las máquinas tragaperras». Natasha Dow Schüll, antropóloga y profesora de medios, cultura y comunicación en la Universidad de Nueva York y autora del libro *Addiction by Design* de 2012, descubrió en su investigación que las máquinas tragaperras hacen que la gente «se involucre problemáticamente» a un ritmo tres o cuatro veces superior al de otros juegos de azar[41]. Estas máquinas, conocidas como «bandidos de un solo brazo» por la palanca lateral que las caracteriza, no son muy diferentes a los actuales bandidos de un solo dedo[42], es decir, nuestros *smartphones*. Como Tristan argumentó en un ensayo para la publicación alemana *Der Spiegel*, «la adicción al *smartphone* es parte del diseño»[43].

«Tengo una máquina tragaperras en el bolsillo», explica Tristan. De hecho, unos pocos miles de millones de personas en todo el mundo también la tienen. «Cada vez que reviso mi teléfono equivale a jugar en la máquina tragaperras para ver qué es lo que voy a conseguir. Cada vez que reviso mi correo electrónico, estoy jugando para ver qué es lo que voy a recibir. Cada vez que busco noticias, juego para ver qué viene después»[44]. La propuesta de Tristan se basa en que, a la luz de tales manipulaciones, tal vez debamos crear una certificación para diseño ético similar a la LEED —Liderazgo en Diseño Energético y Ambiental—, que reconoce y etiqueta los mejores edificios «verdes», o crear un equivalente a la FDA, la Administración de Alimentos y Medicamentos.

¿Deberíamos ayudar a la gente a pensar en su dieta de consumo de información, creando el equivalente de la pirámide alimenticia para nuestra nutrición intelectual? No es una tarea insignificante. «Imaginemos una "carta de derechos" digital», sugiere, «que describa unos estándares de diseño todos los productos deban seguir en el camino hacia sus objetivos»[45]. Por lo menos, genera la esperanza de que quizás estemos empezando a ver a los James Madison, John Jay y Alexander Hamilton de la generación digital, los padres fundadores del diseño ético, haciendo hincapié, como hicieron los federalistas con respecto a los derechos y responsabilidades básicos de los ciudadanos y de nuestros gobiernos, en los derechos y responsabilidades que implica el diseño tecnológico. Parte de este pensamiento está en obvia contradicción con otros pensadores de Silicon Valley, precisamente por eso es crucial que esta conversación, este debate, vea la luz pública.

Aunque esto pueda parecer ingenuamente utópico, el hecho es que los productos podrían desarrollarse poniendo énfasis en ayudarnos a usar bien nuestro tiempo sin dejar de ser lucrativos. «¿Qué pasaría si la tecnología se diseñara de manera diferente, teniendo en cuenta el tiempo que queremos pasar con ella?», pregunta Tristán. «¿Qué pasaría si dijeras "quiero pasar treinta minutos en mi correo electrónico" y, luego, [este sistema de correo electrónico] estuviera de tu parte y te ayudara a ceñirte al tiempo que desearas?»[46]. Las credenciales técnicas de Tristan complementan poderosamente sus perspectivas *fuzzies* en su argumento, puesto que sabe cómo se desarrolla la tecnología y cómo podría desarrollarse de forma diferente. «Empresas como Apple y Google tienen la responsabilidad de reducir estos efectos convirtiendo las recompensas variables intermitentes en otras menos adictivas, más predecibles y con mejor diseño», escribió en el artículo ampliamente difundido «How Technology Hijacks People›s Minds» ['Cómo la tecnología secuestra nuestras mentes'], en el blog *Medium* en 2016. «Por ejemplo, podrían permitir que las personas establecieran unas horas predeterminadas al día o a la semana para comprobar las aplicaciones tragaperras y, en consecuencia, ajustar el envío de nuevos mensajes para alinearlos con esas horas». Al afirmar la responsabilidad de los diseñadores de productos de tener en cuenta la forma en que sus productos socavan el bienestar humano, Tristan pone de relieve la influencia que tienen en la vida de las personas. Su voz proporciona liderazgo e impulso para luchar para que los diseñadores incorporen obligaciones éticas de trabajo.

2. PROTEGIENDO EL LIBRE ALBEDRÍO

Además de proteger nuestro tiempo, los defensores de la ética del diseño quieren que los innovadores tecnológicos y los consumidores sean más conscientes de cómo la tecnología puede limitar nuestra libertad de elección. Como aprendimos con los poderosos algoritmos de Stitch Fix, la elección, a veces limitada, puede ser inmensamente útil. Por otro lado, es importante que también seamos conscientes de que limitar nuestras elecciones puede restringir nuestra capacidad de elegir lo que preferimos.

Una de las voces creativas y contundentes que iluminan este tema es Joe Edelman, un ingeniero que construyó los algoritmos de la comunidad Couchsurfing, precursor de Airbnb. Hoy en día, Edelman es un activista tecnológico y filósofo en el Center for Livable Media con sede en Berlín. Su trabajo examina cómo la tecnología puede alcanzar diseños más éticos que ayuden a las personas a tomar las decisiones que realmente quieren tomar, en lugar de aquellas animadas económicamente por las empresas. En su artículo de 2014 «Choicemaking and the Interface» ['La toma de decisiones y la interfaz'], aboga por un enfoque radicalmente diferente en el diseño de los menús, que se han vuelto casi omnipresentes en los productos tecnológicos[47]. Edelman sostiene que deben ser diseñados para permitir una buena toma de decisiones, no solo por conveniencia. A medida que pasamos más y más tiempo mirando la pantalla, el papel de los menús es cada vez más importante en nuestras vidas; de hecho, tomamos gran parte de nuestras decisiones clave al escanear una lista de opciones. Mientras ingenieros y diseñadores creen nuestros productos, los menús nunca estarán completamente libres de intención. Como mínimo, dice Edelman, deben estar libres de prejuicios y manipulaciones. Pero va un paso más allá: lo ideal es que ayuden al usuario a vivir mejor, a optar por selecciones mejor alineadas con nuestros valores.

Edelman quiere que las interfaces ayuden a los usuarios a evitar decisiones de las que más tarde se arrepentirán, especialmente cuando podrían haber identificado una opción mejor si se hubieran tomado el tiempo y el esfuerzo para pensar en ello. Él lo llama «durable I-Wish-I-Had-Known regret» (DIR) o «remordimiento durable de "ojalá lo hubiera sabido"» y asegura que una mala colocación del menú de una pantalla desemboca en decisiones que generarán remordimientos. «Los menús», escribe, «no incluyen información sobre costes de tiempo, costes de dinero, los resultados esperados o probables, los resultados inesperados o probables, si hay opciones menos caras o mejores para resultados similares o si es probable que nuestras esperanzas cambien». En otras palabras, a nuestros productos de tecnología les falta el equivalente a la advertencia de salud en un paquete de cigarrillos o la etiqueta nutricional requerida por la FDA en todos los alimentos. Todavía puedes encender un cigarrillo o beberte ese *frappuccino* de 410 calorías en lugar del café negro de 80, pero tienes acceso a toda la información.

Para ilustrar su punto de vista, Edelman recurre a una escena famosa de una película escogida por los *nerds* de la tecnología. En *Matrix*, al protagonista, Neo, se le ofrece la posibilidad de elegir entre una píldora roja o una píldora azul, por lo que solo considera esas dos opciones. «Neo no piensa ni considera que tal vez quiera ir a correr o que más tarde quiera cenar langosta, solo si se lo puede permitir y su novia puede venir», dice Edelman. «No, Neo simplemente elige entre las opciones dadas»[48]. Y así nos ocurre a todos. Cuando nos ofrecen un conjunto de opciones, seleccionamos el elemento que preferimos de entre ellas, pero eso no significa necesariamente que sea lo que preferimos, sino que lo consideramos el máximo local, la mejor opción relativa, no la mejor opción absoluta. Para combatir esto, Tristan busca cada aplicación directamente en su teléfono. Este «filtro de conciencia»[49] le asegura intencionalidad en todo lo que hace. En la parte de atrás de su ordenador tiene un *post-it* que reza: «No abrir sin intención».

Dado que navegar a través de una interfaz es, en realidad, una fachada de opciones computacionales, nuestro compromiso con las interfaces es inherentemente limitado. Nos movemos eligiendo entre las opciones que algún diseñador técnico decidió que podrían ser relevantes, interesantes o importantes para nosotros, pero ¿cómo pueden saberlo? ¿El hecho de que las pruebas beta muestren retroalimentación positiva de los usuarios y las pruebas A/B señalen un aumento en la participación de los consumidores lo hace correcto? Hay un sinfín de preguntas que fundadores, diseñadores, desarrolladores e inversores podrían, y quizás deberían, plantearse, entre las que destaca cómo el diseño de los menús nos manipula subconscientemente.

Un caso típico es el menú de propinas para los taxistas que aparece en la pantalla de los taxis de Nueva York. Para los viajes de más de quince dólares, la Comisión de Taxi y Limusina (TLC) establece cantidades predeterminadas que se muestran en tres botones grandes en un menú de pantalla táctil: el 20, el 25 y el 30 %. Por supuesto, se puede introducir un número personalizado, pero la mayoría de los pasajeros observan las manchas de grasa de la pantalla y tocan lo menos posible, picoteando uno de esos tres botones, a menudo el central. Kareem Haggag de la Universidad de Chicago y Giovanni Paci de la Universidad de Columbia analizaron los datos de trece millones de viajes en taxi en Nueva York, observando el impacto que estos menús de propinas tienen en el comportamiento de los pasajeros[50] y encontraron que estos valores predeterminados aumentaron las propinas más de un 10 %, lo que, para el conductor promedio que gana 6000 dólares al año en propina, supone 600 adicionales solo por el menú[51]. Es una buena noticia para los taxistas, pero ¿realmente queremos dejar tanta propina?

Joe Edelman desea abordar el tema de estas manipulaciones sutiles, sean intencionadas o no, y quiere que las interfaces se diseñen teniendo en cuenta las preferencias personales. Para ilustrar este punto, rediseñó una hipotética pantalla de bloqueo para el iPhone que optimizaba la mañana de un usuario cualquiera, no una idea basada en usuarios genéricos que anulan la subjetividad de las personas reales[52]. La interfaz estaría diseñada para un individuo único, personalizada de acuerdo con sus preferencias individuales. Usemos como ejemplo un usuario hipotético llamado Susan. Para su pantalla de bloqueo personalizada, se le pide que describa su mañana ideal. Si Susan quiere despertarse, tomar un poco de aire fresco, hacer yoga, escribir en su diario y luego ir a trabajar, su diseño se optimizará para ello. En la versión de Edelman de la pantalla de bloqueo mañanera, no hay notificaciones con fecha y hora de conversaciones de Facebook en las que Susan está atrasada, correos electrónicos que debe leer o entretenimiento que no puede perderse, porque esas cosas no forman parte de su mañana ideal. En cambio, la pantalla de bloqueo le recuerda a qué hora es su primera reunión de trabajo y le permite saber si alguien quiere escribir o hacer yoga con ella hoy. Un *widget* en la parte inferior de la pantalla también permite que Susan elija entre una serie de adjetivos para describir su día ideal — ¿aventurero?, ¿silencioso?—, tras lo cual le muestra aquellos amigos y aplicaciones que la ayudarán a tener ese tipo de día. Sin presumir de saber cómo debe vivir su vida cada usuario, los diseñadores pueden ofrecer más opciones que este puede integrar en su vida.

Donald Norman comprendió lo poderosos que pueden ser los efectos de la tecnología, incluso de las características más pequeñas, que introducimos en nuestras vidas, así como en nuestra forma de pensar y comportarnos. Escribió: «Nuestros juicios sociales, nuestras habilidades e incluso nuestros pensamientos se ven afectados indeleblemente por la naturaleza de la tecnología que nos sostiene. Peor aún, el impacto es tan penetrante, tan sutil, que a menudo no somos conscientes de lo mucho que nuestras creencias se han visto afectadas por la naturaleza arbitraria de la tecnología [...]. Los tecnólogos tienden a crear lo que la tecnología hace posible sin tener plenamente en cuenta el impacto en la sociedad humana. Además, aunque son expertos en la mecánica de su tecnología, a menudo ignoran o desdeñan las preocupaciones sociales»[53].

Pongamos un ejemplo. Consideremos la tecnología que ha permitido desplazarse por un ordenador, que apareció por primera vez con el diseño de un ratón que dejaba que el usuario se moviera continuamente hacia el final de una página sin necesidad de levantar un dedo o pulsar una flecha[54]. Era maravillosamente conveniente. Cuando los diseñadores de Apple incorporaron esta tecnología al diseño de su iPod creando la rueda de desplazamiento, pudimos navegar por miles de canciones con un movimiento mínimo de nuestro pulgar. Este cambio de diseño inspiró la implementación generalizada de la función de desplazamiento en sitios web y aplicaciones, lo que facilitó la revisión compulsiva de nuestros correos electrónicos, fotos de Instagram y noticias de Facebook. Este es el efecto final: si no fuera tan fácil desplazarse por tantas fotos y comentarios, quizás no lo haríamos tanto. Probablemente pensamos que nosotros decidimos hacerlo, pero el diseño de la tecnología reduce fricciones tan específica y calculadamente que nos «empuja» a actuar de una cierta forma.

Por supuesto, el concepto de cambiar el comportamiento mediante intervenciones en el diseño no es nada nuevo. En 2008, Cass Sunstein, profesor de Derecho en Harvard, y Richard Thaler, profesor de Ciencias del Comportamiento y de Economía en la Universidad de Chicago, fueron coautores del exitoso libro titulado *Un pequeño empujón: el impulso que necesitas para tomar mejores decisiones sobre salud, dinero y felicidad*, basado en el trabajo del aclamado Premio Nobel de Economía y profesor de Psicología de Princeton Daniel Kahneman[55]. Ese «pequeño empujón» o *nudge*, como lo llaman Sunstein y Thaler, son retoques de diseño que pueden redirigir el comportamiento, exactamente el tipo de reorganización de la arquitectura de elección por la que Tristan Harris y Joe Edelman abogan. Entender la miríada de maneras en que la tecnología está influenciando nuestro comportamiento y aumentar la conciencia sobre esos efectos se ha convertido en un trabajo vital para los *fuzzies*. De hecho, como muestra del creciente interés de Google por las valiosas perspectivas *fuzzies*, la empresa trajo a Damon Horowitz, ahora profesor de Filosofía en la Universidad de Columbia, para que actuara como filósofo interno temporal de 2010 a 2013, ayudando a la empresa a considerar cómo hacer frente a los problemas relacionados con la privacidad de los usuarios.

Horowitz es un «constructor de puentes», pues trabaja en la combinación del conocimiento y las perspectivas *techies* con las *fuzzies*. Comenzó su carrera universitaria en la Universidad de Columbia, asistiendo a los famosos seminarios sobre libros destacados. Aunque se graduó en Filosofía, se sentía frustrado por la falta de progreso de la sociedad en muchos frentes. La inteligencia artificial parecía una panacea y una forma nueva de progreso, así que decidió cambiar de aires y obtuvo un máster técnico en el Media Lab del MIT. Los puentes construidos por la experiencia educativa de las artes liberales pueden animar a las personas a viajar en ambos sentidos, después de todo. Su artículo de 2011 en el *Chronicle of Higher Education* titulado «De tecnólogo a filósofo» hablaba de la embriaguez, de la emoción y del poder de ser programador: «Una vez has construido unos cuantos sistemas pequeños que realizan tareas inteligentes, como reconocer la caligrafía o resumir un artículo, crees que puedes crear un sistema que haga cualquier tarea». Según cuenta Horowitz, «llegué a tener un trabajo tecnológico de alta remuneración en el que realizaba inteligencia artificial de vanguardia y vivía una buena vida tecnotópica, pero había un problema: todo lo que realmente había hecho era crear un montón de juguetes inteligentes, juguetes que ciertamente no estaban a la altura de la tarea de ser nuestros sustitutos intelectuales»[56]. Fue entonces cuando decidió volver a sus raíces humanistas y obtener un doctorado en Filosofía, gracias al cual cambió drásticamente su enfoque sobre el desarrollo tecnológico.

«Cuando empecé mis estudios de posgrado», escribió, «no tenía ni idea de cómo las humanidades investigaban los temas que me interesaban y me di cuenta de lo limitada que era mi visión tecnóloga del pensamiento y el lenguaje [...]. No solo extraje ideas útiles sobre cómo construir mejores sistemas de IA, sino que mis estudios me abrieron una nueva perspectiva del mundo [...]. Me volví humanista. Y tener una sensibilidad más humanista me ha hecho mejor tecnólogo». Aplicó su nuevo conocimiento para introducir más elementos humanos en la tecnología de los motores de búsqueda, cofundando la empresa de motor social de búsqueda Aardvark, que permitía a los usuarios hacer preguntas y conectarse en tiempo real con otras personas inscritas con intereses o conocimientos particulares que se ajusten al alcance de la pregunta. Si se escribía «¿Qué bares debo visitar en Chicago?», Aardvark era más efectivo que Google, porque era inmediato y estaba basado en un chat integrado en Gmail. Esta innovación, junto con el equipo que la había construido, impresionaron tanto a Google que la multinacional compró la empresa por 50 millones de dólares en 2010[57].

Ahora, Horowitz insta a todos los *techies* a que vuelvan a la escuela y se licencien en humanidades, porque «los problemas tecnológicos a los que nos enfrentamos hoy, problemas de identidad, comunicación, privacidad y regulación, requieren una perspectiva humanista si queremos tratarlos adecuadamente [...]. Obtener un doctorado en humanidades es el camino más determinista que se puede encontrar para llegar a ser excepcional en la industria. Ya no son solo los ingenieros los que dominan el liderazgo tecnológico, porque los ordenadores ya no son tan misteriosos que solo los ingenieros pueden entender de lo que son capaces. La industria ha sufrido un cambio y ahora se dirige hacia el liderazgo del «pensamiento de producto», es decir, líderes que entienden los contextos sociales y culturales en los que se despliegan nuestras tecnologías».

Afortunadamente, él y otros innovadores tecnológicos que han añadido las ideas clave de las artes liberales a la tecnología están forjando el camino hacia el diseño de máquinas más éticas. Una de las áreas de progreso más emocionantes es la innovación de la «terapia digital», programas y dispositivos que ayudan a las personas a llevar una vida más sana y feliz.

3. MARCAR LA DIFERENCIA EN LA MEDICINA PREVENTIVA

Cuando Sean Duffy se graduó de la Universidad de Columbia en 2006, pensó que el mundo era binario[58], que podía amar y hacer solo una cosa, lo que siempre había querido: el cuidado de la salud. Sean se sentía atraído por la medicina porque quería, por muy cliché que sonara, «devolver felicidad al mundo». Como estudiante de grado, había participado en el plan de estudios básico obligatorio de Columbia, que incluía un estudio riguroso de literatura, civilización contemporánea, arte, música y fronteras de la ciencia. Allí, Sean descubrió la neurociencia y, fascinado, decidió hacer de ella su especialidad. Todavía deseaba el título de médico, pero, tras graduarse, se sintió atraído por la curiosidad intelectual y el embriagador pulso de Silicon Valley y decidió posponer la facultad de medicina; en su lugar, escuchó el canto de sirena y se inscribió en Google, donde consiguió un trabajo en el Departamento de Análisis de Personas.

Así, Duffy aprendió a combinar las diferentes perspectivas *fuzzy* y *techie*, y tanto su trabajo como su equipo le enseñaron el manejo de personas y psicología organizacional. Sin embargo, en un centro líder de innovación tecnológica, también adquirió un profundo conocimiento sobre cómo piensan los desarrolladores de *software*, vio la forma en que abordan los problemas y aprendió el vocabulario necesario para comunicarse bien con ellos, así como los conceptos tecnológicos en sí. «Aprendí lo que se puede hacer con una herramienta, aunque no supiera cómo construirla», recuerda Duffy.

A medida que desarrollaba una mejor comprensión de la tecnología y de un diseño enfocado a satisfacer las necesidades humanas, como se pretendía con tantos de los productos que se creaban en Google, comenzó a considerar la posibilidad de combinar su nueva apreciación por la tecnología con el interés de toda una vida por la medicina. Entonces, dejó Google en 2009 para obtener un título combinado de MD/MBA en Harvard. Pero esto no era más que el principio. Después de solo un año, abandonó y aceptó un trabajo en IDEO, la conocida firma de diseño de Silicon Valley, como especialista en diseño de salud. En esta segunda ocasión, una nueva compañía llamada Fitbit había cautivado a muchos; la colocación de un podómetro en la muñeca para contar cuántos pasos daba fue elogiada como el gran avance para reducir el sobrepeso y la obesidad en el mundo. Los periodistas técnicos pronosticaron el profundo impacto que dicha innovación tendría en la salud de las personas, pero Duffy no estaba tan seguro[59]. Reconoció que los datos por sí solos no cambiarían el compromiso de las personas de llevar una vida más saludable, sino que se necesitaba un toque más humano, por lo que comenzó a explorar las posibilidades de los productos digitales de salud con un colega de IDEO, Dennis Boyle, y llegaron a la conclusión de que era importante mirar más allá de sus muñecas para descubrir sus efectos de cara a enfermedades crónicas.

En este sentido, el Grupo de Investigación del Programa de Prevención de la Diabetes (DPP) había publicado un importante estudio sobre una intervención en el estilo de vida de los prediabéticos que afirmaba que la diabetes tipo 2, que afecta al 8 % de los adultos estadounidenses, se podía prevenir mediante intervenciones en el estilo de vida y la conducta, principalmente en la dieta y el ejercicio. Entre los que alcanzaron la meta de perder el 7 % de su peso corporal, la incidencia de diabetes se redujo un 58 %[60]. Entonces, Duffy se preguntó qué pasaría si aplicara sus conocimientos en neurociencia, su experiencia no técnica en Google en el manejo de personas y la comprensión conductual, sus estudios médicos y su pensamiento de diseño de IDEO de una manera singular que pudiera abordar este problema de la diabetes tipo 2. Puesto que también era un *fuzzy*, comprendió que necesitaba a los *techies* adecuados para abordar este problema, pero su capacidad para hacer las preguntas correctas fue un valor añadido sobre aquellos que cuentan con un solo enfoque.

Desde IDEO, Duffy comenzó a formar un equipo de ingenieros informáticos en San Francisco, a la vez que leía más sobre los procesos clínicos para la intervención y el cambio de comportamiento. Los ensayos clínicos del DPP se habían basado en consejeros humanos que entrenaban a los pacientes y se mantenían en estrecho contacto con ellos, pero, aunque esa intervención había funcionado, no era un método sostenible, pues sería poco práctico económicamente establecer asesoría intensiva para los millones de estadounidenses con riesgo de diabetes, pero sí podría desarrollarse una tecnología para llevar a cabo la terapia preservando el factor humano[61].

Sin embargo, para que las intervenciones diseñadas fueran efectivas, Duffy debía entender mejor los pensamientos y sentimientos de los pacientes, por lo que, en 2011, antes de que su equipo de tecnología escribiera una sola línea de código, Duffy, a sus veintisiete años, voló a la Georgia rural con su cofundador para visitar a pacientes con enfermedades prediabéticas diagnosticadas. El resultado fue terrorífico. «Las personas con quienes hablamos se sentían abandonadas, Después de descubrir que estaban en alto riesgo de una enfermedad mortal, les entregaban un folleto donde, en el mejor de los casos, se les pedía que cambiaran su estilo de vida y que perdieran peso», recuerda Duffy. Estos pacientes estaban solos, sin apoyo social ni orientación médica continua. Los médicos se lavaban las manos; era responsabilidad de los pacientes controlar su enfermedad, aunque muy pocos sabían cómo o tenían disciplina para cambiar. Irónicamente, en todo el estado, los Centros para el Control y la Prevención de Enfermedades, con sede en Atlanta, habían pedido ayuda, calificando las enfermedades crónicas, y no las infecciosas, como «el desafío de la salud pública del siglo xxi»[62].

Duffy decidió encontrar la forma de mantener las mismas intervenciones conductuales, las palancas de motivación y los elementos psicológicos de un programa presencial en uno virtual. Para ello, incluso estableció palancas conductuales que ayudaran a sus pacientes a mejorar sus condiciones de salud. Entonces, fundó Omada Health y comenzó a llamar al trabajo que la compañía haría «terapia digital», un método que proporcionaría a los participantes todo lo que necesitaran para hacer cambios positivos en su estilo de vida. La solución fue *fuzzy* y *techie* a la vez, pues estaba basada en la evidencia complementada con una aplicación social, un entrenador personal de salud y herramientas de seguimiento digital, como una báscula conectada a Internet que actualizaba el progreso. Duffy decidió cambiar el menú de opciones para los millones de pacientes en riesgo y asociarse con *techies* que crearan una práctica que podría mejorar fundamentalmente las vidas humanas.

Entonces, Duffy procedió a recaudar más de 80 millones de dólares en capital de riesgo para apoyar la construcción del producto y, después de cinco años de desarrollo, Omada Health cumple con su visión original. Su producto central tiene en cuenta los hábitos alimenticios y de ejercicio del paciente, sus tendencias sociales y emocionales y su disposición al cambio, que se mide mediante la cumplimentación de un cuestionario *online*. El programa de *software* de Omada evalúa la ubicación del paciente, el tipo de personalidad, la etapa de vida y otros factores que ayudan a colocarlo en un pequeño grupo de individuos afines y capaces de apoyarse unos a otros con un entrenador a la cabeza. Juntos, los miembros del grupo y el entrenador se impulsan unos a otros hacia el logro de sus objetivos, donde el común a todos ellos es perder el 7 % del peso corporal, la cantidad que el DPP consideró directamente relacionada con una reducción del 58 % en el riesgo de diabetes tipo 2. A lo largo de todo el proceso, todo el grupo está informado del progreso de cada miembro, lo que crea presión social de grupo, pero también una fuente de empatía y motivación. Los estudios de Omada muestran que el 80 % de las personas que ingresan al programa logran su objetivo. «Necesitas todos los ingredientes para hacer la receta», dice Duffy. «Nuestro programa se parece a una sinfonía»[63].

Cuando Duffy y su equipo comenzaron a construir Omada, los expertos de la comunidad médica indicaron que, si la compañía publicaba datos corroborantes sobre sus resultados, sería posible lograr que se incluyera como parte del seguro médico público. Cuando llegué a la oficina de Duffy en San Francisco en la primavera de 2016, caminó hacia mí con una sonrisa y una zancada que aseguraba noticias que no podía esperar para compartir. «Los Centros de Medicare y Medicaid acaban de aprobar el reembolso de la terapia digital. Somos el primer servicio ampliamente digital que se reembolsa bajo la Ley de Atención Asequible».

Duffy comparó este momento con el nacimiento de la anestesia quirúr- gica. Antes de la llegada de los anestésicos y de los analgésicos fuertes, los cirujanos estaban limitados. No era que fueran incapaces de hacer más, pero era demasiado arriesgado y la sociedad no estaba dispuesta a aceptar tanto riesgo. La anestesia amplió estas limitaciones a medida que los fármacos lograron hacer retroceder los umbrales de dolor. Asimismo, la terapia digital traspasará muchas fronteras, volviendo la medicina preventiva aún más efectiva.

Otros emprendedores se encuentran ahora en la cúspide de la terapia digital, y los mejores de ellos combinan el factor humano con el poder tecnológico. Steven Johnson, editor colaborador de la revista *Wired* y autor de varios libros sobre el futuro probable de la tecnología y sobre cómo esta afecta a nuestras vidas, escribió un artículo titulado «Recognising the True Potential of Technology to Change Behaviour» [Reconocer el verdadero potencial de la tecnología para cambiar el comportamiento] donde argumentaba: «De la misma manera que el motor de combustión interna y la bombilla nos permiten superar las débiles habilidades humanas de movimiento y percepción, la tecnología digital puede enfocarse a superar el poder de razonamiento, de autocontrol, de motivación, de autoconciencia y de agencia, que hacen que el cambio de comportamiento sea un proceso muy complejo»[64].

4. ¿TERAPIA DIGITAL PARA LAS MASAS?

Veamos ahora a dos emprendedores que también decidieron poner esto en práctica, combinando sus talentos en tecnología con su conocimiento en psicoterapia para ofrecer una nueva y poderosa forma de terapia privada, de bajo costo, que está ayudando a mover la aguja de la salud mental.

Roni y Oren Frank tienen la misión de inspirar a todos aquellos que sufren de dolor mental, muchos de los cuales optan por permanecer en silencio en lugar de buscar terapia. Por ello, fundaron Talkspace, una plataforma tecnológica de terapia que, por una pequeña cuota fija de treinta y dos dólares a la semana, permite el acceso ilimitado a un terapeuta licenciado, a través de mensajes de texto, audio y vídeo. Los Frank han trabajado para transformar la adicción que vive en nuestros bolsillos en líneas de vida para cualquiera que lo necesite y, menos de tres años después del lanzamiento de Talkspace, sus 1000 terapeutas certificados ofrecen servicios a medida a más de 300 000 usuarios[65].

Al principio de su vida laboral, Roni Frank era desarrolladora de *software*. Cuando ella y su esposo, Oren, fueron a terapia de pareja, la experiencia cambió su vida, pues no solo la ayudó a lidiar con sus desafíos emocionales, sino que hizo que deseara ser terapeuta[66]. Cruzó la brecha *fuzzy-techie* y se inscribió en máster en la Facultad de Psicoanálisis de la Universidad de Nueva York y, al graduarse, decidió combinar su nueva especialización con su experiencia previa para crear Talkspace tras enterarse de que 50 millones de estadounidenses son diagnosticados con enfermedades de salud mental cada año y, a pesar de ello, solo un tercio de ese grupo busca tratamiento.

Con frecuencia, las personas descartan la terapia tradicional, en parte debido a los precios prohibitivos, pero también debido al estigma que supone; aunque ha disminuido en las últimas décadas, sigue siendo un factor disuasorio en muchos círculos[67]. Roni sabía que podría volver la terapia más accesible, discreta y disponible digitalmente, proporcionando a los pacientes terapeutas certificados y de confianza de forma virtual, lo que reduciría los costes del tratamiento considerablemente. Mientras que la terapia tradicional puede costar más 150 dólares por hora, Talkspace cuesta menos de 130 dólares al mes[68]. Dado que la privacidad era otra preocupación disuasoria, Roni Frank confiaba en que su aplicación pudiera animar a más enfermos a que se presentaran y buscaran ayuda también.

El marido de Roni, Oren, era un tecnólogo que trabajaba en publicidad en el momento en que ella desarrolló su idea y se entusiasmó ante la perspectiva de cofundar una *start-up* centrada en aquel problema. Desde un pequeño apartamento del Upper West Side de Nueva York, los Frank tratan de dar un vuelco a la terapia y de ofrecerla de otra forma. Dado que el servicio es tan discreto y a tan bajo coste, esperan que aquellos particularmente reacios a buscar ayuda, como adolescentes preocupados por alarmar a sus padres o veteranos de guerra que se sienten avergonzados por su dificultad para lidiar con el trauma que han experimentado, se sientan inspirados para obtener la ayuda que necesitan. Este mercado, potencialmente grande, también incluirá fraternidades universitarias como Alpha Tau Omega (ATO)[69], que se está asociando con Talkspace para ofrecer terapia a sus 10 000 miembros en 140 sedes diferentes. «En una fraternidad, es raro que alguien hable», dice Austin Haines, presidente de la ATO de la Universidad de Florida. «Es muy probable que algunos sufran por su salud mental».

También por parte de los terapeutas ha resultado una iniciativa con gran impulso, y muchos se han unido para aprovechar un conjunto de herramientas de gestión de pacientes que se ofrecen a través de un portal donde pueden interactuar con una nueva clientela más diversa y una comunidad de profesionales de los que aprender. La idea clave del éxito de Talkspace no ha sido su tecnología, sino la comprensión de los Frank de la necesidad de un nuevo modelo terapéutico para pacientes y psicólogos. Más de 500 000 personas han probado Talkspace, y 1000 terapeutas de todo Estados Unidos trabajan ya en la plataforma. De hecho, existen organizaciones que han visto valor en ofrecer pequeñas píldoras terapéuticas como beneficio para empleados, estudiantes o exalumnos[70].

En un fresco día de otoño en Manhattan, fui a ver una innovadora instalación de marketing encargada por Talkspace, un ejemplo de lo que se llama «marketing experiencial», al Madison Square Park, junto al famoso edificio Flatiron. Al asomarme, pude ver un conjunto de cúpulas inflables de plástico transparente que contenían muebles de oficina, un escritorio y una butaca, un sofá y algunas plantas. Eran oficinas temporales para terapeutas, que se situaban bajo cúpulas de plástico transparente para enviar un mensaje: «No hay nada de qué avergonzarse». Cualquiera podía pasar a charlar con un terapeuta[71].

En otra instalación similar, los vendedores de Talkspace emplearon una hilera de espejos de broma, alineados en la acera al borde del parque[72]. Un espejo era cóncavo y reducía los rasgos a puntos pequeños y brillantes, mientras que otro era convexo y ampliaba los rasgos de los espectadores. Otros espejos se doblaban para contorsionar y distorsionar los rostros y las extremidades de las personas. Los carteles, colocados en la parte superior de cada espejo, mostraban frases como «Así es como Instagram me hace sentir». Al lado de los espejos había vallas publicitarias que mostraban una serie de *posts* reales de Instagram, como el de un hombre que sonreía frente a un edificio en llamas con la leyenda «The roof! The roof! The roof is on fire!»[73] ['¡El tejado! ¡El tejado! ¡El tejado está ardiendo!']. En la parte superior de los carteles, se escribieron mensajes para imitar el aviso de un cirujano general: «Advertencia: el uso excesivo de las redes sociales puede provocar falta de empatía hacia los demás» o «Advertencia: las redes sociales son muy adictivas y pueden provocar síntomas de abstinencia psicológica». La exposición era provocativa, con la intención de animar a los transeúntes a considerar su dependencia de la tecnología, el estatus y la imagen. Las pancartas y los espejos forzaban a reflexionar. En una mesa cercana, donde el personal de Talkspace proporcionaba información sobre la compañía, había un espejo plano, sin distorsiones, con un letrero que decía: «Así es como realmente eres (¡y eres increíble!)».

Ya en 1992, en su libro *Turn Signals Are the Facial Expressions of Automobiles* ['Los intermitentes son las expresiones faciales de los automóviles'], Donald Norman comentaba que la nueva tecnología fotográfica de los dispositivos de grabación de vídeo, en particular, impedía a la gente participar plenamente de sus experiencias cotidianas. «Siempre que viajo», escribió, «miro con asombro a aquellos sobrecargados de aparatos de grabación [...]. Hubo una época en la que la gente iba a divertirse, sin las cargas de la tecnología, con el recuerdo del evento retenido en sus propias mentes. Hoy, grabamos el evento, y el acto de grabar se convierte en el evento. Días después, revisamos lo ocurrido, vemos la cinta, la película o el vídeo, para ser testigos de lo que habríamos vivido si hubiéramos mirado. Luego, mostramos el evento a otros para que ellos también puedan experimentar lo que habríamos visto si hubiéramos mirado. Aunque no les interese. Gracias»[74].

Dado este secuestro de la atención y el sinfín de recompensas que se generan en esta era de maravillas tecnológicas, es evidente que necesitamos promover un diseño ético que requiere productos innovadores que nos comprometan a todos de forma significativa, más terapéutica y más comprometida con la mejora de la vida. Este trabajo es crucial para un equipo *fuzzy-techie*. No debemos olvidar que el diseño es una forma de contar historias, una traducción de un mundo analógico al universo digital. Los productos construidos desde el estudio de la naturaleza humana, informados por *fuzzies* y *techies*, cuentan las mejores historias.

6

MEJORAR LAS FORMAS DE APRENDIZAJE

Una de las mayores ironías del enfurecido debate sobre la predominancia de la enseñanza de las ciencias, la tecnología, la ingeniería y las matemáticas (STEM) es que muchos de los expertos en tecnología de Silicon Valley están enviando a sus hijos a escuelas «blandas», es decir, escuelas que enfatizan precisamente en las habilidades blandas o *soft skills* que una educación universitaria de humanidades busca fomentar, como la curiosidad intelectual y la confianza, la creatividad, la fuerte comunicación interpersonal, la empatía y el amor por el aprendizaje y la resolución de problemas[1].

En 2011, *The New York Times* publicó un artículo titulado «A Silicon Valley School That Doesn't Compute» ['Una escuela de Silicon Valley que no computa'], destacando cómo el director de tecnología de eBay, junto con empleados de Google, Apple, Yahoo y Hewlett-Packard, envían a sus hijos a la Escuela Waldorf de la Península de Los Altos, California, una de las 160 escuelas privadas de Estados Unidos que siguen el método de instrucción Waldorf[2]. También conocida como educación Steiner[3], por estar basada originalmente en la filosofía educativa de Rudolf Steiner, el apodo Waldorf deriva de 1919, cuando la Waldorf-Astoria Cigar Company en Stuttgart, Alemania, instituyó un programa para enseñar a los hijos de sus empleados. El método se centra en la actividad física y el aprendizaje creativo práctico, que incluye el juego durante los primeros años de la infancia, mientras que, en la escuela primaria, se hace hincapié en el desarrollo de las habilidades sociales y artísticas; y en la escuela secundaria se fomenta el pensamiento crítico, así como la comprensión y la empatía. Pero quizás lo más sorprendente, para una escuela en el corazón de Silicon Valley, es que en las aulas de esta escuela no hay pantallas.

Los ejecutivos de las empresas de tecnología que envían a sus hijos allí entienden que, como afirma el experto educativo Michael Horn, «las máquinas están automatizando muchas de estas tareas, por lo que contar con habilidades más blandas, reconocer el valor del factor humano y saber cómo complementar la tecnología es fundamental, y nuestro sistema educativo no está preparado para eso»[4]. El economista de Harvard David Deming ha realizado una investigación que proporciona un fuerte respaldo al valor del factor humano en el mercado laboral de hoy y en el futuro. En un documento titulado «The Growing Importance of Social Skills in the Labor Market» ['La creciente importancia de las habilidades sociales en el mercado laboral'], publicado en 2015, muestra que el mercado para los trabajos de ciencia, tecnología e ingeniería se ha ido contrayendo, mientras que el crecimiento más rápido en trabajos de alta cualificación se da en profesiones que requieren fuertes habilidades interpersonales, como la abogacía, la enfermería y la gestión empresarial[5]. Sin embargo, como señala Horn, el énfasis en las habilidades STEM ha ahogado la necesidad de construir mejores habilidades sociales. Con la implementación en Estados Unidos del plan de estudios básico común en la educación pública obligatoria, que pone un gran énfasis en la enseñanza y la medición de habilidades específicas, ha quedado reducido el tiempo dedicado a habilidades que trascienden ese núcleo rígido. Además, debido al peso de las pruebas estandarizadas, se ha vuelto más difícil defender el valor de la enseñanza de estas habilidades sociales, ya que no son fáciles de evaluar mediante este tipo de pruebas[6]. Silenciosamente, las habilidades «blandas» se han convertido en una «materia oscura», similar a la enorme cantidad de materia del universo que no puede ser medida por los astrónomos, a pesar de que saben que tiene un impacto profundo en la naturaleza del sistema solar[7].

Entonces, ¿cómo podemos fomentar las habilidades sociales, la confianza creativa, el amor por el aprendizaje y la curiosidad en nuestros hijos, a la vez que los equipamos con el conocimiento tecnológico y de disciplinas STEM?, ¿cómo podemos proporcionarles las habilidades correctas, las «cosas correctas», es decir, cualidades como carácter, liderazgo y confianza?[8], ¿cómo podemos lograr un equilibrio educativo *fuzzy-techie* que suponga mejores oportunidades de éxito?

La buena noticia es que el reciente auge de la innovación educativa está produciendo numerosos enfoques y herramientas prometedoras que se centran, en gran parte, en combinar herramientas tecnológicas con el aprendizaje humano. De hecho, existe mucha presión sobre las nuevas empresas de tecnología educativa; desde 2010, los capitalistas de riesgo han invertido más de 2300 millones de dólares en aquellas que tratan de abordar este asunto[9]. En resumen, se están haciendo grandes progresos que van más allá de enfoques anticuados y, en gran medida, ineficaces.

1. ENCONTRAR EL EQUILIBRIO ADECUADO EN LA ENSEÑANZA

El esfuerzo por integrar herramientas tecnológicas en la educación se remonta a varias décadas atrás, aunque con resultados en su mayoría decepcionantes. Los programas de educación a distancia, por ejemplo, que ofrecen clases virtuales, han sido objeto de mucha controversia, y los críticos afirman que la falta de presencialidad socava la calidad de la enseñanza. Por ejemplo, los resultados de los estudiantes de Electronic Classroom of Tomorrow (ECOT), una escuela virtual financiada con fondos públicos que opera en Columbus, Ohio, son preocupantes. La escuela, que asiste a más de 17 000 estudiantes en todo el estado, se jacta de graduar a más alumnos que muchas otras universidades de Estados Unidos, pero, si investigamos más de cerca, sus números son —en el lenguaje de Silicon Valley— «métricas de vanidad», es decir, resultados aparentemente impresionantes que no son verdaderos indicadores de éxito[10]. En un artículo de 2016 titulado «Online School Enriches Affiliated Companies If Not Its Students» ['La escuela en línea enriquece a las empresas afiliadas si no a sus estudiantes'], *The New York Times* señaló que, según datos federales sobre ECOT, por cada cien estudiantes que se gradúan[11] ochenta abandonan la escuela.

Los estudiantes a los que va dirigido el programa suelen tener necesidades especiales, como problemas médicos o un historial de problemas de comportamiento en la escuela. Además, la falta de supervisión individual en el aula y de compromiso personal con los maestros parece exacerbar el problema de la deserción escolar, un problema que no se limita a esta escuela; de hecho, las tasas de deserción escolar de otras escuelas *online* también son mucho más altas que el promedio nacional. Mientras que la media nacional de graduación de la escuela secundaria es del 82 %, un informe de America's Promise Alliance, un consorcio de organizaciones en defensa de la educación, revela que esta tasa ronda el 40 % en las escuelas *online*, menos de la mitad que en escuelas físicas[12]. En 2014, la ECOT graduó a menos del 39 % de sus alumnos en último grado. *The New York Times* llegó incluso a decir que «las escuelas en línea financiadas con fondos públicos como ECOT se han convertido en las nuevas fábricas de deserción escolar».

Más prometedora es la explosión de herramientas de autoaprendizaje *online* de los últimos años, sobre todo los cursos impartidos por la Khan Academy, una organización sin ánimo de lucro, y los MOOC, cursos ofertados por universidades tradicionales, incluidas muchas de la Ivy League, y por empresas privadas, como Coursera y Udacity. Salman Khan, el fundador de la Khan Academy, identificó la necesidad de tutoriales para aumentar el aprendizaje de los estudiantes en la escuela cuando comenzó a ayudar a su prima con sus tareas de matemáticas[13], por lo que creó cientos de vídeos cortos que dividieron las lecciones en instrucciones extremadamente fáciles de seguir, tras lo cual la biblioteca de tutoriales de la academia creció hasta cubrir todo el currículo escolar, además de ofrecer ejercicios prácticos y herramientas para los maestros.

En el nivel universitario, los MOOC están ahora disponibles en un amplio espectro de educación universitaria y muchos de ellos son impartidos por expertos líderes en sus campos. Estos servicios ponen a disposición del público general instrucción de alta calidad, sin costo alguno o a un costo muy reducido; sin duda, es una iniciativa admirable. Pero la realidad es que este tipo de educación autónoma *online* también tiene límites; las tasas de finalización de la mayoría de los MOOC son, de hecho, bastante bajas. La conclusión es que estas herramientas son añadidos maravillosos

para una educación tradicional presencial, pero no deben ser consideradas un reemplazo definitivo.

Los investigadores educativos, que buscan nuevos enfoques, han estado
explorando la manera de combinar las asombrosas herramientas tecnológicas —su alcance, su capacidad para procesar grandes cantidades
de información a la velocidad del rayo y su potencial para la creación de
formas innovadoras de formación interactiva— con el factor humano del
compromiso personal, tanto con los maestros como con otros estudiantes.
Una de esas personas que lidera el camino es Esther Wojcicki, una *fuzzy*
y profesora de periodismo en el Instituto de Palo Alto, conocido como
Paly, que durante décadas ha defendido el *blended learning* o aprendizaje
combinado, un enfoque que aprovecha el poder de la tecnología[14].

2. INNOVAR PARA MEJORAR EL APRENDIZAJE COMBINADO

Cada experto define el aprendizaje combinado a su manera, pero, en
esencia, implica la incorporación de herramientas tecnológicas en una
enseñanza práctica, en gran medida autodirigida y basada en proyectos.
Un informe de mayo de 2011 del Instituto Innosight identificó cuarenta
organizaciones diferentes que apoyan cuarenta y ocho modelos de aprendizaje combinado[15]. Algunos prescriben principalmente el aprendizaje
en el aula, con un profesor dando clases y dosis relativamente pequeñas
de aprendizaje autodirigido en computadoras, pero, en el otro extremo
del espectro, todos los cursos son virtuales y el profesor se convierte en
entrenador o tutor, vagando por el aula para observar, responder preguntas y aconsejar, mientras los estudiantes trabajan en proyectos durante
la clase. Algunas escuelas utilizan la tecnología en el aula para persona-
lizar la instrucción, lo que significa que los estudiantes se mueven por el
material del curso a su propio ritmo, pero otras usan la tecnología para
añadir horas de escolarización fuera de sus paredes. En general, se dice
que los estudiantes piensan que el aprendizaje combinado es un estilo de
instrucción más atractivo que el modelo tradicional basado en la lectura.

Desde 1984, Esther Wojcicki ha enseñado en el Instituto de Palo Alto, una escuela secundaria pública en la que ha sido pionera en el campo de la enseñanza combinada. Ahí, es una institución y se la conoce cariñosamente como Woj, la maestra favorita de muchos estudiantes tanto del pasado como del presente. También es madre de tres mujeres de alto perfil en Silicon Valley: Janet, profesora de Pediatría en la Facultad de Medicina de la UCSF; Susan, directora ejecutiva de YouTube; y Anne, fundadora de la empresa de pruebas genómicas 23andMe, casada con el cofundador de Google Sergey Brin[16]. Google fue creado en el garaje de su hija, por lo que Woj ha tenido línea directa a la vanguardia de la innovación.

Woj estudió Literatura Inglesa en la Universidad de California en Berkeley y también estudió Historia de Francia en la Sorbona, pero no es una ludita. De hecho, fue una de las primeras en llevar ordenadores al aula. Estaba tan entusiasmada con su primer encuentro con un Macintosh en 1987 que inmediatamente solicitó una beca y consiguió fondos para que sus estudiantes los usaran. Nunca ha dejado de explorar formas de mejorar su enseñanza con la tecnología. Recientemente, ayudó a dirigir la Google Teacher Academy, que organiza seminarios gratuitos para profesores de todo el mundo en los que se les presentan herramientas tecnológicas para su uso en la enseñanza y los últimos métodos que se están desarrollando[17]. También es coautora del libro *Moonshots in Education: Blended Learning in the Classroom* ['Progresos educativos: el aprendizaje integrado en el aula'], que ofrece una gran cantidad de consejos e inspiración a los educadores sobre el potencial de este enfoque[18]. En reconocimiento a su influencia, la Escuela de Diseño de Rhode Island le otorgó un título honorífico en 2016. Por mi parte, he tenido la suerte de conocerla durante casi veinte años, desde que me uní al equipo fundador de *Verde*, una revista que ayudé a lanzar y editar siendo alumno suyo en el Instituto de Palo Alto, y puedo decir que estar en su clase fue realmente memorable. Desde el primer día, Woj puso en práctica su filosofía de aprendizaje combinado e inmediatamente nos hizo votar para repartirnos los papeles en la publicación de *Verde*, tras lo cual algunos nos convertimos en editores y otros en diseñadores, utilizando los entonces novedosos programas Adobe PageMaker y Photoshop. Incluso vendimos publicidad: cobramos 800 dólares a la *start-up* Google —debimos haber pedido existencias— por la contraportada cuando la empresa aún funcionaba desde el garaje de la hija de Woj. Entonces, Woj nos entregó el calendario de producción y nos deseó buena suerte. En este sentido, bromea diciendo que el aprendizaje combinado es la forma más perezosa de enseñar, porque, como profesor, se delega todo en los alumnos.

Sin embargo, como hizo Woj con nosotros, el profesor observa cuidadosamente a los estudiantes mientras trabajan en sus proyectos, siempre a su disposición para ofrecerles ideas y dirigirlos. Sin embargo, es vital que los maestros renuncien al control estricto del estilo tradicional de enseñanza en el aula para que los estudiantes no estén sujetos a una jerarquía de mando y control, sino que aprendan a autogestionarse de forma independiente y a interactuar con sus compañeros, ayudándose, pidiéndose ayuda unos a otros y colaborando en proyectos, algo tan importante en la vida laboral.

En 2009, Woj y su equipo decidieron pedir una beca de educación técnica profesional del estado de California para crear el New Media Arts Center, un espacio de innovación de vanguardia para el instituto, donde los estudiantes, en su mayoría autodirigidos, producen programas de radio y televisión en vivo, periódicos ricos en contenido y múltiples revistas. Entre las figuras públicas de alto perfil que asistieron a su inauguración en 2014 se encontraban los fundadores de Google, Larry Page y Sergey Brin, la fundadora de *The Huffington Post*, Arianna Huffington, y el actor James Franco, un exalumno del programa que incluso ha pintado murales alrededor del edificio. Cuando visité el centro de arte me recordó a la sede central de Bloomberg TV de Nueva York; era una colmena de actividad comparable. El iluminado atrio estaba lleno de *snacks*, pero ningún alumno estaba parado, sino que zumbaban de un lado a otro, unos trabajando en las noticias diarias y otros monitoreando en vivo las grabaciones de los estudios insonorizados.

El atrio está diseñado para albergar eventos públicos, como conferencias, y ese mismo día se presentó en el escenario un fundador en ciernes, que después recibió financiación de Benchmark Capital, la empresa de capital de riesgo que invirtió en Stitch Fix y Uber. Estaba presentando la arquitectura tecnológica de su empresa, hablando con el Club de

Desarrolladores de Android. El centro no solo simula un periodismo tecnológico de vanguardia, con citas de neoyorquinos grabadas indeleblemente en los azulejos de los baños y bancos construidos con elegancia con computadoras retiradas de Apple, como las que usábamos cuando yo era editor, sino que es realmente un centro digital y un lugar de intercambio interpersonal y de comunidad. Como dijo Jack Brock, el editor de *Verde*: «Hay mucha inversión en los campos STEM porque es Silicon Valley [...]. Paly invierte en las artes»[19]. De hecho, al lado del New Media Arts Center hay un centro de artes escénicas valorado en 29 millones de dólares.

Durante el almuerzo, Woj explicó que el aprendizaje combinado fomenta la confianza creativa y la resolución de problemas complejos en los estudiantes. La filosofía de aprender haciendo permite a los estudiantes no solo enfrentarse a los proyectos, sino también fracasar, mostrando que el fracaso es inevitable y que la perseverancia es vital para el éxito, enseñando que el aprendizaje y el logro no solo consisten en memorizar información y recitarla en los exámenes. Además, anima a los estudiantes a ser creativos y a elaborar sus propias soluciones, en lugar de esperar que se les den las respuestas.

En los últimos años, un puñado de estudios han demostrado que los estudiantes han logrado avances impresionantes con la ayuda de herramientas y técnicas de aprendizaje combinado. En 2010, SRI International llevó a cabo un estudio sobre aprendizaje combinado titulado «Evaluation of Evidence-Based Practices in Online Learning» ['Evaluación de prácticas probadas en aprendizaje virtual'] para el Departamento de Educación de Estados Unidos, donde analizó los estudios de aprendizaje combinado de 1996 a 2008 y encontró que los estudiantes formados en este tipo de entornos solían superar a aquellos de clases presenciales, así como a aquellos de clases en línea. En resumen, los estudiantes provenientes de entornos mixtos superaban los extremos totalmente *techies* o *fuzzies*[20].

Una serie de estudios de caso publicados en septiembre de 2015 por el Evergreen Education Group y el Instituto Clayton Christensen para la Innovación Disruptiva también mostraron grandes avances en algunos distritos escolares que han adoptado modelos de aprendizaje mixto. En

Middletown, Nueva York, los estudiantes en aulas de aprendizaje combinado rotaban por estaciones para matemáticas, lectura y otras materias, a veces trabajando en ordenadores y, otras veces, con un maestro o un grupo pequeño. Esos estudiantes obtuvieron una puntuación un 18 % más alta en lectura y un 7 % más alta en matemáticas en los exámenes estatales. En Spokane, Washington, aumentó la tasa de graduación del 60 % en 2007 al 83 % en 2014, después de instituir planes de estudio de aprendizaje combinado en múltiples programas[21].

En abril de 2016, la Iniciativa de Política de Educación en Línea del MIT publicó un informe titulado «La educación en línea: un catalizador para las reformas de la educación superior», que examina dónde encaja la educación *online* en la educación superior. Creado en 2013 para centrarse en una propuesta radical de aprendizaje combinado del MIT que incluía los cursos de primer y último año casi exclusivamente en línea, el grupo de trabajo recomendó que las escuelas se centraran en las personas y los procesos, no en la tecnología. Concretamente, afirmaba que «el aprendizaje en línea no sustituirá a los profesores, de la misma manera que el piloto automático no ha sustituido a los pilotos de avión. Asimismo, igual que un piloto automático permite que su contraparte humana opere la aeronave de manera más efectiva, a través de un andamiaje digital dinámico, un profesor humano puede marcar la diferencia con un gran número de estudiantes y lograr los objetivos generales de aprendizaje de la clase. Con la ayuda de la tecnología, los profesores pueden reorientar sus esfuerzos hacia los aspectos del aprendizaje que las herramientas *online* no pueden proporcionar, incluyendo el *coaching* y el fomento de la reflexión y el pensamiento creativo»[22].

Legiones de educadores están trabajando para mejorar la práctica del aprendizaje combinado. Entre otros casos, Esther Wojcicki ayudó a organizar la Moonshot Summit, patrocinada por Google, con el fin de mostrar sus innovaciones y estimular el intercambio de ideas y resultados; la cumbre generó una ávida comunidad repleta de recomendaciones sobre aplicaciones educativas y otras herramientas y enfoques[23]. Aunque están ocurriendo muchas cosas, no podemos extendernos demasiado, pero me siento obligado a compartir algunos ejemplos de pioneros que han logrado resultados verdaderamente emocionantes.

3. INSPIRAR UN APRENDIZAJE AUTODIRIGIDO: *ESCAPE ROOM* O SALAS DE ESCAPE

James Sanders ha tenido varios momentos de lucidez en su vida. El más reciente se produjo mientras jugaba a un juego de escape en Edmonton, Canadá[24], donde debía resolver una serie de problemas, mediante pistas y rompecabezas, para escapar de una habitación física dentro de un marco de tiempo específico. Similar a los juegos de misterio, como el Cluedo, los juegos de escape imitan la vida real. Para los aficionados a los videojuegos, son juegos de rol analógicos. Para los aficionados al teatro, teatro inmersivo, similar a instalaciones como Sleep No More, una adaptación de *Macbeth* de Shakespeare interpretada por el grupo de teatro Punchdrunk de Londres y que cobra vida en una mansión de varios pisos en Manhattan. Sin embargo, James Sanders estaba en Canadá para asistir a la Cumbre de Educación de Google con un grupo de estudiantes de secundaria y algunos profesores, por lo que decidieron que un juego de escape sería una manera divertida de pasar la tarde, aunque le sorprendió que los estudiantes eligieran voluntariamente jugar a un juego que exigía un pensamiento crítico intensivo. Detectó en ellos un compromiso y entusiasmo que podía ser mágico en el aula.

Sanders, un clásico estudiante universitario de humanidades, se graduó en Estudios Sociales e Historia por la Universidad de Western Washington, donde desarrolló un fuerte interés por la educación y se involucró en la renovación de los requisitos educativos de la escuela, para encontrar una forma de que la universidad aprovechara mejor las herramientas tecnológicas. Al graduarse, consiguió un codiciado puesto en el programa Teach for America, luego aceptó un trabajo de enseñanza en el sur de Los Ángeles, obtuvo un máster en Educación en la Universidad Loyola Marymount y se convirtió en profesor de Inglés y Estudios Sociales de sexto grado en la Escuela Intermedia Carnegie en Carson, California, donde vio que sus estudiantes no tenían mucho acceso a las nuevas herramientas de aprendizaje, pero no se desanimó. En 2009, decidió impartir su clase *online* y fue el primer profesor en Estados Unidos que no utilizó papel, haciendo que sus estudiantes trabajaran a través de Google Chromebooks y, por su calidad de pionero, obtuvo los dispositivos directamente de Google. A sus estudiantes les encantó, y en Google quedaron tan impresionados que le invitaron a unirse a tiempo parcial como asesor para el desarrollo de la estrategia de marketing del Chromebook[25].

Sanders se sumergió aún más en la educación tecnológica cuando decidió unirse a YouTube, donde trabajó como gerente de proyectos de todas las iniciativas educativas y creó YouTube for Teachers y YouTube for Education. «Cuando me uní a YouTube», recuerda, «era una plataforma de vídeos de gatos, no de vídeos educativos». Aunque le encantaba aquel trabajo, conoció a Esther Wojcicki en 2012 y ambos decidieron crear una herramienta tecnológica educativa que consistía en una identificación digital personalizable que los profesores podían usar para recompensar a sus alumnos por el dominio de una asignatura determinada, algo similar a una medalla de los *boy scouts*. De esta forma, crearon puntos de referencia digitales para el logro académico de los estudiantes e introdujeron la mecánica de los juegos en línea en las aulas. Las insignias digitales constituían un producto conductual tecnológico, pero estaban basadas en la mecánica de juego, una herramienta que incentiva el compromiso a través de niveles o de puntos. Asimismo, cofundaron una empresa llamada ClassBadges, que proporcionaba estos servicios gratuitos de identificación digital para profesores y, dos años más tarde, vendieron la empresa a una plataforma educativa llamada EdStart.

Fue una victoria rápida, pero el espíritu innovador de Sanders prevaleció. Después de la venta a EdStart, decidió aceptar un empleo como empresario en KIPP Bay Area Schools, donde colaboró con Salman Khan para acercar los vídeos de la Khan Academy a las aulas. De ahí, Sanders se convirtió en un miembro presidencial de innovación para la Casa Blanca, donde ayudó a desarrollar ConnectED, un plan cuyo objetivo era que el 99 % de las escuelas tuvieran wifi en 2018[26].

Su última innovación, inspirada por aquella noche en Edmonton, es Breakout EDU, un set de herramientas para involucrar a los estudiantes en ejercicios de pensamiento crítico donde se les pide que descubran cómo abrir una caja. Aunque su idea original era trasladar los juegos de escape a dinámicas que encerraran a los estudiantes en el aula, recuerda que, cuando empezaron a explorar esta posibilidad, «comprendimos rápidamente que podría ser ilegal encerrar a los niños en un aula». Entonces, convirtió su idea en un juego que daba pistas y otros elementos para que los alumnos averiguaran cómo abrir una caja, para lo cual se encontrarían con todo tipo de rompecabezas colaborativos.

En el verano de 2015, James fue a Target a comprar una gran caja de plástico y gastó cientos de dólares en diferentes tipos de cerraduras en línea. Experimentó cada fin de semana durante tres meses con combinaciones de diferentes artículos y desafíos, hasta que logró dar con un kit que se componía de una pequeña caja de seguridad, seis cerraduras, una luz negra, un bolígrafo de tinta invisible, una luz ultravioleta, una unidad USB y dos tarjetas de pistas.

Además, una maestra de la Escuela Primaria Gravelly Hill en Efland, Carolina del Norte, creó un juego Breakout de poesía donde los estudiantes debían fingir ser Langston Hughes en Harlem en mayo de 1936. Reciben un telegrama urgente de que la revista *Esquire* está a punto de publicar su poema «Let America Be America Again» sin darles crédito alguno[27], por lo que deben llamar al editor para remediar la situación, pero la revista se imprimirá en cuarenta y cinco minutos. Los estudiantes deben resolver una serie de rompecabezas relacionados con Langston Hughes y su poesía para descifrar códigos, abrir las cerraduras y, en última instancia, sacar el número de teléfono de *Esquire* de la caja fuerte. Si fracasan, no se les reconocerá como autores de una de sus más grandes obras de poesía. Aunque las primeras cajas Breakout eran de madera, decididamente sin tecnología, el estilo de aprendizaje se combina, ya que los estudiantes resuelven desafíos físicos, colaboran en equipo y usan Internet para encontrar respuestas.

Apenas un año después de su lanzamiento, la empresa vendía miles de kits al mes y los profesores inventaban una gran cantidad de juegos nuevos; el 98 % de los que aparecen en el sitio web de la empresa fueron diseñados por profesores, no por empleados. Todos los juegos se resuelven con el mismo kit básico, pero las formas en que pueden reensamblarse son infinitas y el nivel varía desde infantil hasta avanzado; por ejemplo, en estudios avanzados o en ciencias ambientales. En uno diseñado para la programación web, los estudiantes deben dar con el código correcto para revelar un QR que los llevará a un sitio web oculto. A partir de ahí, resuelven una serie de rompecabezas de lógica que les ayudan a abrir cerraduras físicas[28].

Mitchel Resnick, profesor de investigación sobre el aprendizaje y director del grupo Lifelong Kindergarten del MIT Media Lab, ha comparado estas nuevas herramientas tecnológicas con los «regalos de Froebel», que le deben su nombre al inventor alemán de la guardería o *kindergarten*, Friedrich Froebel[29], quien creó materiales, como bloques o pelotas de madera y bolas de hilo con una cuerda, con los que sus alumnos aprendían jugando. Así, los kits Breakout de Sanders son materiales que facilitan el aprendizaje colaborativo y la alegría de resolver problemas en niños mayores, animándolos a tomarse con calma los fracasos y las frustraciones que encuentran al resolver los rompecabezas y motivándolos a estirar sus mentes para ser creativos y descubrir soluciones, en lugar de limitarse a buscar respuestas. Mientras que el fracaso en un conjunto de problemas puede generar frustración, en un juego es simplemente parte del desafío de ganar.

4. INVOLUCRAR A LOS ESTUDIANTES EN SU APRENDIZAJE

Otro investigador que está empujando los límites de las plataformas, reinventándolas desde una perspectiva humanista que anima a que los niños participen en su propio aprendizaje es Sugata Mitra, profesor de Tecnología Educativa en la Universidad de Newcastle. Sus poco ortodoxos experimentos en los barrios bajos de Nueva Delhi cautivaron a personas de todo el mundo e incluso inspiraron la película *Slumdog Millionaire*[30]. En 1999, Mitra hizo un agujero en la pared de su oficina, en un barrio pobre de Nueva Delhi, y colocó un ordenador en su interior. Los niños acudían en masa y, en cuestión de horas, aprendían a navegar sin que los adultos les enseñaran: veían vídeos, aprendían suficiente inglés como para enviar correos y leían artículos en línea.

Mitra procedió a realizar una serie de experimentos de «agujero en la muralla», lo que los niños utilizaban para aprender matemáticas y ciencias. Estaba superando el modelo de aprendizaje mixto en el que el profesor actúa como entrenador y desarrolla métodos en los que no participa ningún profesor. Para él, los elementos clave del aprendizaje eran internet y los compañeros, por lo que quería reinventar radicalmente la formación escolar, asegurando que forzar a los humanos a memorizar hechos es anticuado en la era de Internet, como corroboran algunos estudiosos, entre los que se encuentra Mitchel Resnick, que afirma que, si todas las preguntas tienen respuestas claras y correctas, los profesores son menos necesarios[31]. En lugar de enseñarles a los niños un montón de hechos, es mejor enseñarles a ser pensadores creativos y buenos comunicadores; para él, lo que importará en la era digital es la capacidad de hacer preguntas, de pensar críticamente y de utilizar herramientas para resolver problemas.

En 2013, recibió el Premio TED junto con un millón de dólares para poner en práctica sus ideas, con lo que creó laboratorios de aprendizaje para conectar a los niños con la información a través de entornos de aprendizaje autoorganizados o SOLE, por sus siglas en inglés, y desarrolló una plataforma en línea para sostener estos entornos, que llama «escuelas en la nube». La primera se abrió en una escuela secundaria tradicional en Killingsworth, Inglaterra, en diciembre de 2013[32].

En el enfoque de Mitra, los niños reciben una pregunta compleja diseñada para estimular conversaciones reflexivas y se les da un período de tiempo para investigarla. Las preguntas son abiertas y no tienen respuestas obvias o correctas; por ejemplo: «¿qué le pasaría a la Tierra si todos los insectos desaparecieran?». El objetivo de proporcionar a los estudiantes una pregunta imponderable o una pregunta para la que hay muchas respuestas es enseñarles que el mundo no es blanco y negro; no se trata de memorizar hechos, sino de aprender a lidiar con desafíos que no son tangibles. Este tipo de preguntas muestran enfoques de investigación y consuelan en la ambigüedad.

Además, el sistema enseña sobre los diversos tipos de fuentes y sobre cómo navegar entre ellas. ¿Todas las fuentes se crean igual? ¿O algunas requieren de mayor rigor, mayor precisión o responsabilidad? De hecho, estas son las mismas preguntas que todos debemos hacernos cuando abrimos el periódico o encendemos la televisión. Los estudiantes se dividen en grupos pequeños, cada uno armado con una computadora, y utilizan cualquier herramienta que crean conveniente —Google, Wikipedia, YouTube— para intentar responder a la pregunta que se les ha presentado. Se les anima a que comprueben lo que están haciendo otros grupos e incluso a que compartan sus respuestas con ellos. En este paradigma, la colaboración no es trampa, sino una manera efectiva de compartir ideas y de resolver problemas. El espíritu competitivo impulsa el aprendizaje.

Este modelo también se puede adaptar para incluir a los maestros, aunque es importante que no se impliquen en la situación, sino que esperen a que los estudiantes pidan su opinión. El papel del profesor no consiste tanto en transmitir conocimientos como en ser el principal oyente y mentor. A los niños les gusta mostrar y contar a los adultos lo que han aprendido, algo en lo que no todos los padres están bien educados. Los maestros o, en el caso de Mitra, la aplicación de su modelo a otros adultos, pueden desempeñar un papel importante en el fortalecimiento del sentido de logro de los niños. Por esta razón, Mitra emplea lo que él llama su «método de la abuela», en el que unos setenta y cinco adultos actúan como mentores y cajas de resonancia para los niños, todo ello a través de Skype[33].

Al preparar a nuestros hijos para la vida laboral, para trabajos que aún no existen y para los que no se puede entrenar, Mitra cree que lo mejor es enseñarles a resolver problemas. «El saber», como él dice, «se está quedando obsoleto»[34]. Ofrecerles preguntas abiertas les enseña cómo operar con ambigüedad, cómo compartimentar un problema y cómo manipular diferentes herramientas para lograr diferentes objetivos. También los anima a comprometerse en una investigación profunda, en la que es tan importante aprender el proceso de adquisición de información como el conocimiento específico adquirido.

El método de Mitra puede parecer extremo y, de hecho, ha suscitado críticas por el hecho de dejar a los niños tan solos en el proceso de aprendizaje. Michał Paradowski, profesor de Lingüística Aplicada en la Universidad de Varsovia, Polonia, desafió la sabiduría de este modelo en un artículo titulado «Aulas en la nube o castillos en el aire», argumentando que «necesitamos mostrarles al menos algunos de los caminos posibles y abrirles las puertas, para que puedan mirar más allá de sus preocupaciones inmediatas»[35]. Pero el Premio TED de Mitra puso de relieve sus experimentos, y algunos profesores los han probado de formas que no dejan totalmente fuera de la ecuación a los educadores. De acuerdo con esta línea de pensamiento, el papel del profesor debe ser el de proponer buenas preguntas y ayudar a los estudiantes a aprender a utilizar las herramientas tecnológicas que necesitan para encontrar respuestas. El objetivo es emparejar las humanidades con la tecnología de una manera óptima, enseñando a los humanos a hacer mejores preguntas y ayudándoles a intentar que las máquinas proporcionen mejores soluciones.

Un ejemplo de adaptación del método de Mitra es Dora Bechtel, quien se lo ha presentado a sus estudiantes de segundo grado de la Campus International School, que está alojada en la Universidad Estatal de Cleveland, Ohio. Similar a Mitra, les hace a sus estudiantes una «pregunta desordenada», es decir, que no tiene una respuesta correcta[36]. En una unidad sobre las ciudades, diseñó un SOLE en torno a la pregunta «¿Por qué cambian las ciudades?». Diseñar un SOLE requiere no solo dar con una pregunta amplia y ponderable sin una respuesta simple, sino que también implica un pensamiento crítico por parte del profesor. A Bechtel le preocupaba que la pregunta pudiera frustrar a sus alumnos, pero, cuando los emparejó, usaron vídeos para aprender conceptos difíciles de entender y, cuando encontraban texto que les resultaba difícil, buscaban aplicaciones que se lo leyeran. Después de que un niño de segundo grado le preguntara «¿Podríamos oír si nuestros oídos fueran cuadrados?», ideó una clase sobre el oído y los sonidos. Cualquier pregunta puede servir para explorar el conocimiento utilizando las herramientas digitales.

La MC2 STEM High School en Cleveland, Ohio, también adoptó este Sistema e inauguró un proyecto final en noveno grado, llamado Cohetes y Robots, para el cual los estudiantes tienen la tarea de construir uno de cada. Además, se les instruye para que respondan a la pregunta: «Solo porque podamos crear tecnología, ¿debemos hacerlo?». Se trata de una aplicación muy fructífera de la tecnología que inspira, a su vez, un compromiso con las artes liberales y las habilidades sociales que los niños necesitarán en la vida laboral[37].

5. PROFESOR COMO ENTRENADOR

Diane Tavenner, fundadora y CEO de Summit Public Schools (SPS), una organización sin fines de lucro con sede en Silicon Valley, inauguró en 2003 la Escuela Preparatoria Summit en Redwood City, California, a la que *U. S. News* y *World Report* se han referido como la «escuela del futuro»[38]. Aunque Redwood City se encuentra en el corazón de Silicon Valley, sus habitantes son de clase obrera[39], por lo que la idea fundacional de Summit era reunir a todos los alumnos de las escuelas públicas de la zona, ricos o pobres, brillantes o de bajo rendimiento, en el mismo edificio y enseñar en un entorno inclusivo que se centrara en la producción de estudiantes completos y preparados para la universidad. Casi la mitad de los estudiantes de Summit son hispanos y el 42 % son de bajos ingresos. En su primera década de funcionamiento, el 96 % de sus estudiantes fueron aceptados en universidades de alto nivel[40].

Summit utiliza el aprendizaje integrado para poner el foco en cuatro aspectos: habilidades cognitivas, conocimiento del contenido, experiencias de la vida real y hábitos saludables de éxito. La escuela sostiene que estas cuatro habilidades son las más importantes para que los estudiantes puedan sobresalir en la universidad y más allá. La escuela también busca fomentar las habilidades sociales, como la autoconciencia, la autogestión, la conciencia social, las habilidades interpersonales y el comportamiento responsable. Lo más importante del desarrollo de habilidades de pensamiento es la mejora de la toma de decisiones. «Basta con fijarnos en la economía», dice Tavenner. «No se trata de conocimientos concretos, sino de habilidades de pensamiento de orden superior y de la capacidad de aprender y crecer perpetuamente»[41].

En lugar de realizar simulacros, utilizados muy a menudo en las escuelas para optimizar los resultados de los exámenes, Summit proporciona instrucción a través de presentaciones de vídeo, seminarios y aprendizaje práctico. Eso no significa que los niños no estén aprendiendo hechos y cifras, sino que los maestros aprovechan el tiempo que tienen en recursos, tiempo y atención personalizada. Así, los alumnos tienen mentores y todos ellos, no solo los más creativos, participan anualmente en cuatro «expediciones» de aprendizaje de dos semanas de duración en temas como arte, yoga, cine y música[42], experiencias similares a aquellas de las que disfrutan los estudiantes más acomodados[43].

Para transmitirles el contenido, Summit confía en su tecnología innovadora. Tavenner quería ofrecer a los estudiantes una forma de educación profundamente personalizada, permitiendo que cada estudiante recibiera el tipo de formación que le ayudara a desarrollarse intelectualmente y aprender a su ritmo los temas que más atractivos le resulten para alcanzar sus metas a largo plazo. Por ello, Tavenner y su equipo crearon la Plataforma de Aprendizaje Personalizada, un programa común al que todos pueden conectarse para ver sus proyectos y sus metas de aprendizaje para el año. Una barra de progreso les muestra si van por buen camino, por delante o por detrás en cada clase, lo que funciona como motivación, pero también como recordatorio de todo lo que tienen que hacer. Al permitir que los estudiantes se encarguen de dirigir su propio aprendizaje y trabajar a su propio ritmo, Summit les dota de las habilidades de gestión del tiempo que les serán muy útiles en el futuro, independencia y economía de trabajo.

Al principio del año escolar, todos reciben una lista estándar de contenidos que deben aprender. Entonces, los profesores crean listas de reproducción, el equivalente al plan de estudios, que permiten a los estudiantes trabajar a su propio ritmo y a los profesores observar su progreso[44]. Cuando un alumno hace clic en cada concepto, la herramienta abre una lista de reproducción que incluye una evaluación diagnóstica del conocimiento para que sepan cuánto saben y cuánto les falta por saber. Estas listas incluyen recursos como vídeos y sitios web, materiales de práctica y una evaluación final que se realiza bajo la supervisión del maestro. Los estudiantes también pueden dar su opinión sobre las lecciones votando positiva o negativamente en cada recurso. Además, el contenido de las listas de reproducción puede sustituirse fácilmente. Así, los alumnos pasan alrededor de dieciséis horas a la semana en sus computadoras, trabajando las lecciones tradicionales. Alrededor de la mitad de ese trabajo informático se realiza durante el horario escolar, mientras que el resto se realiza en casa.

Así, los profesores se convierten en entrenadores, no en conferenciantes. Están en las aulas con los alumnos y supervisan su progreso, ofreciendo asistencia especial cuando un alumno se queda atascado. Por lo tanto, aprenden una de las habilidades universitarias y profesionales vitales: pedir ayuda. El objetivo de Summit no es reemplazar el aula y el maestro, sino llevar lo mejor de la tecnología al aula y reinventar el papel de los maestros. Hasta la fecha, Summit ha creado más de setecientas listas de reproducción que complementan a los profesores.

Summit recibió un gran apoyo en 2014 del fundador de Facebook, Mark Zuckerberg, y de su esposa, Priscilla Chan, después de que visitaran la escuela. Les gustó tanto lo que vieron que le preguntaron a Tavenner qué podían hacer para ayudar. El equipo de Tavenner tenía poca experiencia en programación, por lo que Zuckerberg ofreció un equipo de ingenieros para ayudar a resolver los fallos de la plataforma educativa, cuyo objetivo es poner una versión mejorada a disposición de todas las escuelas del país[45]. Hoy en día, ofrece herramientas gratuitas para ayudar a cien escuelas públicas de todo Estados Unidos a crear sus propias listas de reproducción[46].

Aunque no todos alcanzan el éxito con el modelo de «personalización estandarizada» —lo que suena extrañamente paradójico—, la conclusión es que muchos alumnos llegan a Summit con notas por debajo de la media nacional y Summit los ayuda a superarse[47]. En la primavera de 2016, pasó de curso el 93 % de los estudiantes de primer año y el 99 % de los alumnos de último curso fueron admitidos en universidades de alto rango[48], donde su desempeño dobla la media nacional[49]. Aunque aún es un programa pequeño, con alrededor de 2500 estudiantes, este enfoque fresco e innovador de aprendizaje integrado en persona y autodirigido tiene muy buenas perspectivas de futuro[50].

6. MEJORAR LA COMUNIDAD DE PADRES Y SU COMPROMISO

Rachel Lockett es una *fuzzy* que se dio cuenta de que podía desempeñar un papel vital para ayudar a mejorar la educación trabajando para desarrollar una mejor tecnología de comunicación para las escuelas y los padres. Se unió a la iniciativa Remind, cuya plataforma de comunicación, similar a

Slack pero adaptada al sistema educativo, facilita la comunicación simple y responsable entre maestros, estudiantes y padres.

Rachel no tenía experiencia en tecnología cuando empezó a trabajar en Remind, pero sí tenía experiencia en artes liberales. Después de obtener su licenciatura en Biología Humana en Stanford, se mudó a Baltimore para trabajar en la Fundación Annie Casey, centrándose en crear sistemas de apoyo para los niños y en mejorar la justicia juvenil, lo que le recordó que la educación y, más concretamente, las escuelas son la primera puerta de entrada para muchos de ellos. Incluso si un niño crece en el sistema de hogares de crianza temporal, si va a una buena escuela, puede superar las dificultades de su juventud. Por tanto, decidió que la educación era el sector donde quería crear un impacto[51].

El viaje educativo de Rachel comenzó cuando se mudó a Boston y se unió al Centro para la Filantropía Efectiva, donde se reunió con cientos de escuelas y educadores que eran beneficiarios de las subvenciones de la Fundación Gates, construyó herramientas de encuesta y trató de averiguar lo que realmente funcionaba y lo que no, una experiencia que la inspiró a convertirse en maestra. En resumen, decidió ir a las trincheras.

De regreso a California, recibió su formación de maestra a través de las Aspire Charter Schools, que cuentan con un programa de residencia, y enseñó en escuelas Aspire de la bahía de San Francisco durante tres años. La exposición a la energía innovadora de Silicon Valley que recibió al vivir en San Francisco la inspiró a pensar en cómo usar la tecnología para mejorar la educación, y lo que le gustó de Remind era que resolvía uno de los problemas más molestos para las escuelas. «Los padres y los maestros son dos de los contribuyentes más valiosos a la sociedad», explica, «y a menudo son también los más abrumados. Lo que permite la tecnología es una comunicación más rápida, fácil y segura entre padres, profesores, estudiantes y administradores». Rachel comprendió que tenía una ventaja comparativa como profesora al ayudar a desarrollar una tecnología de mejora para la educación. Hoy en día, es directora de experiencia de usuario.

Sin duda, las oficinas de Remind hicieron que se sintiera como en casa desde el principio. De las vigas de madera arqueadas que cruzaban el techo colgaban aviones de papel, había juegos de rayuela en la entrada y la recepción estaba hecha de reglas escolares de madera de 30 centímetros. Los almohadones de los sofás estaban cubiertos de letras y números y la parte trasera de la sala de conferencias tenía una textura difícil de distinguir antes de sentarse; al mirar más de cerca, se descubre que toda la pared está cubierta de lápices número 2 alineados, uno junto al otro y de punta a punta, creando un mosaico de madera, goma de borrar y grafito. La oficina estaba modelada como un aula transparente, con espacios abiertos y relajados.

Históricamente, las escuelas se han comunicado con los padres y los estudiantes por correo electrónico y *robocalls,* mensajes pregrabados que se dejan en los contestadores. Sin embargo, en una época en la que la mayoría no tiene teléfono fijo en casa, pocos revisan su contestador y los directorios de correo electrónico están desactualizados, Remind decidió buscar otra solución: llegar a las personas a través del método que elijan.

Rachel explica: «Si la clase es de matemáticas, puedes decir a tus alumnos que envíen un mensaje de texto @math con un código, como 81010, o que descarguen la aplicación. Así, los que estén en el aula se encontrarán en tu grupo de mensajería y puedes escribirles directamente». Como *community manager* de Remind, habló del idioma de la educación a maestros y administradores. En su primer año, ya está llevando a cabo toda una investigación sobre experiencia de usuario, impulsando el desarrollo de nuevos productos. Además, el negocio va bien; la compañía ha recaudado casi 60 millones de dólares de algunos de los principales inversionistas de Silicon Valley y más de 35 millones provenientes de maestros, padres y estudiantes que lo utilizan[52].

Remind pone en práctica las conclusiones académicas sobre la importancia de la participación de los padres en la escuela para el rendimiento de un niño. Peter Bergman, profesor de Economía y Educación de la Universidad de Columbia, es uno de los investigadores que han contribuido a estos hallazgos[53]. Asociado con una escuela en un barrio pobre de Los Ángeles para probar el efecto que pequeñas intervenciones podían tener en el rendimiento de los estudiantes, seleccionó al azar padres de 242 estudiantes de sexto a undécimo grado que recibirían información adicional sobre el progreso escolar de sus hijos. Algunas veces al mes, la familia del estudiante recibía un correo electrónico, un mensaje de texto o una llamada telefónica con información sobre las calificaciones del niño y las tareas que faltaban. Los mensajes eran detallados e incluían el nombre de la clase, la asignatura, los problemas y los números de página del trabajo que faltaba.

No es de sorprender que, con este tipo de comunicación, los padres lograran involucrarse mucho más en la educación de sus hijos. Aquellos que recibieron información adicional se pusieron en contacto con la escuela para hablar sobre el progreso de sus hijos, sorprendentemente, un 83 % más a menudo que aquellos que no la recibían, y la asistencia a las reuniones de padres y maestros aumentó un 53 %. En respuesta, los estudiantes se pusieron al día con sus tareas escolares, con un aumento del 25 %, se perdieron un 28 % menos de clases y se volvieron un 24 % menos propensos a mostrar hábitos de trabajo insatisfactorios. Estas intervenciones tan simples tuvieron un impacto significativo en el compromiso de los padres con los maestros y con sus hijos[54].

Además, cuando los estudiantes empezaron a trabajar más duro, obtuvieron mejores resultados. Aquellos cuyos padres se mantuvieron bien informados de su desempeño alcanzaron un promedio de 0.19 de desviación estándar más alto que aquellos a cuyos padres se les dio solo la información estándar. Los resultados de las pruebas de matemáticas aumentaron un 0.21 y, en comparación, cuando los niños comenzaron a asistir a la elogiada KIPP Academy Lynn en Massachusetts, sus resultados mejoraron un 0.35 en matemáticas y un 0.12 en inglés.

La comunicación mediante mensajes de texto básicos ofrece promesas tangibles, al menos en las escuelas donde se ha intentado. Estas pequeñas intervenciones no arreglarán el sistema educativo actual por sí solas, pero son muy rentables. Bergman calculó que, en este experimento, cuesta aproximadamente 156 dólares aumentar la media o la nota de matemáticas de un niño un 0.10 si los maestros establecen las comunicaciones manualmente. En caso de automatizarlas, se reduciría aún más el coste[55].

Un estudio realizado en 2014 por Ben York y Susanna Loeb, dos investigadores en educación de la Universidad de Stanford, corroboró el trabajo de Bergman. Entonces, examinaron si las intervenciones que Bergman utilizó con los padres de niños en la escuela secundaria podrían utilizarse para animar a padres con hijos en edad preescolar a animar a sus hijos con la alfabetización[56]. De hecho, se ha demostrado sistemáticamente que existen enormes brechas lingüísticas entre niños de clase alta y aquellos que provienen de hogares con bajos ingresos, y que esas brechas surgen cuando los niños son aún pequeños. Antes de los cuatro años, los niños de clase más alta han escuchado aproximadamente treinta millones de palabras más que los niños más pobres[57]. La mejor manera de ayudar a cerrar estas brechas es hacer que los padres lean a sus hijos con frecuencia, hablen en voz alta con ellos, pronuncien palabras y hagan rimas, pero esta tarea es difícil. Las intervenciones más comunes son las visitas domiciliarias regulares, que son demasiado caras, o talleres de muchas horas de duración que ofrecen una serie de consejos sobre la crianza de los hijos y luego dejan que los padres recuerden y utilicen la información en el momento adecuado.

En cambio, York y Loeb decidieron tratar de usar mensajes de texto, una tecnología muy sencilla, para aconsejar a los padres cuando más lo necesitan, para lo cual trabajaron con 440 familias, la mayoría de ellas de bajos ingresos, que tenían alumnos preescolares matriculados en una escuela pública de San Francisco. La mitad de las familias recibían mensajes de texto tres veces a la semana con elementos de acción que ayudaban a desarrollar las habilidades de alfabetización de los niños. He aquí una muestra de estos mensajes: «¡Es un hecho!: Los niños necesitan saber que las letras forman palabras. Los niños con buen conocimiento de las letras se convierten en fuertes lectores»; «Consejo: Señale la primera letra del nombre de su hijo en las revistas, en los carteles y en la tienda. Haga que su hijo lo intente como si fuera un juego. ¿Quién encontrará más?»; «Crecimiento: ¡Siga señalando letras para preparar a su hijo para la escuela primaria! Cuando señale una letra, pregunte: "¿Qué sonido hace?"»[58]. En contraste, los padres del grupo de control recibían un mensaje cada dos semanas con información básica sobre las vacunas o la inscripción de su hijo.

Aquellos que recibieron mensajes de texto detallados informaron de que eran mucho más propensos a realizar el tipo de actividades de alfabetización prescritas en los mensajes y más propensos a ponerse en contacto con el maestro de sus hijos para hablar sobre su escolaridad. De hecho, cuando los estudiantes se sometieron a pruebas de alfabetización al final del año, aquellos cuyos padres recibían más mensajes estaban dos o tres meses por delante de sus compañeros. Además, la intervención fue barata: menos de un dólar por niño. Por el contrario, los programas de visitas domiciliarias pueden llegar a costar 10 000 dólares por niño y requieren mucho tiempo[59].

Remind se dedica a establecer este tipo de comunicación tecnológica tan importante y, a la vez, tan simple para maestros, estudiantes y padres. Es una plataforma que permite interacciones personales o en grupo. Además, está rastreada y no puede borrarse; a diferencia de los mensajes de texto, Remind ofrece un lugar seguro para que todos se comprometan profesionalmente y rindan cuentas. Los mensajes de Remind pueden adaptarse al formato preferido de cada uno y traducirse mediante Google Translate si la lengua nativa de la familia no es el inglés, involucrando a padres y estudiantes que, de otra manera, estarían aislados.

«Recientemente hablé con una maestra de inglés de sexto grado», me dijo Rachel Lockett, «que habla con los padres de sus estudiantes con dificultades cada dos días usando Remind. Cuando le pregunté cómo se sentía al respecto, ya que obviamente estaba aumentando su carga de trabajo, me dijo: "No, esto es aliviar la parte más difícil de la enseñanza, que es saber que tienes un estudiante que está luchando y no poder ayudarle o cómo comunicarte con su familia para impulsar una mejora"». Remind utiliza tecnología para ayudar a construir conexiones y relaciones más profundas.

Paul-Andre White, conocido por sus estudiantes como P. A., es el director de la Leal Elementary School, en Cerritos, California, y un gran fan de Remind. Leal fue uno de los primeros en adoptar la tecnología y, cuando se le pregunta sobre Remind, se llena de entusiasmo. «Es simplemente increíble», dice entre risas. «Es increíble lo mucho que ha impactado en mi cultura escolar. Ahora, los padres se sienten realmente conectados a la escuela y a sus hijos. Aunque no se trate de su caso en particular, les gusta ver lo que está sucediendo en la escuela. Por ejemplo, si su hijo es aún pequeño, pero reciben información sobre una clase de quinto grado, les interesa saber lo que están haciendo y aprendiendo o la forma en que se les pide que piensen, puesto que su hijo estará ahí algún día. Remind nos permite mantener a nuestra comunidad conectada»[60].

Antes de Remind, encontrar una manera de conectarse con los padres era uno de los aspectos más desafiantes de la enseñanza. «No podemos confiar en que un niño de infantil le transmita un mensaje a su padre», recuerda P. A. Ahora, en un momento, puede comunicarse con setecientos padres con solo sacar el teléfono del bolsillo. «Lo uso para transmitir mensajes importantes, para recordar que se trata de un día festivo o para mostrar nuestros casos de éxito. Los maestros lo usan para recordar tareas o para que los padres sepan lo que han aprendido sus hijos y puedan hacerles alguna pregunta. Mi hijo está en primer grado, así que ya me sé la cantinela: "¿Cuál ha sido tu parte favorita de hoy?", "Recreo". "¿Qué has aprendido hoy?", "No lo sé". En vez de eso, puedo decirle: "Hoy te han hablado de los lagartos, ¿verdad? ¿Me cuentas algo?". Es una forma de involucrar al niño y de reforzar el aprendizaje en casa».

En resumen, muchos de los padres con niños alrededor de los cinco años que se comunican con P. A. son menores de treinta años, por lo que el teléfono es su realidad diaria: los mensajes de texto y la comunicación *online* son la norma y, al crear un canal específico, Remind ha demostrado su capacidad de impulsar el comportamiento.

Un día, se cortó la luz y la escuela se quedó a oscuras durante tres horas. «Los padres no podían llamarnos porque todos nuestros teléfonos eran fijos e Internet no funcionaba», recuerda P. A. «Mi teléfono celular sí estaba disponible, así que envié un Remind que hizo que el 90 % de los padres supieran en cuestión de minutos que todo estaba bien y que el corte de energía estaba siendo resuelto». Cuando hubo una amenaza general de bomba dentro del Distrito Escolar Unificado de Los Ángeles, el LAUSD cerró todas las escuelas. La escuela está en el condado de Los Ángeles, pero en otro distrito escolar. «Llegué temprano y nuestro teléfono no paraba de sonar. Tan pronto como obtuve la confirmación de que el nuestro no estaba cerrado, envié un Remind. Tuvimos la mayor asistencia del distrito aquel día. Nada más enviar el Remind, las llamadas se detuvieron y todos los niños aparecieron en la escuela».

P. A. utiliza Remind como un mecanismo de transmisión, pero sus maestros utilizan la función de chat para comunicarse con los padres de forma personal. «Hay una función de chat, así que no vemos el número de teléfono del padre ni ellos tienen el nuestro. Además, se pueden establecer horarios de trabajo para fijar límites y los mensajes no se pueden borrar ni se pueden falsificar, por lo que los maestros se sienten muy protegidos por ello», explica P. A. En la actualidad, ha ayudado a que Remind se expanda por las veintiocho escuelas de su distrito, pues el supervisor quiso establecer un canal para comunicarse con los directores, otro para todo el personal y otro para toda la comunidad. «Es más efectivo que Twitter o Facebook», opina P. A. «Para mí, entrar en ese reino nunca me pareció una buena idea debido a la naturaleza pública. Esto protege la privacidad de los niños».

En palabras de P. A.: «La tecnología es un potenciador de lo que estamos tratando de hacer. No importa cuál sea su aplicación si el objetivo es mejorar las cosas». Cuando hubo elecciones en el consejo escolar para solicitar a los padres voluntarios que representaran a la escuela en asuntos presupuestarios, pensó que, como de costumbre, sería un fracaso y una molestia. «En el pasado resultaba difícil que se enteraran, pero envié un Remind que decía: "Cualquier padre que quiera ser considerado, por favor, añada su nombre al documento de Google". Quince padres se ofrecieron voluntarios para seis puestos y tuve que convocar unas elecciones. Nunca había tenido que hacerlo antes».

La tecnología se está utilizando para reformar muchos aspectos del panorama educativo y este ejemplo no hace más que rascar la superficie de desarrollos más importantes. Mirando a través del amplio e innovador panorama, está claro que lo correcto no es el enfoque exclusivamente tecnológico que algunos han defendido, sino la simbiosis humano-máquina lo que está conduciendo a soluciones más efectivas y humanas.

7. LO MEJOR DE *FUZZIES* Y *TECHIES*

En los enfoques combinados, desde las aulas de periodismo de Esther Wojcicki y los juegos Breakout EDU de James Sanders hasta el concepto de Sugata Mitra de entornos de aprendizaje autoorganizados y las plataformas de Diane Tavenner, el profesor actúa como un entrenador que se sirve de la tecnología.

En Summit, los maestros monitorean un tablero que muestra en tiempo real el progreso de los estudiantes: quiénes se atascan y quiénes necesitan más ayuda. El profesor comparte todavía el espacio físico con los estudiantes, pero los estudiantes utilizan la tecnología para acceder a sus listas de reproducción diarias. No se trata de reemplazar la escuela con una tecnología sin paredes ni es educación virtual, sino que intenta aplicar lo mejor de la tecnología al aula y reinventar los papeles de los profesores.

Kelly Hogan, bióloga y directora de Innovación Instructiva de la Facultad de Artes y Ciencias de la Universidad de Carolina del Norte en Chapel Hill (UNC), descubrió que el aprendizaje activo en el aula elevó los puntajes promedio de las pruebas un 3 %, duplicando los estudiantes universitarios de primera generación y los afroamericanos[61]. En su estudio, «Getting Under the Hood: How and for Whom Does Increasing Course Structure Work?» ['Bajo las capuchas: cómo funciona y a quién va dirigida la estructura creciente de cursos'], publicado en *CBE - Life Sciences Education* en 2014, examinó los datos de seis semestres de su clase de Introducción a la Biología de cuatrocientas personas y comparó el rendimiento de los estudiantes en clases con «estructura de curso baja»[62], el enfoque tradicional de la sala de conferencias, a aquellos de «estructura de curso superior», con tareas preparatorias y actividades en clase, como el uso de *software* de respuesta en el aula en ordenadores portátiles y teléfonos móviles. Hogan dedujo que, al dar a los estudiantes tareas en línea para que las completaran antes de la clase, podría aumentar los ejercicios en equipo que, puesto que eran más activos, reducían las conferencias o el método de enseñanza de mando y control. Así, ayudó a que los estudiantes sacaran más provecho de su clase y tuvo un gran impacto en aquellos que tenían menos propensión a hablar. En general, sus alumnos lograron un buen desempeño en sesiones «moderadamente estructuradas» en las que el profesor desempeñaba el papel de entrenador. Al utilizar la tecnología para pedir compromisos más cortos seguidos de una interrupción para la consolidación de la memoria, estos entornos ayudan a los estudiantes a aprender de forma más eficaz.

Jeffrey Karpicke, psicólogo de la Universidad de Purdue que estudia el aprendizaje humano y la memoria[63], ha descubierto a través de su investigación que es imperativo practicar la extracción de información, es decir, la recuperación de la información de la memoria a largo plazo. En un estudio de 2011, «Retrieval Practice Produces More Learning Than Elaborative Studying with Concept Mapping» ['La práctica de la recuperación genera más aprendizaje que el estudio elaborado con mapas conceptuales'], publicado en *Science*, Karpicke clasificó a los estudiantes universitarios en cuatro grupos al azar y dio a cada uno de ellos varios párrafos científicos para que los memorizaran[64]. El experimento combinaba una variedad de métodos de estudio: algunos estudiantes leyeron el material repetidamente, tantas veces como pudieron, mientras que otros lo leyeron en ráfagas cortas o dibujaron mapas conceptuales. El último grupo de estudiantes tomó un «examen de práctica de recuperación» en el que debían escribir todo lo que recordaran sobre el material en un ensayo libre. Cuando todos los grupos fueron evaluados una semana después, los alumnos que habían realizado la prueba de práctica de recuperación superaron a todos los demás grupos. Karpicke concluyó que «la recuperación no es simplemente una lectura del conocimiento almacenado en la mente; el acto de reconstruir el conocimiento mejora el aprendizaje».

Karpicke sostiene que, cuando practicamos la recuperación de información, creamos un conjunto de pistas que nuestros cerebros pueden utilizar más adelante, poniendo migas de pan en nuestra mente, formas de encontrar el camino de regreso. Irónicamente, los estudiantes que usaron otras técnicas se sentían muy seguros de lo preparados que estaban, mientras que los estudiantes que usaron técnicas de recuperación se sentían poco o mal preparados, pero los resultados fueron claros: la práctica de la recuperación de información tiene un impacto medible en el rendimiento.

Utilizar la tecnología para ayudar a que los alumnos aprendan a su propio ritmo y aprovechen una educación basada en interrupciones para la consolidación de la memoria y la recuperación de la información puede ser un activo muy potente. La tecnología por sí sola no debe verse como una panacea para todos los problemas que asedian el mundo de la educación, pero, al mezclar estos enfoques, que reúnen lo mejor de *fuzzies* y *techies*, tenemos la oportunidad de perfeccionarla.

7

CONSTRUYENDO
UN MUNDO
MEJOR

■ Gabo Arora estudió Filosofía y Cine en la Universidad de Nueva York. Aunque no está en contra de la tecnología, le preocupa la forma en que nuestros dispositivos, siempre activos, pueden afectarnos, por lo que apaga su rúter wifi por la noche para desconectarse de la red. «Siento como si estuviera haciendo algo malo para mi cerebro», dice riendo con ironía, dada su línea de trabajo. Arora trabaja como cineasta de realidad virtual (RV), es decir, trata con tecnologías innovadoras cuyo objetivo es competir por nuestra atención. «Mi hijo está en una escuela Waldorf. Tiene cinco años y no tiene ni idea de lo que es un iPad. Me resulta un orgullo poder decir eso», dice Arora. «Pero, al mismo tiempo, no creo que sea una contradicción tratar de entender cómo nuestra tecnología puede hacer el bien a la humanidad»[1]. De hecho, destaca por explorar el potencial de la RV para mejorar nuestras vidas.

Arora fue galardonado por su participación en la serie de películas de realidad virtual sobre las Naciones Unidas, para lo que dirigió media docena de películas de RV que fueron proyectadas en el Festival de Cine de Sundance y en el Festival de Cine de Cannes. Además, se las mostró a los líderes empresariales y políticos que se reúnen para el Foro Económico Mundial anual en Davos, Suiza, así como a la Asamblea General de las Naciones Unidas[2]. Las películas tratan sobre algunas de las más graves y recientes crisis de la humanidad, desafíos como la crisis de los refugiados sirios, el ébola en Liberia, el terremoto de 2015 en Nepal, la contaminación en China, la deforestación amazónica o los derechos de las mujeres en la República Democrática del Congo.

Sin embargo, Arora nunca había trabajado con RV hasta que coincidió con el pionero director de RV Chris Milk, que dirige un estudio de producción llamado Within y que ha colaborado con Arora en varias de sus películas. Se conocieron en una fiesta organizada por la banda de rock U2, para la cual Milk había producido vídeos musicales, mientras que Arora había trabajado con el cantante principal de la banda, Bono, en campañas contra la pobreza[3]. Milk ayudó a Arora a utilizar el poder de la RV para ofrecer a los espectadores una experiencia de inmersión en lugares afectados por tragedias que de otro modo no podrían visitar y que envuelven al espectador con sus vistas y sonidos. Así, presentó a los refugiados sirios en Jordania, a los supervivientes del ébola en Liberia y a las madres de hijos e hijas perdidos en Palestina. En *Clouds Over Sidra*, aparecerás en un aula del campamento de refugiados de Zaatari, Jordania, y, si te giras para observar la escena, puede que te sostenga la mirada un niño que, por un momento, levante los ojos de su cuaderno de notas. La experiencia es realmente visceral; estás allí. En *Waves of Grace*, te encuentras en el techo de un hotel abandonado en Monrovia, Liberia, devastada por la guerra, escuchando la voz alegre de una mujer acompañada por un hombre que toca una guitarra construida con una lata de aceite de oliva, mirando la puesta de sol con la brisa en su rostro y sintiendo admiración por la resistencia de esta pareja de sobrevivientes.

La misión de Arora es inculcar no solo una mejor comprensión de estos problemas, sino también generar empatía por las personas que los soportan. Su trabajo diario oficial es el de asesor principal del Secretario General de las Naciones Unidas, recomendando temas en los que las Naciones Unidas deberían centrarse. Lo cierto es que nunca creyó que fuera a dedicarse a política humanitaria, pero, como con tantos otros graduados en artes liberales que hemos conocido en capítulos anteriores, los conocimientos, las habilidades y las preocupaciones que desarrolló a través de su educación le ayudaron a sobresalir en su trabajo y, en la actualidad, es un pionero en la búsqueda de una aplicación socialmente valiosa para un nuevo tipo de tecnología que algunos analistas tecnológicos han visto con temor o con absoluto desprecio. Por ejemplo, David Carr, columnista de *The New York Times* que escribió sobre un nuevo casco de RV que está siendo desarrollado por Microsoft, aseguró: «La cantidad de realidad tangible y libre de cargas que experimentamos parece estar en peligro [...]».

¿Qué nos resulta insuficiente de nuestra realidad actual para sentirnos obligados a aumentarla o mejorarla?»[4].

Arora se volcó en el trabajo humanitario después de experimentar el horror de los ataques del 11 de septiembre en el World Trade Center de Nueva York. Tras su intento fallido de carrera como director de cine en Hollywood, regresó a su ciudad natal, al municipio de Queens en Nueva York. Después del 11-S, dice, decidió «ayudar a reformar la política exterior estadounidense y la imagen de Estados Unidos». Y añade: «Si no hubiera ocurrido el 11-S, no trabajaría en la ONU». Su éxito es innegable, gracias a su esfuerzo por conmover a través de sus películas, que se han convertido en una herramienta poderosa en la recaudación de fondos de las Naciones Unidas para los programas de socorro. UNICEF, un programa dirigido por las Naciones Unidas, proyectó las películas de Arora en cuarenta países de todo el mundo, tanto al público como a particulares a los que se solicitan grandes donaciones, y las películas han reducido a la mitad el número de conversaciones necesarias para convencer a un donante de que contribuya. Según datos de UNICEF, la RV ha ayudado a duplicar la propensión a donar de una de cada doce personas a casi una de cada seis. Esto hace que el alcance sea el doble de efectivo[5].

Cuando Arora presentó por primera vez las películas de realidad virtual a los altos mandos de la ONU, la mayoría de ellos se burlaron[6]. El acceso a los cascos era demasiado limitado, por lo que nadie veía las películas. Pero Arora se aferró a sus convicciones. Confiaba en que la RV se convertiría en algo habitual y pensó que sus películas podrían sentar un precedente importante para el uso de la tecnología cinematográfica de manera significativa, en lugar de ser una forma de escapar a las fantasías o de experimentar emociones, como las simulaciones de paracaidismo o de paseos en montaña rusa.

Si bien los atentados del 11-S lo inspiraron a realizar un trabajo humanitario, su formación universitaria en filosofía le ayudó a aplicar su talento cinematográfico para promover el bien social. «Estoy muy influenciado por los existencialistas», dice, reconociéndose fan de Jean-Paul Sartre y Albert Camus. «Paradójicamente, aunque uno pensaría que el mensaje que se puede aprender de ellos es: "La vida no tiene sentido, así que no hagas nada", para Sartre y Camus, la única manera de desarrollar un sentido de libertad interior es a través de la voluntad y de las acciones propias. Sartre estaba comprometido políticamente, al igual que Camus». Arora añade que, cuando Camus preguntó a sus maestros cuál era la mejor manera de marcar la diferencia en el mundo, le dijeron que escribiera novelas, lo que hizo con gran éxito. Arora también cree en el poder del arte para influir en las mentes y cambiar vidas. «Lo que hago no es RV», dice, «es contar historias. Las novelas son grandes máquinas de empatía y la RV ofrece la capacidad de llevar la telepresencia a la narración de historias», lo que la hace más inmersiva. Es artista y filósofo, y siente una profunda dedicación por la misión de mejorar la calidad de vida humana, liderando el camino para que la tecnología de RV sirva a ese propósito.

La realidad virtual es una de las tecnologías, junto con el aprendizaje automático y el procesamiento del lenguaje natural, que se ha desarrollado más rápidamente en los últimos años. El concepto se remonta al menos a 1985, cuando Jaron Lanier comenzó a desarrollarla en VPL Research[7]. Sin embargo, la RV distaba mucho de estar lista para el público general, y la producción de cascos comercialmente viables llevó más de treinta años. Hoy, los titanes del negocio compiten furiosamente por convertirse en líderes del mercado: Microsoft está desarrollando las gafas inteligentes HoloLens, que pueden proyectar imágenes holográficas sobre superficies como la pared de una sala de estar[8]; Mark Zuckerberg, impresionado por el futuro de la RV, compró en 2014 la marca de dispositivos Oculus, que había sido lanzada mediante *crowdfunding* en Kickstarter[9], por 2000 millones de dólares; y Google invirtió en la puesta en marcha de Magic Leap[10] e hizo su propia incursión en la creación de *hardware* con sus gafas Daydream.

En contraste, la RV también atrae críticas debido a la preocupación de que, como apuntaba David Carr, vuelva a las personas adictas a situaciones irreales y eso interfiera en sus vidas. Los más extremistas creen que moldeará nuestras vidas. Es el caso de Monica Kim, quien destacó en un artículo en *The Atlantic* titulado «The Good and the Bad of Escaping to Virtual Reality» ['Lo bueno y lo malo de escapar a la realidad virtual'], el futurista Ray Kurzweil imaginó que, «para el año 2030, la realidad virtual será totalmente realista y convincente y pasaremos la mayor parte de nuestro tiempo en entornos virtuales [...]. Todos nos convertiremos en humanos virtuales»[11]. Aunque parece poco probable, otras predicciones y preocupaciones expresadas son más optimistas.

En 1992, Donald Norman, autor de *Turn Signals Are the Facial Expressions of Automobiles* ['Los intermitentes son las expresiones faciales de los automóviles'], escribió sobre la RV como un fanático de los acontecimientos que depara el futuro que «ve el mundo real a través de una lente de televisión [...]. Las gafas de televisión están bien sujetas a la cabeza, los aparatos electrónicos a la cintura, las lentes y los micrófonos a la cabeza... Me da lástima el profesor que esté impartiendo una clase llena de fanáticos del futuro». Concluye con un comentario que invita a la reflexión: «Tal vez se sustituya al maestro por una imagen generada por ordenador: imágenes artificiales enseñando a mentes artificiales»[12].

Más recientemente, Sherry Turkle, profesora de estudios sociales de ciencia y tecnología en el MIT, ha expresado su preocupación por la RV. Es la directora de la Iniciativa sobre Tecnología y Autoestima del MIT y ha pasado las últimas tres décadas observando el impacto de la tecnología en la calidad de nuestras vidas sociales. Escribió los libros *Conectados pero solos* y *En defensa de la conversación* para concienciar acerca de cómo el tiempo que pasamos *online* puede disminuir nuestra capacidad de involucrarnos en una auténtica conexión humana. Advierte que la comunicación digital nos permite ignorar nuestras imperfecciones, interactuar cuando sea conveniente y crear nuevas versiones de nosotros mismos, pero también nos aleja, incluso cuando pasamos tiempo conectados digitalmente. Su pregunta es: «¿Estamos en una dieta de medios sociales que está dañando la conversación cara a cara?»[13].

Turkle cuestiona la opinión de Gabo Arora y de su colaborador cinematográfico Chris Milk de que la RV es, como afirmó Milk en una charla TED de 2015, «la máquina de empatía definitiva», a través de la cual «nos conectamos más entre nosotros y, en última instancia, nos hacemos más humanos»[14]. En un discurso en San Francisco en 2016, Turkle argumentó: «La realidad virtual nos hace creer que podemos prescindir de las contingencias, las dificultades, los problemas de estar cara a cara con las imperfecciones [...]. Nos anima a pensar que podemos encontrar empatía sin conversación, sin presencia». Sobre la película de Arora

Clouds Over Sidra y la charla TED de Milk, en la que mostró vídeos de hombres vestidos de traje sentados en una habitación climatizada en Davos, Suiza, viendo la película a través de gafas de realidad virtual, Turkle señaló que «estos hombres no tienen frío ni están cansados ni hambrientos. No se reunirán con ningún refugiado». Aunque deja claro que disfrutó la película, también advierte que cuando «la tecnología va de "mejor que nada", a "mejor que algo" y a "mejor que todo"», podemos perder el aprecio por las recompensas especiales de la interacción humana[15].

Estos puntos de vista tan dispares sobre el valor de la RV indican la complejidad de crear innovaciones tecnológicas para mejorar la calidad de nuestras vidas en lugar de disminuirla. El potencial de la nueva generación tecnológica para cambiar nuestras vidas es un arma de doble filo: si bien se pueden aplicar para lograr mucho bien, también tienen el potencial de causar un gran daño o, como asegura Turkle, para cambiar nuestro comportamiento de manera sin que seamos conscientes. Gracias a las nuevas aplicaciones tecnológicas, estos potenciales positivos y negativos son más obvios. Por ejemplo, los vehículos autónomos tienen el potencial para hacer nuestras carreteras más seguras, para liberarnos de la monotonía de los viajes de larga distancia y para proporcionar un tránsito más eficiente de punto a punto, lo que podría obviar la necesidad de formas costosas de transporte público que suponen una pesada carga para las arcas del Gobierno, pero también tiene el potencial de causar estragos si los vehículos no están diseñados con un profundo conocimiento de las complejidades del comportamiento humano.

Con la RV, la situación es más confusa. Gabo Arora aprovecha la tecnología de forma positiva, pero, al mismo tiempo, hay que aplaudir a Sherry Turkle por sus advertencias sobre los límites de la tecnología y los posibles efectos secundarios. Una cosa es segura: un mejor uso de la tecnología requerirá una creatividad, preocupación centrada en el ser humano y pensamiento crítico que tanto Arora como Turkle, con su formación en artes liberales, aportan a la tarea.

No obstante, nadie entiende la naturaleza de doble filo de las nuevas tecnologías de manera tan aguda como aquellos que están trabajando para defender nuestra seguridad nacional, un área donde la combinación *techie-fuzzy* es crucial.

1. UNIDOS PARA HACER QUE NUESTRO MUNDO SEA SEGURO

A medida que nuestra tecnología se vuelve más compleja tras la simpleza de sus interfaces, también el mundo cambia. Los escenarios de guerra ya no están confinados al aire, la tierra y el mar, sino que el conflicto también se libra en el ciberespacio.

La disforme banda de individuos que se autodenomina Estado Islámico (ISIS) ha demostrado sin piedad los riesgos asimétricos de agentes no estatales que atacan a los Estados-nación tradicionales. El emparejamiento *techie-fuzzy* no siempre actúa de forma positiva y, de hecho, el ISIS aplica las nuevas herramientas tecnológicas a la antigua guerra psicológica, comercializando su conjunto de ideas con el mismo tipo de precisión y técnicas persuasivas que se utilizan para hacer que gastemos demasiado dinero en la joya de moda o en la tentadora bebida de café *gourmet*.

Con el desarrollo de la tecnología, viene el desarrollo de amenazas; el perfeccionamiento del internet de las cosas hará que cualquier dispositivo sea vulnerable, desde termostatos y productos médicos hasta coches autónomos o, lo que es peor, sistemas informáticos que supervisan y controlan nuestra infraestructura crítica, como la red eléctrica[16]. Cuanto más ampliemos la red, más sofisticados serán los posibles ataques a nuestra seguridad.

Veamos ahora el caso del virus informático Stuxnet, que llamó la atención del público en 2010. Stuxnet es un arma cibernética construida por Israel y Estados Unidos para atacar a las centrifugadoras nucleares iraníes, pero el código podría ser reutilizado por nuestros enemigos y vuelto en contra de nuestra propia infraestructura, fábricas, aeropuertos, tuberías y plantas de energía[17]. A diferencia de las armas convencionales, que solo pueden utilizarse una vez, las armas cibernéticas pueden dar lugar a una peligrosa concurrencia, utilización y reutilización[18].

Aprovechar el poder de las nuevas tecnologías para combatir las amenazas crecientes es esencial, por lo que la colaboración entre *techies* y aquellos

185

con aptitudes y perspectivas tanto de las humanidades como de las ciencias sociales es fundamental. Las competencias *fuzzies* pueden ayudar de muchas maneras, como, por ejemplo, proporcionando información sobre la naturaleza de las alianzas políticas, la psicología de combate y el terrorismo, así como la naturaleza de las redes sociales (*online* y *offline*), o compartiendo experiencias sobre la dinámica grupal que pueden mejorar el trabajo en equipo. Además, la formación en estas disciplinas puede ayudar a desarrollar un rigor moral y una conciencia ante los factores culturales en los conflictos.

Cuando Drew Faust, presidente de la Universidad de Harvard, dio una conferencia en 2016 a ochocientos cadetes y profesores de la Academia Militar de Estados Unidos en West Point, habló del papel esencial que las humanidades tienen que desempeñar en la formación de líderes efectivos y empáticos. El pensamiento crítico, fomentado por estos estudios, «nos enseña cómo escudriñar nuestros alrededores, hasta el polvo espeso del peligro o del drama o de la extrañeza desorientadora [...]. Imparte habilidades que nos calman —la deliberación, el ojo crítico, las interpretaciones y los juicios humanos—; es la concentración la que da sentido a un mundo ruidoso caracterizado por la información, la confusión y el cambio. Las humanidades nos enseñan muchas cosas, de las cuales la más importante es la empatía, ponernos en la experiencia de otra persona»[19]. Con aquello en mente, visité West Point en un frío día de octubre. En el Washington Hall, donde los 4000 cuatrocientos cadetes se reúnen y cenan diariamente, un alumno de último año me recordó que, al contrario que otras ramas militares que humanizan el equipo, ellos equipaban a los humanos».

Podemos ver esto en la sabiduría con la que el teniente general retirado del Ejército, Karl Eikenberry, embajador de Estados Unidos en Afganistán de 2009 a 2011, trabajó para restaurar la devastada cultura del país, abogando por proyectos como la restauración de la Ciudadela de Herat, del 330 a. C., que tiene una historia ilustre como bastión de defensa nacional y fue utilizada por una serie de imperios como cuartel general militar. Eikenberry argumenta que, al restaurar el monumento, que ahora alberga el Museo Nacional de Herat, «ofreció al pueblo de Afganistán, traumatizado por décadas de conflicto y caos, evidencia de una rica cultura y un pasado de gloria»[20].

Una de las estrellas del equipo de Eikenberry fue la arqueóloga Laura Tedesco, la «mujer monumento» del Departamento de Estado, cuya tarea consistía en excavar los antiguos tesoros de Afganistán, preservando su historia como un país tolerante e inclusivo[21]. Cuando el Departamento de Estado solicitó sus servicios, se mudó a Afganistán durante dieciséis meses a sus cuarenta años, a pesar de tener dos hijos. Su trabajo demostró lo que Eikenberry llama el «valor intrínseco de las humanidades» en la forma en que nos desenvolvemos en la guerra y reconstruimos los estados destrozados[22].

Otra firme defensora de esta causa es la profesora Elizabeth Samet, que imparte clases de Literatura Popular en West Point desde hace casi veinte años. Los 1100 cadetes que ingresan cada año desde 1997 ha asistido a su clase. Samet sostiene que las lecciones de la literatura tradicional entrenan a los soldados «a seguir órdenes legales y a no renunciar a su juicio moral»[23]. Una de las estudiantes de West Point de Samet, que se graduó en Arte, Filosofía y Literatura y llegó a capitana en Irak y Afganistán, fue Emily Miller, una de las pocas mujeres que se preparaba para realizar redadas nocturnas con el 75 Regimiento Ranger, un equipo de élite de las Fuerzas Especiales que atacaba a comandantes de alto nivel de los talibanes y Al Qaeda.

Cuando los helicópteros Chinook depositaban a los equipos tras las líneas enemigas, el trabajo de Miller era garantizar la seguridad de las mujeres y los niños de la zona. Era la líder de una Fuerza de Tareas de Operaciones Especiales Conjuntas de diecinueve mujeres que tenía por objeto relacionarse con la población femenina afgana. «Todas las noches salíamos a hacer redadas nocturnas», recuerda. «Nuestro trabajo era acercarnos a las mujeres y los niños, así que aprendimos todo lo que pudimos sobre la historia y la cultura de Afganistán». Obtuvo una Estrella de Bronce y una Insignia de Acción de Combate por su trabajo en Afganistán, pues había llevado el corazón a la primera línea de guerra[24].

Miller desarrolló tal compasión por la difícil situación del pueblo afgano que cofundó Rumi Spice, una empresa de exportación de azafrán, la especia más cara del mundo, adquirido directamente de las mujeres que había conocido tras las líneas enemigas en incursiones nocturnas en Afganistán. Hoy, Rumi Spice, con sede en The Plant, un espacio de trabajo en el lado sur de Chicago, vende azafrán a algunos de los mejores restaurantes de Estados Unidos, lo que permite a esas mujeres afganas proporcionar seguridad financiera a sus familias.

Las ciencias sociales aportan una perspectiva muy necesaria sobre las complejidades de los conflictos y sus causas, así como importantes conocimientos sobre los límites de la tecnología entre la niebla de la guerra. Los efectos secundarios del uso de vehículos aéreos no tripulados o drones en la persecución de terroristas ilustran esta necesidad. Si bien estas armas de precisión de alta tecnología han atacado de manera efectiva a muchos líderes terroristas, también constituyen una forma de ataque lejana, por lo que el soldado está a demasiada distancia y se producen víctimas no deseadas y numerosas consecuencias. Estas armas tecnológicas pueden parecer una ruta sólida para eliminar el juicio humano falible de la ecuación del conflicto en el campo de batalla y para proteger a los soldados del compromiso directo, pero la verdad es que las destrezas sociales son, y serán, críticas para librar la guerra. Es por eso por lo que la práctica de los «juegos de guerra» aún se mantiene en el Naval War College de Newport, Rhode Island. Cuando lo visité, fundado en 1884 para ayudar a fomentar el carácter de los marines de más alto rango, los líderes me explicaron que su currículo es a partes iguales atemporal y temporal, gracias a lo cual logran un equilibrio entre los textos clásicos de Tucídides y Carl von Clausewitz y los desafíos cambiantes de la guerra cibernética. Una pieza central del entrenamiento es la repetición de juegos de guerra de varios días, porque las situaciones en el campo de batalla están tan llenas de complejidades que ninguna herramienta tecnológica actual puede navegar por ellas sin fomentar la toma de decisiones humanas.

La buena noticia es que una fuerza inventiva de organizaciones públicas y privadas está aprovechando todas las ventajas de hombre-máquina para hacer que nuestras vidas sean más seguras. La combinación actual de *techies* y *fuzzies* está generando ideas y medios brillantes para identificar amenazas con mayor antelación, controlarlas con mayor rigor y desplegar una nueva gama de herramientas de precisión para desactivarlas. Esta iniciativa impulsa una colaboración *fuzzy-techie* en la aplicación de los métodos desarrollados por los agentes tecnológicos de Silicon Valley para el ejército de Estados Unidos.

2. TÁCTICAS DE *LEAN START-UP* PARA DEFENSA MILITAR

Hace tiempo que el Departamento de Defensa intenta atraer a los *techies* de Silicon Valley a las Fuerzas Armadas. Pero en 2015, el secretario de Defensa, Ashton Carter, dio la vuelta al modelo y decidió llevar a los militares a Silicon Valley, creando la Unidad Experimental de Innovación y Defensa (DIUx), tras lo cual se creó el curso Hacking 4 Defense (H4D) en la Universidad de Stanford, impulsado por dos coroneles del Ejército, Joe Felter y Pete Newell, quienes entendieron que las demandas que se imponen a militares y a los expertos en política exigen una colaboración *fuzzy-techie* real[25].

Felter, veterano de las Fuerzas Especiales del Ejército de Estados Unidos y exdirector del Centro de Lucha contra el Terrorismo de West Point, que dirige el Proyecto de Estudios Empíricos de Conflictos en Stanford, aplicó su experiencia de doctorado en Ciencias Políticas para desarrollar enfoques más eficaces que hagan frente a la amenaza terrorista. Newell pasó 32 años en uniforme y ganó una Estrella de Plata por liderar un batallón de combate en Faluya, Irak. Dirigió la creación de un equipo de innovación para el ejército, la Rapid Equipping Force, que reunió a personal militar y académico de muchas disciplinas para encontrar soluciones a problemas emergentes. Felter y Newell unieron fuerzas con el profesor y empresario en serie Steve Blank para desarrollar el curso. Ahora, los tres trabajan como instructores.

Blank es el creador de una metodología conocida como «descubrimiento del cliente», que genera productos en sintonía con las necesidades y deseos de las personas, solicitándoles retroalimentación sobre los prototipos e iterando las mejoras de acuerdo con la respuesta. Un aspecto central del método es el desarrollo de la comprensión de los principales problemas a los que se enfrentan los clientes, que fue utilizado por uno de los estudiantes de Blank, Eric Ries, para crear el conocido enfoque *lean start-up* en el lanzamiento de una empresa, que alcanzó el éxito gracias a su libro *El método Lean Start-up*.

La clase de Hacking 4 Defense toma el enfoque *lean start-up* y lo aplica a soluciones reales para grupos militares y la comunidad de inteligencia. Los estudiantes desarrollan una comprensión de los desafíos que enfrenta el personal militar, ya que se ponen en su lugar, ya sea arrastrándose por el suelo de un campamento de entrenamiento, vistiendo trajes secos para entender las necesidades de buceo de los SEAL de la Marina o visitando una base aérea para entender las especificaciones de los trajes antibomba de las unidades de desactivación de municiones. La clase está abierta a estudiantes de todos los departamentos, y el objetivo es facilitar una colaboración creativa[26].

Cuando se analizan los problemas, se hace palpable la necesidad de tener una visión *fuzzy* sobre cómo desarrollar y utilizar mejor las tecnologías. Por ejemplo, un desafío publicado por el Decimoquinto Escuadrón de Apoyo a las Operaciones de la Fuerza Aérea de Estados Unidos es el de «desarrollar una estructura orgánica, de equipo o centrada en la red, que mejore la comunicación, la adaptabilidad, la resiliencia y las habilidades especializadas del escuadrón». La descripción continúa: «Necesitamos una estructura que muestre a cada miembro su valioso lugar en la organización y su capacidad para comunicarse libremente con cualquier otro miembro del escuadrón. [...]. Este desafío se centra en el cambio organizacional; la tecnología puede ayudar, pero no debe ser el objetivo principal".

Otro desafío, publicado por el Comando Cibernético del Ejército de Estados Unidos, es «determinar cómo utilizar las capacidades emergentes de minería de datos, aprendizaje automático y ciencia de datos para comprender, interrumpir y contrarrestar el uso de los medios sociales por parte de nuestros adversarios». La descripción destaca que «las herramientas actuales no proporcionan a los usuarios una manera de entender el significado de los contenidos de los medios sociales adversarios [...], pero monitorizan los flujos sociales y pueden proporcionar medidas cuantitativas (volumen, relevancia, búsqueda). Estas herramientas se quedan cortas, pues no capturan el contenido de los sitios donde se transmite la mayor parte del significado real».

El curso recibió tanta atención que, en 2016, recibieron a 75 asistentes para una clase de educadores. En 2017, otras trece universidades, como

Georgia Tech, la Universidad de Pittsburgh, la Universidad del Sur de California y Georgetown, comenzarán a ofrecer sus propios cursos de Hacking 4 Defense, también con conjuntos de problemas proporcionados por las comunidades de defensa e inteligencia[27]. De hecho, en 2016, Blank y Felter ayudaron a crear Hacking 4 Diplomacy, un curso destinado a crear soluciones tecnológicas para el Departamento de Estado[28]. Con la colaboración de Jeremy Weinstein, politólogo y exdirector de desarrollo y democracia del Consejo de Seguridad Nacional de la Casa Blanca, la clase ofrece a los estudiantes la oportunidad, por ejemplo, de trabajar en la construcción de herramientas para combatir a extremistas violentos, como el ISIS. Es probable que estas soluciones combinen el poder de los algoritmos de aprendizaje automático con los datos extraídos de varias fuentes en línea, así como con una comprensión *fuzzy* de la cultura y la psicología de los adversarios.

3. RESOLVER LOS PROBLEMAS MÁS DIFÍCILES DEL MUNDO

Una de las grandes ironías del desarrollo de tecnologías de alta potencia es que millones de personas siguen sufriendo los problemas más básicos que han asolado a la humanidad a través de los siglos: además de conflictos políticos y militares, sufren hambre y enfermedades, falta de educación y un estancamiento del desarrollo económico. Sin embargo, en la actualidad, armadas con una nueva conciencia frente a las herramientas tecnológicas y trabajando con socios técnicos, existe un sinfín de personas capacitadas en artes liberales, con una verdadera pasión por mejorar nuestro mundo, cuyo objetivo es generar innovaciones que aborden algunos de estos desafíos.

Muchos de estos creadores están fundando nuevas empresas del sector privado, como Nate Morris, director de Rubicon Global, con sede en Kentucky, la empresa millonaria Lexington y «Uber for trash», que ayuda a las ciudades a gestionar los residuos[29]. Morris se graduó en Ciencias Políticas y Política Pública. En Austin, Texas, Evan Baehr, fundador de Able Lending, concede préstamos a «los 5 millones de *Fortune*» y ha recaudado más de 100 millones de dólares para ello. Estudió Asuntos Internacionales y obtuvo un máster en Religión, donde se especializó en ética y derecho. También existen soluciones de emprendimiento social sin fines de lucro, como MBAs Across America, fundada por Casey Gerald, que vincula a estudiantes de MBA con pequeñas empresas. Gerald, estudiante de Ciencias Políticas y Empresariales, cree que necesitamos un «nuevo manual de campo para los negocios» y una cura de humildad a la hora de aceptar el *statu quo*[30]. Leila Janah, especializada en desarrollo económico en África y fundadora de Sama, que significa 'igual' en sánscrito, ayuda a emparejar a los trabajadores del mundo en desarrollo con el trabajo digital[31].

Quizás se publicita menos el trabajo de tantos otros en organizaciones de ayuda que pueden ayudar a integrar la tecnología en sus misiones, un signo de la promesa de dirigir el poder y la experiencia de los grandes agentes del escenario mundial de la ayuda humanitaria hacia soluciones más innovadoras. No hace falta buscar más allá de los pasillos de las Naciones Unidas, que a menudo se describen como una burocracia abultada e ineficaz, para ver el potencial de transformación. Aunque todavía queda trabajo por hacer, Gabo Arora no es más que uno entre muchos emprendedores de la ONU que han decidido aplicar las nuevas herramientas tecnológicas a problemas globales.

Otro *fuzzy* a la vanguardia de la tecnología dentro de la ONU es Massimiliano «Max» Costa, licenciado en Literatura por la Universidad de Turín y en Violín y Música por el renombrado Conservatorio Ghedini de Cuneo, Italia. Tocó en varias orquestas del norte de Italia y estaba en camino de convertirse en violinista profesional cuando se desvió hacia la política y, más tarde, hacia la tecnología. «Como músico, te acuestas con un genio. Tocas Bach y Brahms, y sueñas con ellos. La música me enseñó a perseverar. Pasé miles de horas con mi violín. Pero uno aprende y luego quiere construir», recuerda. Un destino en Bakú, Azerbaiyán, como agregado de política energética, desembocó en un máster en Asuntos Internacionales en la Universidad de Columbia y a un trabajo en Boston Consulting Group. Hoy, con sede en Berlín, Alemania, trabaja para el Programa Mundial de Alimentos (PMA), una organización de las Naciones Unidas centrada en la erradicación del hambre en el mundo donde ha contribuido al lanzamiento de Share the Meal ['Comparte tu comida'], una aplicación iOS patrocinada por el PMA que permite a los ciudadanos de todo el mundo donar dinero para recaudar comida. Unió fuerzas con Sebastian Stricker, doctorado en Relaciones Internacionales por la Universidad de Viena y asesor de innovación empresarial en el Programa Mundial de Alimentos en Roma, Italia.

Stricker tuvo la idea de aprovechar la potencia de los teléfonos inteligentes para combatir el hambre, por lo que se asoció con el líder del Taller de Innovación del PMA, Bernhard Kowatsch. Juntos concluyeron que existen veinte usuarios de *smartphones* por cada persona hambrienta en el planeta y que, con solo una contribución de cincuenta centavos al día por usuario, el hambre podría erradicarse por completo[32]. Stricker, Costa y el equipo decidieron desarrollar la aplicación y se pusieron en contacto con varios financiadores de empresas tecnológicas en fase inicial en Silicon Valley para obtener apoyo, pero les dijeron que la idea era errónea y que debían centrarse en la redistribución de los alimentos infrautilizados a través de vastas cadenas de suministro y sistemas logísticos. Impertérritos, confiaban en su visión del problema, tras pasar años trabajando en ayuda y seguridad alimentaria internacional; sabían que podían contratar a ingenieros para construir la aplicación sin tener que recurrir a grandes empresas.

Durante el primer mes tras el lanzamiento de la aplicación, los usuarios hicieron 120 000 donaciones y pagaron más de 1.7 millones de raciones diarias para los alumnos de Lesotho[33]. Al momento de escribir este artículo, la aplicación ha sido descargada más de 500 000 veces y los fondos recaudados han proporcionado más de 5.7 millones de comidas. Es más, la aplicación es solo el primer paso, pues su objetivo es aumentar el impacto mediante la incorporación de la tecnología Share the Meal en otras plataformas[34]. Por ejemplo, al trabajar con una empresa como Square, el sistema de ventas de iPad para pequeñas empresas, podrían lograr que los consumidores compartieran una comida cuando compran sus propios alimentos en su café local.

Otros dos miembros de las Naciones Unidas que destacan en el uso de las nuevas tecnologías son Erica Kochi y Christopher Fabian, que dirigen la Unidad de Innovación de UNICEF. Entre otras formas de innovación, en colaboración con un equipo de ingenieros, se ha descubierto cómo convertir los bidones de aceite[35] en resistentes y duraderos quioscos de ordenadores educativos alimentados por energía solar, denominados *bidones digitales*. *Time* lo denominó «el mejor invento de 2011», y el Smithsonian lo presentó en el Cooper Hewitt, el museo Smithsonian de Diseño de Nueva York[36].

Kochi, como Fabian, no es una *techie*. Estudió Economía y Estudios Japoneses en la Escuela de Estudios Orientales y Africanos (SOAS) de Londres, se especializó en filosofía en la Universidad Americana de El Cairo, Egipto, y en medios de comunicación en The New School, Nueva York. Ambos se introdujeron en el trabajo humanitario y han actuado como excelentes traductores entre las Naciones Unidas y el mundo de la tecnología, creando «un puente entre la práctica del desarrollo social y las disciplinas de la tecnología y el diseño», como dijo Kochi en una entrevista en *Forbes* en 2011[37]. Entre otras innovaciones que han encabezado se encuentra un marco de trabajo de código abierto llamado RapidSMS, que permite a la gente del campo recopilar y consolidar datos, convirtiendo cada *smartphone* en una herramienta de recopilación de datos y un mecanismo de entrega de última generación. Por ejemplo, en Zambia y Malawi utilizan dispositivos móviles para entregar los resultados de las pruebas del VIH; así, incluso las personas que viven en zonas remotas pueden comprender los resultados de sus pruebas y seguir con el tratamiento instantáneamente. Hoy, Fabian se dedica a explorar la forma en que las tecnologías de vanguardia, como el sistema público de *blockchain*, podrían utilizarse para inscribir a los doscientos millones de niños menores de cinco años nacidos en territorios de conflicto y que carecen inscripción legal de nacimiento, lo que a menudo impide su acceso a la salud y a la educación[38].

Por tanto, surgen muchas preguntas que hacer a las unidades de innovación de cada organización, como si esta es la mejor manera de abrirse al cambio o si, como en el caso de los cursos de Steve Blank, se debería proporcionar transparencia en torno a los problemas sociales. Sin embargo, estas soluciones innovadoras también ofrecen una esperanza real de lograr nuevos avances sustanciales en la solución de conflictos que afectan a la vida de tantas personas en el mundo. Lo cierto es que, para que esfuerzos como estos resuelvan problemas sociales a gran escala y tengan el máximo impacto, se necesita innovación no solo en lo que se refiere a soluciones específicas para problemas particulares, sino para convertir a los gobiernos en agentes de cambio más dispuestos y eficaces, pues deberían actuar con agilidad en la resolución de problemas, ser más sensibles a las necesidades y derechos de los ciudadanos y, sin duda, ser más transparentes. De hecho, ese fue el caso de un abogado del Gobierno que, tras ser testigo de la devastación en Afganistán, decidió aumentar la transparencia de Estados Unidos.

4. GOBIERNOS ABIERTOS

Muchas *start-ups* se han creado en garajes, como el de la hija de Woj, que alquiló el suyo a los fundadores de Google. Para Zachary Bookman, fue un poco diferente: vivía en un contenedor en Kabul, Afganistán, cuando concibió OpenGov, un *software* de creación de herramientas para ayudar a los gobiernos estatales y locales a acceder a sus datos financieros, a analizarlos y a mostrarlos de forma transparente a sus ciudadanos.

Bookman se licenció en el Departamento de Gobierno y Política de la Universidad de Maryland y luego recibió un doble grado por la Facultad de Derecho de Yale, mientras estudiaba diplomacia y gobernabilidad en Harvard. Como parte de sus estudios en la Kennedy School de Harvard, viajó a Pakistán con una delegación diplomática estadounidense que se reunió con jefes tribales y gobernadores para desarrollar sus conocimientos en temas de gobernabilidad, a partir de lo cual ganó una beca Fullbright para trabajar en Ciudad de México en el Instituto Federal de Acceso a la Información.

Allí estudió la implementación de una nueva ley que establecía una transparencia sin precedentes en el Gobierno mexicano, la Ley Federal de Transparencia y Acceso a la Información Pública Gubernamental. Aprobada en 2002, la ley marcó un hito en lo que Bookman describió, en un artículo sobre sus hallazgos en México, como «un movimiento internacional creciente, tanto a nivel supranacional como dentro de naciones soberanas, para dar a los ciudadanos más conocimiento y, por extensión, más participación en el funcionamiento de las instituciones que rigen sus vidas»[39]. Durante años, el Gobierno mexicano había estado gobernado por el puño cerrado del Partido Revolucionario Institucional o PRI, que había restringido el acceso de la prensa a la información y controlado las elecciones a través de un sistema de patrocinio político corrupto. Bookman descubrió que, aunque la ley estaba dando lugar a algunos avances importantes en materia de transparencia, muchos funcionarios del Gobierno querían detener el proceso, lo que obstruía su aplicación, por lo que la ley no estaba teniendo un impacto sustancial en la reducción de la corrupción. Concluyó diciendo que «la comunidad de la transparencia debe seguir luchando más y más por sus libertades».

Después de regresar de México, Bookman aceptó un empleo como asistente legal en la Corte de Apelaciones de Estados Unidos para el Noveno Circuito, lo que despertó su interés por los pleitos. Luego, se dirigió al semillero de Silicon Valley para trabajar como litigante en el bufete de abogados Keker & Van Nest en San Francisco, donde representó a clientes en disputas sobre contratos y secretos comerciales, y se encargó de casos de delitos de cuello blanco. El trabajo era satisfactorio, pero no le permitía aplicar la experiencia que había desarrollado en temas de gobernabilidad, y se encontró deseando un impacto similar al que había experimentado en Pakistán y México. Decidió reorientar su carrera en torno a su pasión por una mayor gobernanza y transparencia, por lo que presentó su candidatura y fue seleccionado para un puesto de asesor del general del Ejército de Estados Unidos, H. R. McMaster, en el Grupo de Trabajo Conjunto Shafafiyat («Transparencia») de anticorrupción en la sede de la Fuerza Internacional de Asistencia para la Seguridad en Kabul, Afganistán. Se alejó de su vida cómoda en San Francisco y se mudó al otro lado del mundo.

Inmediatamente, comenzó a experimentar las ineficiencias que asolaban incluso a una organización tan sofisticada en logística operativa como el Ejército de Estados Unidos. Su movilización duró meses porque el contrato para su trabajo, que fue emitido por CENTCOM, el Comando

Central, dependía de la aprobación del presupuesto del Congreso, que se prolongó en el tiempo debido a las disputas entre partidos políticos. Cuando Bookman finalmente llegó a Afganistán, se encontró con una serie de problemas. Nadie parecía preparado para su llegada, y sus anfitriones se apresuraron a averiguar quién podría llevarle a donde necesitaba ir y equiparle con la seguridad adecuada. Los soldados que trataban de ayudarlo le hacían todo tipo de preguntas confundidos: «¿Quién puede llevar a Bookman? ¿Tiene funda para su arma? ¿Tiene un cinturón para la funda? ¿Tiene una llave Leatherman para conectar la funda al soporte del cinturón? ¿Dónde está el guardia del taller que tiene una?»[40].

Se suponía que debía presentarse en el recinto de la Fuerza Internacional de Asistencia para la Seguridad, pero nadie parecía conocer el procedimiento para entrar en el recinto: «¿Qué puerta usaremos? ¿Cómo entramos por la puerta y qué pasa si está cerrada? ¿Dónde está su alojamiento? ¿Dónde está el memorándum que autoriza su alojamiento? ¿Dónde está la llave de su habitación? ¿Cómo conseguimos una manta para la cama?». Finalmente, terminó durmiendo en una litera en un contenedor de almacenamiento en el estacionamiento del complejo. Sin embargo, se acuerda de ello con mucho cariño.

El trabajo de Bookman consistía en presionar a las autoridades afganas sobre los principales problemas de corrupción y trabajar con los militares para observar el sistema judicial en las cuatro quintas partes del país, que es rural. A pesar de las grandes presiones de la coalición para que Afganistán adoptara un sistema de justicia formal extranjero, encontró un pueblo orgulloso que guardaba celosamente su forma de vida. En el 80 % del país, la justicia era gestionada por los ancianos locales, sobre la base de un simple consenso. Fue testigo de la corrupción del Gobierno afgano y de la falta de protección de los derechos más básicos de los ciudadanos, que supuestamente debían ponerse en práctica con el nuevo Gobierno. También detectó justicia en la sombra en todos los lugares donde la coalición trataba de imponer un modelo externo a la población local. «El desafío a la estabilidad de Afganistán parecía evidente: ¿cómo puede el Estado proyectar justicia donde no la puede alcanzar?», reflexionó en un artículo que escribió para *The New York Times* en 2012[41]. Se subía a un Chinook y sobrevolaba picos escarpados y ríos marrones hacia aldeas remotas, observando las instalaciones del sistema judicial impuesto por la coalición, pero luchando por ver qué era lo mejor para los afganos, y se dio cuenta del desafío generalizado en todos los sistemas de gobierno y de una necesidad de cambio: la transparencia.

Las experiencias de Bookman en Afganistán alimentaron su determinación de encontrar una solución innovadora para forzar la transparencia gubernamental. Mientras reflexionaba, aún en Afganistán, se puso en contacto con amigos que tenían experiencia técnica, para ayudarle a entender el potencial de la tecnología para hacer que los datos fueran más comprensibles. Básicamente, quería que los datos del gobierno fueran más accesibles al público. Tan pronto como llegó a casa, se acercó a la alcaldía de la ciudad de Palo Alto y preguntó si él y un equipo que había reunido podrían experimentar con la creación de un programa de visualización que mostrara las tendencias en los datos presupuestarios de la ciudad, permitiendo al gobierno analizarlos mejor y también informar mejor al público sobre temas como el impacto de cualquier déficit o aclarar exactamente cómo se estaba gastando el dinero de los contribuyentes.

Asumió que, debido a que Palo Alto era la capital *de facto* de Silicon Valley, debía tener sus datos y tecnología en orden. Bookman recuerda que los funcionarios de la ciudad estaban encantados de entregar los datos, pero le preguntaron: «¿Cómo le damos nuestros datos presupuestarios?». Entonces, se dio cuenta de que los gobiernos no solo necesitaban mejores formas de visualizar los datos, sino medios básicos para extraerlos de sus sistemas. ¡La oficina de presupuesto utilizaba un sistema de contabilidad de treinta años de antigüedad, anterior a Internet! Bookman recuerda: «Pensamos para nosotros mismos: "Venga, podemos resolver esto", así que fundamos OpenGov».

En la actualidad, OpenGov es un servicio de *software* en la nube utilizado por los gobiernos para la gestión de sus finanzas y para proporcionar al público un acceso fácil a la información sobre gastos y cuestiones presupuestarias. Más de mil gobiernos estatales y locales[42] han mejorado así su transparencia, incluyendo ciudades como Santa Fe, Miami, Pittsburgh, Washington D. C. y Minneapolis. El servicio ha evolucionado para ofrecer una gran cantidad de herramientas no solo para la visualización de datos, que era su visión original, sino también para facilitar procesos de trabajo más eficientes y su planificación. Una meta clave es lograr que el trabajo de los funcionarios de la ciudad sea más eficiente, ayudándoles a diseñar mejores presupuestos a la vez que hacen que los gobiernos rinden cuentas de sus decisiones presupuestarias. La misión y el alcance son grandes. «Queremos firmar con todos los gobiernos del país», dice Bookman.

Bookman cuenta con el apoyo de un especialista en finanzas gubernamentales, Charlie Francis, testimonio del hecho de que la innovación tecnológica actual está abierta a cualquiera que esté dispuesto a aceptarla. Francis tiene más de sesenta años y podría retirarse, pero decidió no jubilarse para unirse al equipo de OpenGov, y nunca se había sentido tan motivado por su trabajo. La historia de su carrera demuestra lo apremiante que es la necesidad de mejorar la recolección, el análisis y la transparencia de los datos.

5. OPENGOV EN ACCIÓN

Cuando Francis oyó hablar de OpenGov, se lanzó a convertirse en uno de los primeros en adoptar su tecnología. Era consciente de la necesidad de mejorar el análisis de datos y la generación de informes para los departamentos gubernamentales, a pesar de todas las herramientas informáticas que se habían puesto a su disposición desde que comenzó su carrera. De hecho, cuando aceptó su primer trabajo en finanzas municipales en Denver en 1971, la oficina para la que trabajaba ni siquiera tenía una calculadora, pues eran demasiado caras. En lugar de eso, pegó seis pedazos de papel de libro mayor juntos, mostrando las cifras de treinta y cinco cuentas de la Autoridad de Renovación Urbana de Denver en la parte superior de una mesa de pícnic, y calculó los totales de filas y columnas manualmente, lo que le llevó tres días. Años más tarde, cuando Texas Instruments puso a la venta una calculadora de 250 dólares, le rogó a su jefe que invirtiera en una, y él aceptó. Entonces, Francis memorizó el manual de diecisiete páginas de Texas Instruments y los cálculos le llevaron medio día. Como recompensa, su jefe le dio los siguientes dos días y medio libres.

Francis se convirtió en un entusiasta de la tecnología, dando la bienvenida a todas y cada una de las grandes innovaciones informáticas. Cuando se trasladó para trabajar como director financiero de un pequeño pueblo de la costa de Florida, se lanzaron las primeras computadoras de escritorio, y la de su oficina venía con el programa VisiCalc, el precursor de Lotus 1-2-3 y de Excel, por lo que dejó de necesitar papel y calculadora. Aprovechó la oportunidad para introducir todos los datos financieros municipales que pudo encontrar, puesto que la ciudad no había pasado una auditoría en años y los cheques se devolvían constantemente. Gracias a sus esfuerzos, obtuvo el premio más alto que un especialista en finanzas gubernamentales puede recibir de la Administración de Oficiales de Finanzas Gubernamentales (GFOA), un certificado de excelencia en la presentación de informes financieros. «Era el favorito de la ciudad»[43], dice riendo.

En 1983, cuando salió Lotus 1-2-3, Francis se dio cuenta de que el programa, que incluía la capacidad de crear gráficos a partir de datos, permitía una visualización óptima de la información financiera de la ciudad y utilizó esto para ahorrar dinero a su Administración. Tras ingresar los datos de diez años sobre los ingresos semanales de los cinco estacionamientos de playa de la ciudad, creó un gráfico que rastreaba los ingresos a través del curso de cada año. Entonces, detectó un descenso significativo de los parquímetros en la misma semana cada año y se devanó los sesos tratando de averiguar qué podría estar causando aquel desajuste. «Entonces, una noche que estaba leyendo a Sherlock Holmes, y este dice: "Watson, si ha eliminado todo lo posible, lo imposible debe de ser cierto". Al día siguiente, fui a ver al jefe de policía y le dije: "Cliff, en esta semana del año que viene, pondremos vigilancia en este estacionamiento"». La corazonada de Francis resultó ser cierta. «La primera noche de esa semana, apareció un grupo de criminales que pagaban sus vacaciones de verano robando de los contadores, ayudados por un trabajador que les proporcionaba una llave maestra».

Años más tarde, Francis aceptó un trabajo como director de servicios administrativos y tesorero de la ciudad de Sausalito, un paraíso marítimo al norte de San Francisco. «Acababa de llegar a Sausalito como nuevo director financiero y la recesión de 2008 estaba empezando», recuerda. «Las ciudades estaban abriendo sus acuerdos laborales, implementando permisos y recortando sueldos y beneficios». Sus homólogos en la mayoría de las ciudades y pueblos recomendaban recortes, y su jefe le pidió lo mismo. Pero, cuando examinó los datos, se dio cuenta de que Sausalito tenía recursos para sobrevivir a la recesión y sugirió que, en lugar de tomar medidas drásticas, el pueblo llevara a cabo un programa de estímulo económico. Tras presentar el caso a unos superiores escépticos, Francis luchó poderosamente para exportar los datos de varios sistemas y tratar de hacerlos accesibles.

Después de su carrera en finanzas municipales, todavía no tenía las herramientas necesarias para revelar los datos a los funcionarios, y mucho menos al público. Recuerda cómo se sintió al ver por primera vez el *software* OpenGov: «Tan pronto como vi la demo, me enamoré». En aquel momento, el mismo Zachary Bookman estaba mostrando OpenGov a diversos funcionarios del Gobierno y, cuando Francis sacó su tarjeta de crédito personal para pagar el servicio, Bookman le dijo: «Firma el contrato, Charlie, confiamos en que Sausalito pueda pagarnos». Sausalito se inscribió, y Francis convirtió sus datos municipales en un modelo de belleza y transparencia, con informes para todo.

Para 2012, Charlie había trabajado con OpenGov para incorporar toda la información pública de Sausalito, haciéndola visualmente navegable y había organizado los datos presupuestarios en ocho informes que abarcaban veintitrés años de historia, lo que permitió a los demás administradores y al público ver las tendencias desde 2002 y volver la mirada hacia el futuro mediante proyecciones hasta 2026. «Eso me ayudó a crear una relación de confianza con el público», recuerda, «demostrando que estábamos haciendo lo correcto». Por ejemplo, cuando observó que los gastos del departamento de bomberos generaban un aumento en el presupuesto que causaría una crisis, pudo convencer al sindicato que representaba a los bomberos para que negociara un nuevo contrato de trabajo y explicara por qué era necesario. También fue capaz de reunir apoyo y de obtener más fondos para mejorar la ciudad. Mientras que gran parte del público apoyó un pequeño aumento de impuestos para financiar los proyectos, una minoría se opuso. «Utilicé OpenGov para mostrar exactamente cómo se utilizarían los ingresos y hacer ver que no se gastaría en pensiones o gastos operativos, sino que se dedicaría por completo a proyectos de capital». Al final, la medida fue aprobada por el 63 % de los votos. «OpenGov revitalizó mi pasión por el gobierno local y las finanzas», comenta. «A los sesenta y cinco años, me estaba cansando un poco. Esto llegó y me cambió totalmente».

En agosto de 2015, invitado por Zachary Bookman, Francis presentó su renuncia y se trasladó una hora al sur de Redwood City para unirse a OpenGov como director y experto. Hoy en día, su rol es conseguir que los líderes municipales y los funcionarios locales sientan el mismo entusiasmo que él sintió, por lo que viaja por Estados Unidos y dirige talleres para ayudar a otros directores financieros a entender el poder de los datos. «Esto es revolucionario. Quiero evangelizar a los viejos *baby-boomers* como yo que se acercan a la jubilación. En el gobierno local no te recompensan, pero sí te castigan. Para que este tipo de herramienta revolucionaria sea aceptada, tenemos que ser capaces de convencer a mucha gente de que la utilice de una manera habitual. Acabo de conocer a una mujer en un pequeño pueblo llamado Burnet, Texas. Es tan mayor como yo y está emocionada por usar OpenGov». Francisco es un evangelista de productos que aprovecha cuarenta años de experiencia municipal para cuestionar cómo se han hecho las cosas, trabajando con *techies* para construir productos que faciliten la vida de decenas de miles de empleados del Gobierno y mejoren su transparencia.

En resumen, no hay duda de que las oportunidades de aplicar las nuevas herramientas tecnológicas para avanzar en el bien social son ilimitadas, tanto para los jóvenes como para aquellos con una larga experiencia. Por supuesto, las preocupaciones sobre cómo los avances tecnológicos darán forma a nuestras vidas están bien fundadas; las tecnologías pueden ser utilizadas para infligir un gran daño e, incluso cuando están destinadas a mejorar nuestras vidas, pueden tener consecuencias imprevistas y desafortunadas. La mejor manera de asegurar su potencial para fortalecer nuestra seguridad, resolver problemas sociales y aliviar el sufrimiento en todo el mundo es asegurar una colaboración más creativa, como la que está encabezada por Hacking 4 Defense en Stanford y el Centro de Innovación de UNICEF. Cualquiera que tenga voluntad y confianza creativa está facultado y cuenta con el extraordinario conjunto de herramientas tecnológicas para desempeñar un papel importante en el desarrollo social. Como líderes de organizaciones, ciudades y gobiernos, no solo debemos pensar en ser más *techies*, sino en cómo podemos unir esta habilidad a un factor humano que aborde problemas sociales urgentes.

8

EL FUTURO
DE LOS
EMPLEOS

Silicon Valley se conoce por ser el centro de la innovación, pero algunos de los trabajos más avanzados en la aplicación de nuevas herramientas tecnológicas se están llevando a cabo muy lejos de allí, en el remoto *outback* australiano.

La ciudad de Perth, en la costa del suroeste de Australia, es uno de los centros urbanos más aislados del mundo, rodeado por cientos de miles de kilómetros cuadrados del desierto árido del *outback*, donde un cielo azul profundo se une a un horizonte cubierto de tierra roja. Perth está conectado con Sydney, en la costa este de Australia, por el ferrocarril Indian Pacific, y su función es exactamente esa: conectar un océano con otro. Mirando hacia el oeste desde Perth hay un tramo de 8000 kilómetros ininterrumpidos de agua, que finalmente se adentra en las costas del sureste de África.

Con un aire similar a San Diego, California, y caracterizado por una tranquila y alegre atmósfera y un horizonte elegante, Perth se ha convertido en una próspera metrópoli a pesar de su ubicación, por la misma razón por la que las ciudades de la costa de California florecieron; el territorio circundante es rico en metales preciosos. Las compañías mineras, incluyendo BIS Industries y Rio Tinto, tienen ahí un negocio en auge.

La perspectiva de un salario de más de 160 000 al año para quienes trabajaran en minas de hierro y oro atrajo a miles de jóvenes de toda Australia durante más de cien años[1]. Pero, durante la última década, las compañías mineras han implementado la automatización de máquinas para mejorar la seguridad y eficiencia de sus operaciones, convirtiéndose en una de las industrias más automatizadas, y los camiones Volvo autopropulsados fabricados en Suecia se utilizan en grandes minas a cielo abierto en toda Australia. Scania, otra compañía de vehículos sueca, ha sido pionera en el uso de camiones que utilizan sensores GPS y LIDAR (de detección y disposición de la luz) para operar con eficiencia óptima, minimizando el consumo de combustible. Se dice que los camiones han mejorado su eficiencia entre un 15 y un 20 %[2]. El conglomerado minero Rio Tinto reporta una mejora del 12 % a través de sus propias automatizaciones, lo que ahorra millones de dólares no solo en petróleo y gas, sino también en la reducción de consumo de caucho[3].

Antes de los camiones automatizados, los humanos conducían vehículos como el CAT 797, un camión de 4000 caballos, de color amarillo brillante, capaz de transportar cuatrocientas toneladas. Cada camión CAT 797 cuesta alrededor de 5.5 millones de dólares, y solo sus llantas, 40 000 dólares cada una. Aunque suena descomunal por un neumático, nos da una idea de la magnitud de las llantas. Cada camión requiere de seis neumáticos Bridgestone 59/80R63 XDR, que miden cuatro metros de alto y pesan casi 5500 kilos. Cada neumático tiene un soporte metálico de 900 kilos, suficiente para construir dos coches pequeños, y está envuelto en suficiente caucho para hacer seiscientos neumáticos de automóvil estándar[4].

¿Cómo pudo permitirse Rio Tinto esa adquisición? Los seres humanos conducen a velocidades variables y, subiendo y bajando, frenan más de lo necesario, lo que resulta en un desgaste y una posterior rotación de los neumáticos. De hecho, una de las razones por las que Rio Tinto y otros cambiaron a los camiones automatizados fue por el ahorro en camiones de goma, que solo utilizan los frenos cuando es necesario, aumentando la vida útil de esos costosos neumáticos.

En un remoto rincón australiano, una región árida y poco poblada conocida como Pilbara, Rio Tinto también ha sido pionera en sistemas autónomos de transporte y perforación desde 2008. La compañía cuenta con más de sesenta camiones autónomos, que han recorrido 3.9 millones de kilómetros desde 2012, cargando el mineral de hierro extraído en el sistema AutoHaul de Rio Tinto, el primer ferrocarril de larga distancia del mundo totalmente autónomo y de gran capacidad. Rio Tinto llama a esto su «mina del futuro», dirigida desde un lugar que se encuentra a cientos de kilómetros de distancia, en Perth, por un personal de operaciones de cuatrocientas personas que administran un total de 15 minas, así como 31 pozos de mineral de hierro, 4 terminales portuarias y 1600 kilómetros de vías férreas. Este manejo remoto es posible gracias a un *software* de interpretación de datos que identifica las masas procedentes de los sensores de los vehículos autónomos e instalados en las minas y muestra imágenes de fácil lectura para controladores, geólogos, equipos de perforación y voladura y demás personal que supervisa la actividad. Esta tecnología permite que las máquinas trabajen de forma autónoma en los peligrosos pozos mineros para que los humanos no tengan que hacerlo[5].

Estos casos de éxito en la automatización, que se están expandiendo a un número cada vez mayor de industrias, han alimentado la preocupación por la pérdida masiva de empleos que Martin Ford predice en *El ascenso de los robots*[6], por lo que han saltado también las alarmas académicas. En un estudio de 2013, realizado por los economistas de la Universidad de Oxford Carl Frey y Michael Osborne, titulado «El futuro del empleo: qué tan susceptibles son nuestros trabajos a la computarización», los autores concluyeron que «el 47 % del empleo total en Estados Unidos está en alto riesgo» por la automatización de máquinas en las próximas dos décadas[7]. Es más, aún no está claro cuántos puestos de trabajo serán sustituidos.

Este desplazamiento del trabajo humano se conoce como «desempleo tecnológico». No es la primera vez que se escucha el argumento de que millones de humanos perderán su empleo, sin que este sea reemplazado, como ocurrió en los albores de la Revolución Industrial o durante la Gran Depresión a principios del siglo xx. De hecho, el economista John Maynard Keynes creía la pérdida de empleos por los avances tecnológicos había desembocado en la creación de «medios de economizar el uso de la mano de obra, superando el ritmo al que podemos encontrar nuevos usos»[8]. No obstante, la historia contradice esa tesis: al mismo tiempo que avanzaban las olas de innovación tecnológica, provocando dicho desplazamiento, se crearon nuevos y diferentes puestos de trabajo que compensaron las pérdidas. Durante la Revolución Industrial, la gran mayoría de los trabajos agrícolas fueron reemplazados por trabajos en fábricas, de modo que, mientras que en 1900 aproximadamente el 50 % de los empleos estaban en granjas, hoy se ha reducido al 2 %. Del mismo modo, desde mediados hasta finales del siglo xx, el trabajo manufacturero fue automatizándose gracias a la introducción de la robótica en la fábrica o se envió al extranjero, a países menos desarrollados, tras lo cual, una vez más, surgieron nuevos puestos de trabajo, esta vez en el sector servicios.

No obstante, Martin Ford argumenta que la ola actual de innovación tecnológica conducirá a un desplazamiento de puestos de trabajo aún más severo que cualquier otro. En otras palabras, sostiene que esta vez es diferente y que se crearán menos puestos de trabajo porque las máquinas son ahora capaces de realizar no solo tareas manuales, sino también algunas tareas cognitivas, y seguirán mejorando su carrera por la imitación de la inteligencia humana, razón por la cual asegura que las máquinas se harán cargo de muchos trabajos de cuello blanco de alto nivel, así como de los manuales.

En este capítulo, exploraremos la mejora tecnológica continua y cómo puede ser utilizada en favor de la humanidad, especialmente mediante habilidades «blandas» fomentadas por las artes liberales, que garantizarán seguridad laboral.

1. LA FUERTE DEMANDA DE COMPETENCIAS «BLANDAS»

Ya mencionamos en capítulos anteriores la investigación del economista de Harvard David Deming sobre cómo las habilidades sociales logran que los equipos de negocios se desempeñen de manera más eficiente. Deming llevó a cabo una investigación pionera sobre el valor de estas habilidades en el mercado laboral y descubrió que «los empleos cognitivos de más rápido crecimiento, como gerentes, profesores, enfermeros y terapeutas, médicos, abogados e incluso economistas, requieren de una interacción interpersonal significativa», lo que quiere decir que, para llevarlas a cabo, se requiere una competencia real en habilidades *fuzzies* que implica tanto la comprensión de la naturaleza humana como la rendición de cuentas sobre ella en las interacciones. En su edición de 2015, en el documento de trabajo de NBER titulado «The Growing Importance of Social Skills in the Labor Market» ['La creciente importancia de las habilidades sociales en el mercado laboral'], Deming reportó que aquellos empleos que otorgaban importancia a las habilidades sociales habían crecido alrededor de un 10 % desde 1980. Irónicamente, también encontró que el mercado de empleos en muchos de los campos STEM, por el contrario, había disminuido un 3 % durante el mismo período. De hecho, Deming argumentó que «la ralentización en el crecimiento de los puestos de trabajo altamente cualificados está impulsada por las ocupaciones de ciencia, tecnología, ingeniería y matemáticas (STEM)» y que, entre estas ocupaciones, los ingenieros, los programadores y el apoyo técnico y los técnicos de ingeniería y ciencias son los puestos de trabajo que se están reduciendo más rápidamente[9]. En cambio, otros trabajos en campos STEM, como ciencias de la computación, matemáticas y estadística, están creciendo, aunque su ritmo es mucho más lento que los trabajos que requieren fuertes habilidades sociales[10]. Es más, el 92 % de los 900 ejecutivos encuestados por *The Wall Street Journal* en 2016 afirmaron que las habilidades sociales eran «igualmente importantes o más importantes que las habilidades técnicas» y el 89 % reportaron que les resultaba complicado encontrar candidatos con esas habilidades[11].

Es probable que esta creciente necesidad de talento en competencias blandas y la reducción de puestos de trabajo en disciplinas STEM se acelere en los próximos años debido a una mayor democratización de los instrumentos técnicos, que serán cada vez más intuitivos, y a la formación de trabajadores más competentes desde el punto de vista tecnológico en el mundo desarrollado. En las últimas décadas la globalización ha generado la subcontratación de una gran cantidad de puestos de trabajo en la industria manufacturera, así como trabajos cognitivos y muchos de los puestos de trabajo en tecnología desempeñados por trabajadores estadounidenses se enviarán al extranjero. Este es el caso de Andela, una empresa con sede en Nueva York de la que hablamos previamente, que dirige un Programa de Liderazgo Técnico en Lagos, Nigeria, y Nairobi, Kenia, para capacitar a *techies* en ciernes. La tasa de admisión es tan reducida, menos de un 1 %, que hace que sea «más difícil entrar ahí que en Harvard», según la CNN[12]. Andela recibió 40 000 solicitudes para 280 plazas en 2016, y ya cuenta con 200 programadores en Nigeria y Kenia. Por su parte, el programa enseña habilidades de programación de alto nivel y vende sus servicios tecnológicos. De hecho, los líderes del sector de la computación, como Microsoft e IBM, han trabajado con el servicio. Aunque Andela solo está rascando la superficie de lo que se convertirá en una enorme fuerza laboral de tecnólogos extranjeros, ya ha llamado la atención de Mark Zuckerberg y Google Ventures, que invirtieron 24 millones de dólares en 2016.

Como escribió la reportera de educación Valerie Strauss en *The Washington Post*, «destrozar las humanidades parece haberse convertido prácticamente en un deporte»[13]. Marc Andreessen y Vinod Khosla, cuyos comentarios despectivos sobre las humanidades citamos anteriormente, se han unido al coro de críticas. Y, como señala Strauss, estas son particularmente populares entre los políticos, quienes cantan, sin duda, la canción que muchos de sus electores quieren escuchar. El gobernador de Kentucky, Matthew Bevin, sugirió que Kentucky redujera los fondos estatales para la especialidad en literatura francesa. El exgobernador de Florida y excandidato presidencial Jeb Bush afirmó que las universidades deberían advertir a los estudiantes: «Oye, ese asunto importante de la psicología, esa cosa importante de la filosofía, eso es genial, las humanidades son importantes..., pero date cuenta de que vas a estar trabajando en un Chick-fill-A». De hecho, el senador de Florida, Marco Rubio, argumentó erróneamente que los soldadores ganan más dinero que los licenciados en Filosofía, «porque el mercado de filósofos griegos es limitado»[14].

Sin embargo, la gran ironía de todas estas críticas es que las humanidades y el cultivo de las habilidades humanas, que las máquinas no pueden ni siquiera aproximar, están allanando el camino hacia empleos más fiables y continuarán haciéndolo en los años venideros. El economista laboral de Harvard Lawrence Katz, con quien David Deming estudió y con quien colabora, asegura: «De hecho, creo que una educación en artes liberales realmente fuerte puede ser más valiosa en el futuro». El éxito, argumenta, estará determinado por la «capacidad de uno para manejar lo que no puede ser convertido en un algoritmo; lo bien que se manejan problemas no estructurados y nuevas situaciones»[15].

2. PREDICCIONES EXAGERADAS DEL DESPLAZAMIENTO DE LAS HABILIDADES «BLANDAS»

Algunos podrían objetar que la investigación de Deming está OUTPAST, de 1980 a 2012, de cuando comenzó a despegar el aprendizaje automático. Sin embargo, hemos asistido a increíbles hazañas actuales, como la victoria de DeepMind de Google ante el campeón mundial de Go; ¿no será que la tecnología está avanzando ahora y que, en el futuro, como afirma Martin Ford, muchos trabajos para los que las habilidades sociales son tan importantes pronto serán asumidos por las máquinas?

En el verano de 2016, el *McKinsey Quarterly* publicó un análisis de ochocientas ocupaciones que ahondaba en esta cuestión. Los investigadores evaluaron cuáles de las más de 2000 tareas comprendidas dentro de dichas ocupaciones eran susceptibles a la automatización de máquinas y concluyeron que, «si bien la automatización eliminará muy pocas ocupaciones por completo en la próxima década, afectará a casi todos los trabajos en mayor o menor grado, dependiendo de lo que impliquen»[16]. De hecho, los investigadores del Instituto Global McKinsey apuntan a un argumento vital que no ha recibido la atención adecuada en el debate sobre el futuro desempleo tecnológico: mientras que las máquinas se harán cargo de muchas de las tareas realizadas como parte de los trabajos, no podrán ocuparse de muchos trabajos en su totalidad o, al menos, no en un futuro previsible. De hecho, solo mejorarán la calidad de los puestos de trabajo al hacerse cargo de las tareas más repetitivas, que entumecen la mente. Por supuesto, también hay categorías de empleos donde la viabilidad técnica de la automatización a corto plazo será superior a las tasas de cambio de las décadas anteriores, pero los investigadores de McKinsey estiman que solo el 5 % podrán automatizarse por completo, lo que contrasta con el estudio de Oxford que asegura que el 47 % de los empleos en Estados Unidos se encuentran en «categoría de alto riesgo» por la automatización de máquinas. Los autores del primer estudio revelaron que alrededor de un 30 % de las tareas[17] del 60 % de los empleos cambiarán, pero esto generará un entorno cambiante donde la flexibilidad del trabajador será una habilidad crucial.

Para comprender mejor qué tipos de máquinas se harán cargo en un futuro previsible o no de ciertos empleos y por qué esas habilidades blandas alimentadas por las humanidades continuarán ofreciendo un entorno competitivo, es valioso basarse en el análisis de los economistas del MIT Daron Acemoglu y David Autor, que exploran el impacto de las nuevas tecnologías en el mercado laboral y los puestos de trabajo que están en peligro de desplazamiento. Basándose en un trabajo previo de Autor con Frank Levy y Richard Murnane[18], usaron un marco sencillo para realizar dicha evaluación basado en la clasificación del trabajo en cognitivo o manual, rutinario o no rutinario, pues aseguran que las tareas rutinarias, ya sean de naturaleza cognitiva o manual, podrán automatizarse, mientras que las tareas manuales no rutinarias o las tareas cognitivas abstractas se encuentran relativamente a salvo de la automatización a corto plazo[19].

Acemoglu y Autor definen las tareas rutinarias como aquellas que un humano comprende tan bien que puede escribir un conjunto específico de instrucciones en un programa que las ejecute. «Para que un ordenador realice una tarea de forma autónoma», escriben, «esta debe estar lo suficientemente bien definida (es decir, programada) para que una máquina que carezca de flexibilidad o juicio pueda ejecutar la tarea con éxito siguiendo los pasos establecidos por el programador. Por consiguiente, los ordenadores y los equipos controlados por ordenador son altamente productivos y fiables a la hora de realizar las tareas que los desarrolladores pueden programar, pero son bastante ineptos para todo lo demás». En cambio, las tareas no rutinarias son aquellas que no se pueden dividir en un conjunto de instrucciones; no todas están basadas en habilidades de alto nivel, sino que pueden ser manuales o muy abstractas, o requerir pensamiento creativo y original, resolución de problemas, intuición, persuasión y creatividad.

Las tareas rutinarias son la piedra angular de muchos trabajos, especialmente de los de cualificación media, y eso incluye muchas tareas manuales y cognitivas. El mismo estudio del Instituto Global McKinsey estima que más del 78 % de las tareas físicas rutinarias de trabajo, como soldar, ensamblar, empacar o preparar productos o comida, así como el 90 % de dichas tareas podrán automatizarse en el futuro. De hecho, la compañía Momentum Machines ha inventado un robot que prepara seis hamburguesas por minuto. Además, ya está disponible el *check-in* automático en los hoteles o incluso en cafeterías, y el análisis de McKinsey sugiere que el 73 % de los servicios de alimentación y alojamiento son técnicamente capaces de automatizarse. En el sector minorista, se estima que hasta un 53 % de todas las actividades podrían automatizarse, como la gestión de existencias, la logística, el embalaje y el envío de mercancías.

Por supuesto, la viabilidad técnica solo es uno de los factores determinantes de dicha automatización, es decir, que la tecnología y el trabajo no son sustitutos perfectos, y los costes de inversión en tecnología, el coste· de la mano de obra alternativa y las normas y reglamentos sobre dicha sustitución también tendrán un rol importante. Por ejemplo, en China, donde la mano de obra es mucho más barata, las fábricas cuentan con 36 robots por cada 10 000 trabajadores, mientras que Alemania tiene 292; Japón, 314 y Corea, 478, debido a un coste significativamente mayor en mano de obra[20]. Sin embargo, a medida que el coste del desplazamiento disminuya —un fenómeno inevitable—, se cruzará un umbral definitivo de sustitución de mano de obra humana por tecnológica.

Acemoglu y Autor destacan que, por el contrario, las tareas no rutinarias, tanto manuales como cognitivas, seguirán siendo competencias humanas; mientras que la mayoría de los trabajos cognitivos requieren niveles más altos de educación en comparación con los manuales, Acemoglu y Autor argumentan que todas estas tareas no rutinarias tienen una cosa en común: son mucho menos susceptibles a la automatización tecnológica.

3. LA SITUACIÓN IMPORTA

Aunque el marco de trabajo de Daron Acemoglu y David Autor permite discernir qué trabajos es probable que sean asumidos por las máquinas, prescinde de una caracterización de los diversos tipos de situaciones en las que las personas deben realizar su trabajo, puesto que no se compone solo de tareas, sino de un entorno y ciertas características.

Esto nos lleva de vuelta a Andreas Xenachis, el analista del USS Blue Ridge que monitoreaba una avalancha de datos en el mar de China Meridional, cuya situación era compleja. En sus juicios, debe tener en cuenta qué consejo enviar a su comandante, revelando no solo lo que muestran los datos, sino otros factores, como las diversas conexiones entre partes con reivindicaciones territoriales que no se resuelven, sino que están en constante cambio, así como todo lo que se encuentra entre sus intereses estratégicos. También tiene que dar cuenta de las debilidades del comportamiento humano, que a menudo nos llevan a actuar en contra de nuestro interés estratégico, y de la posibilidad de malentendidos y de problemas accidentales. Puede ser que un barco de la Guardia Costera china no tenga la intención de ponerse en el camino de un pesquero vietnamita que simplemente calculó mal la velocidad del barco y no logró apartarse del camino. Esta es la razón por la que tantos humanos altamente capacitados y con un profundo conocimiento de la materia están a cargo de los monitores de C4I y chatean vigorosamente entre ellos para hacer sus evaluaciones en tiempo real[21]. Hay muchas propiedades concurrentes y emergentes, y los diversos comportamientos impactan la cadena potencial de eventos.

El investigador David J. Snowden y la consultora de gestión Mary E. Boone desarrollaron un método muy potente que analizaba la naturaleza de cada situación y determinaba el conjunto de habilidades necesarias para hacer un buen trabajo: el Maro Cynefin. Fue desarrollado específicamente de cara al trabajo de ejecutivos de alto rango, pero también se aplica en otros niveles. Snowden y Boone sostienen que, con demasiada frecuencia, los líderes adoptan un enfoque único para la gestión cuando la variedad de situaciones con las que deben lidiar es ingente. Los líderes deberían, en cambio, ajustar su enfoque en función de una serie de factores, y la delimitación de dichos factores por parte de Snowden y Boone ayuda en gran medida a clarificar las líneas entre los trabajos que las máquinas serán capaces de realizar por sí solas y los que en un futuro previsible seguirán siendo realizados por los seres humanos[22].

Cynefin (*ku-nev-in*) es una palabra galesa, seleccionada por Snowden en honor a sus orígenes y que expresa un concepto que en otros idiomas requiere una frase completa de traducción. El significado, tal y como lo traduce Snowden, es «los múltiples factores de nuestro entorno y nuestra experiencia que nos influyen en formas que nunca podremos entender». El marco de trabajo divide las situaciones de manejo en cinco categorías: simple, complicada, compleja, caótica y desordenada. Los líderes evalúan primero la situación y la clasifican en una de las categorías para determinar una estrategia óptima, puesto que cada una requiere un enfoque diferente. Por ejemplo, en situaciones simples o complicadas, las relaciones de causa y efecto son perceptibles, y los líderes pueden evaluar los hechos y decidir qué hacer. Sin embargo, en contextos complejos y caóticos no existe relación aparente entre causa y efecto; los patrones y propiedades emergentes, tanto de los datos como del comportamiento, determinan cómo debemos actuar.

En la quinta categoría, desorden, incluso las situaciones simples se manejan mal, tal vez porque hay facciones en duelo dentro de una organización, o una serie de perspectivas diferentes sobre el mejor curso de acción, por lo que no queda claro cuál es el precedente. Otra causa puede ser la unión de varios asuntos que necesitan una acción inmediata, razón por la cual ninguno de ellos recibe la atención que merece.

Combinando este marco con la distinción de Daron Acemoglu y David Autor entre trabajos rutinarios y no rutinarios, podemos llegar a una evaluación más refinada de por qué un graduado en humanidades va a mantener su valor en tantos tipos de trabajo. Tanto los trabajos manuales rutinarios como los trabajos cognitivos rutinarios que se realizan en situaciones simples se pueden dividir estrictamente en un conjunto de mejores prácticas, por lo que se automatizarán cada vez más. Por ejemplo, en el sector logístico, las tareas que se asumen pueden incluir embalaje y expedición o montaje de mercancías en palés. En la empresa alemana de logística exprés DHL, el 20 % de las instalaciones ya están automatizadas y colaboran con Rethink Robotics, fabricante de un robot llamado Baxter. Como ya se ha mencionado, en el sector de la hostelería, las tareas automatizadas incluirán el registro de personas y la prestación de servicios de habitaciones en entornos altamente controlados, como los ascensores o los pasillos de los hoteles. Pero, además, en otras industrias, como la de la salud, los asistentes de enfermería dedican dos tercios de su tiempo a recopilar manualmente información, algo que ya es posible gracias a la tecnología de sensores pasivos[23]. Todos estos trabajos contienen una alta proporción de tareas manuales que pueden ser codificadas en reglas y que se realizan en entornos relativamente simples y predecibles. Muchas de las tareas cognitivas también son en gran medida rutinarias y ya no son necesarias.

El marco Cynefin

Simple: La relación entre causa y efecto es bastante fácil de discernir, y el mejor enfoque es evaluar la situación, categorizarla y responder con mejores prácticas, un guion codificado. Este es el reino de los «saberes conocidos».

Complicado: La causa y el efecto pueden ser discernidos, pero requieren un análisis o investigación por parte de expertos. Entonces, el mejor enfoque es aproximarse al problema, analizarlo y responder. El rol del líder es la obtención de la mayor cantidad de información posible de una amplia variedad de expertos y la toma de medidas decisivas. Las buenas prácticas no están codificadas como en las situaciones simples, pero el entorno está basado en hechos. Este es el reino de las «incógnitas conocidas».

Complejo: Se puede ver la relación causa-efecto, pero solo en retrospectiva. A diferencia de los dos primeros contextos, en los que existen respuestas correctas, en este no existe una respuesta correcta definitiva. En lugar de tratar de imponer orden a la situación, el líder necesita dejar que surjan patrones y luego usar esa información para optar por la mejor opción. Este es el reino de las «incógnitas desconocidas».

Caótico: La relación causa-efecto es imposible de determinar porque todas las variables cambian rápidamente. Tratar de determinar la causa es casi imposible y, por lo tanto, se vuelve menos importante que la clasificación; es mejor tratar de detener la hemorragia, tomar medidas para establecer un orden básico, ver qué falta y trabajar para llevar la situación de caótica a compleja, donde hay herramientas para extraer patrones de los datos.

Desordenado: El mejor enfoque es dividir la situación en partes individuales y clasificarlas en cada uno de los cuatro contextos anteriores de acuerdo con los métodos de gestión tecnológicos.

Las situaciones muy uniformes pueden llevarse a cabo de forma programada. De hecho, muchos trabajos cognitivos cuentan con muchas tareas que involucran mejores prácticas, en las que se requiere que los empleados respondan de manera predeterminada. Esto es cierto, por ejemplo, en un servicio de atención al cliente, donde los empleados cuentan con guiones prescritos. Estos trabajos cognitivos también son altamente susceptibles a la automatización, como demuestra el aumento de bots de servicio al cliente, es decir, de programas informáticos de procesamiento del lenguaje natural que pueden hablar con voz humanoide y escuchar automáticamente las preguntas de los clientes, así como sus frustraciones, dado que la tecnología todavía tiene un largo camino por recorrer hasta la competencia humana. Sin embargo, esto no ocurre solo en trabajos cognitivos más manuales: es cierto que, en el comercio minorista, el 47 % de las actividades podrían automatizarse, pero, según McKinsey, más del 86 % de los trabajos de auditoría, consultoría y contabilidad podrían realizarse a través de la tecnología[24]. En otras palabras, existe mayor riesgo de automatización para el trabajo cognitivo de alta cualificación que para el manual. Otros ámbitos, como gestión de patrimonios, donde los asesores tienen en cuenta las preferencias de asignación y la tolerancia al riesgo, y operan con arreglo a los principios de buenas prácticas, también son precarios. Los llamados roboasesores ya ayudan a optimizar las carteras, haciendo del rol del planificador financiero una gestión de relaciones más suave y con habilidades interpersonales.

La fabricación sigue en gran medida normas estrictas y se lleva a cabo en un espacio de montaje relativamente sencillo y altamente controlado. Por esta razón, la automatización, que ya se ha apoderado de gran parte de la fabricación, seguirá avanzando. La agricultura hidropónica de interior, u otros tipos de trabajo en entornos estructurados, serán más susceptibles que la ganadería, donde hay más variabilidad. Sin embargo, es importante tener en cuenta que, incluso en entornos altamente estructurados, aún es pronto para la robótica. En Amazon, uno de los sistemas de almacenamiento más avanzados del mundo, donde hay 30 000 pequeños robots Kiva de color naranja que levantan y transportan mercancías de un lugar a otro, las capacidades son limitadas. Según el científico en robótica Andreas Koller, «es más fácil construir un coche autónomo que un robot de almacén [...]. Los almacenes, por su variedad, están menos estructurados que las autovías y las autopistas»[25]. En otras palabras, incluso estos entornos plantean un reto importante.

Para el trabajo en situaciones complejas, la capacidad de las máquinas de asumir el control es aún más limitada. El aprendizaje automático parece sugerir que algunas tareas, rutinarias y no rutinarias, cognitivas y manuales, que se realizan en estos entornos pueden automatizarse. Por ejemplo, los automóviles que conducen por cuenta propia realizan tareas cognitivas y manuales que, en muchos sentidos, no son rutinarias. Pero los diversos entornos en los que los coches autónomos tienen más éxito podrían clasificarse como más complicados si se examinan más de cerca. Por ejemplo, la conducción en carretera, aunque más predecible que la conducción urbana, no se realiza en un entorno controlado, como una fábrica. La razón por la que la automatización se ha afianzado en la minería es precisamente porque el medioambiente, aunque peligroso para los seres humanos, es complicado y no complejo. Los problemas que aún no se han resuelto por completo de cara a la seguridad de los coches autónomos en todos los escenarios sugieren que, aunque los coches autopropulsados de Google zumben alrededor de Mountain View y los coches de Uber naveguen por las calles de Pittsburgh, se necesita mucha más investigación y desarrollo, y su despliegue será por etapas, con umbrales establecidos para la seguridad. En lugar de la «automatización en serie» de todo o nada que persiguen Google y Tesla, Daniela Rus, directora del departamento de Informática y Comunicaciones del MIT, del Laboratorio de Inteligencia Artificial aboga por la «automatización paralela»[26] o el «sistema del ángel guardián», que se mantiene observando hasta que puede ayudar e intervenir cuando los sensores de a bordo anuncian un accidente. Dados los desafíos de la autonomía total tanto en entornos de alta velocidad como de alta complejidad, este enfoque «inteligente», en lugar de autónomo, puesto en marcha por Toyota en colaboración con el MIT, resulta prometedor.

Esto se debe a que, en situaciones complejas y en situaciones caóticas y desordenadas, la automatización todavía está lejos de conseguirse o quizá nunca pueda lograrse. Estas situaciones requieren de una interpretación dinámica, no rutinaria, altamente ágil, y la subsiguiente improvisación de análisis y acción. Aunque existen tareas repetitivas, tanto manuales como cognitivas, que serán entregadas a las máquinas, estos entornos requieren un aprendizaje *in situ* mediante la práctica, un aprendizaje que no puede ser preprogramado o enseñado sin ensuciarse las manos. Hacer volar un avión es un ejemplo de trabajo en el que una gran parte se ha

automatizado desde hace mucho tiempo; sin embargo, no hemos eliminado a los pilotos. El andamiaje tecnológico puede ocuparse de casi todas
las mejores e incluso buenas prácticas en vuelo, pero los aviones siguen
necesitando la aportación humana para completarlas en complejidad. De
hecho, a pesar de la alta automatización de la aeronáutica y la aviónica
de cabina de vidrio, Boeing ve la necesidad de que la industria contrate a
30 850 pilotos cada año durante los próximos veinte[27], ya que el arte de
pilotar un avión puede cambiar rápidamente de situaciones complicadas
a complejas, o caóticas, en las que incluso los pilotos y su juicio y experiencia humana pueden no ser capaces de responder adecuadamente.

Cuando los dos motores del Airbus A320 que pilotaba el capitán Chesley
B. «Sully» Sullenberger III se desprendieron poco después de despegar
del aeropuerto de LaGuardia, Nueva York, mientras el avión se elevaba a
novecientos metros sobre el Bronx, Sully aprovechó su amplia experiencia
de vuelo para aterrizar valientemente el avión en el río Hudson. Como
piloto de las Fuerzas Aéreas[28] había pasado muchos años en la cabina del
pesado avión de combate F-4 Phantom y sabía cómo debía frenar en caída
libre. En cuestión de segundos, fue capaz de identificar lo ocurrido y tomó
medidas decisivas. Irónicamente, todo se complicó por el sistema de control de vuelo del avión. Como Sullenberger explicó más tarde, para evitar
accidentes, a bajas velocidades de vuelo, «por mucho que el piloto tire de la
palanca, los ordenadores de control de vuelo no le permiten detener las alas
y perder tracción»[29], exactamente lo que hizo para aterrizar en el Hudson.
Aunque intentó inclinar el morro del avión para frenar antes de llegar al
agua, el sistema casi se lo impide. Con este precedente, si hay turbulencias
en el Atlántico Norte, los pasajeros esperan y rezan para estar en manos de
un piloto experimentado cuya experiencia sea integral.

4. EXPLORAR EL APRENDIZAJE PROFUNDO

El gran aumento del poder del aprendizaje automático, a veces denominado aprendizaje profundo, ha llevado a predecir que se avecinan nuevos
avances en la inteligencia artificial, lo que sugiere que las máquinas serán
realmente capaces de lograr inteligencia artificial general (IAG), una

forma de inteligencia verdaderamente humana en todas sus formas. ¿Qué presagia esto para el rol del *fuzzy*?

Bueno, la probabilidad de que las máquinas alcancen esta capacidad es objeto de un acalorado debate y, si es posible, ese logro se producirá a muy largo plazo[30], tanto que es instructivo tener en cuenta los límites de las hazañas más recientes e impresionantes de la IA. DeepMind, una compañía que se desarrolló a partir de la Unidad de Neurociencia Computacional del University College en Londres y que fue adquirida por Google por 500 millones de dólares en 2014, desarrolló un programa llamado AlphaGo[31] donde utilizaba una combinación de aprendizaje automático, árboles de decisión y algoritmos, herramientas que forman lo que conocemos como «inteligencia artificial». Entonces, se entrenó a AlphaGo para jugar al antiguo juego chino Go para que la máquina derrotara al campeón mundial humano del juego[32].

Las computadoras han conquistado muchos juegos de mesa, incluyendo el tictac, las damas, el Monopoly, el Cluedo y el ajedrez, pero la victoria de AlphaGo marca una diferencia significativa con respecto a estas otras hazañas, puesto que no se logró con un simple poder computacional de fuerza bruta[33]. Para ganar en los otros juegos, se programaban los ordenadores con las reglas del juego y se les daba suficiente poder computacional y velocidad para que pudieran calcular todas las jugadas siguientes posibles y evaluar la mejor, por lo que ganaron gracias al poder de la computación y la memoria, no mediante una aproximación a la inteligencia humana. Puesto que, en estos enfoques preprogramados, cada jugada era «conocida», la hazaña no consistía en obtener inteligencia, sino en reducir el juego a una simple situación narrativa.

DeepMind, sin embargo, se enfrentó al Go utilizando un enfoque diferente, razón por la cual atrajo tanta atención internacional. El empresario sudafricano Elon Musk, fundador de Tesla y SpaceX, lo anunció como un salto de diez años en IA[34]; otros lo llamaron el amanecer de la inteligencia general artificial[35]. Para entender lo notable de dicha victoria computacional, es importante conocer el juego. El tablero tiene diecinueve líneas horizontales y diecinueve verticales en cuyas intersecciones se colocan pequeñas piedras blancas y negras. Una vez que una piedra es colocada en el tablero, no puede ser movida. Si la piedra está rodeada por las piedras de un oponente, entonces es «capturada». Por tanto, muchos encontraron la victoria de DeepMind tan importante porque el Go tiene demasiados movimientos y combinaciones posibles para que una máquina, incluso una extraordinariamente poderosa, pueda ejecutarlas y evaluarlas todas.

Los ingenieros de AlphaGo no enseñaron al programa a jugar al Go preprogramando un vasto almacén de movimientos, sino escribiendo algoritmos de aprendizaje, es decir, entrenaron a AlphaGo con datos históricos del juego de miles de partidas anteriores y le permitieron «aprender» patrones jugando contra un humano. Incluso construyeron otras máquinas similares para que AlphaGo pudiera competir contra ellas usando su propia inteligencia. Todo esto, para proporcionarle una exposición a tantas situaciones potenciales como fuera posible; en otras palabras, para «darle experiencia».

Debido a que las posibles rutas de juego y combinaciones son demasiado numerosas para ser preprogramadas, AlphaGo tuvo que tomar decisiones razonablemente informadas en condiciones de ambigüedad, tal y como los humanos debemos hacer a menudo. Para facilitar este proceso, los programadores limitaron la «profundidad de búsqueda», es decir, la posibilidad de más opciones, para que el ordenador no tratara de encontrar su jugada, sino que la recuperara de su memoria[36]. En otras palabras, aunque los programadores no fueron capaces de reducir la complejidad o, como podría decirse, de codificar las buenas prácticas, sí fueron capaces de que la máquina reconociera patrones y utilizara después las buenas prácticas. Se trata de una diferencia muy sutil. Como seres humanos, pensamos a través de un conjunto de posibilidades y de la manera más rigurosa posible antes de actuar. Medimos y analizamos lo que podemos, pero, cuando el análisis no puede decirnos qué hacer, confiamos en la intuición, en la fe o a veces en la suerte ciega. El filósofo húngaro-británico Michael Polanyi argumentó que esta capacidad se basa en el «conocimiento tácito» de que los seres humanos «pueden saber más de lo que dicen»[37]. La profundidad de búsqueda de AlphaGo permitió que la máquina realizara movimientos que parecían resultado de una toma de decisiones con un proceso similar al pensamiento intuitivo humano, mientras que otros parecían resultado de un pensamiento original y no de una evaluación rutinaria de los movimientos previos. ¿Pero era AlphaGo consciente de sus decisiones o simplemente calculaba las probabilidades más rápido que un humano?

AlphaGo también pareció desarrollar un estilo de juego distintivo, como los jugadores humanos más hábiles, que desarrollan preferencias por ciertas tácticas a medida que adquieren experiencia. Los espectadores que vieron a AlphaGo contra el campeón Lee Sedol en Seúl, Corea del Sur, aseguraban que el conjunto de elecciones de la máquina[38] era elegante y sorprendente a la vez. Sin embargo, esto se debía a que recababa y calculaba la probabilidad en áreas del tablero que se escapaban a las habilidades computacionales de un humano. La ironía de esta victoria fue que los ingenieros lograron que la máquina venciera a un humano limitando sus opciones para que actuara más humanamente, pero, después de todo, era una máquina habilitada con una prodigiosa potencia computacional en tiempo real.

No hay duda de que el logro de AlphaGo supuso un hito en el desarrollo de una inteligencia artificial más avanzada, pero hay diferencias obvias entre el *wetware* —el cerebro humano—, el *software* y el *hardware* informáticos —que desarrolla sus propias capacidades— y un programa como AlphaGo, que requiere que las mentes más capaces realicen una sofisticada programación. AlphaGo «reproduce», no crea, inteligencia, aunque quizás se convierta en una nueva forma de inteligencia en el futuro.

Fan Hui, el tres veces campeón de Europa de Go, que perdió cinco partidos seguidos, calificó su derrota de «inhumana», una afirmación cierta si ignoramos el hecho de que la máquina depende totalmente de los humanos, quienes crean su lógica interna, la monitorizan desde la sala de control y dirigen su aprendizaje, mientras que la mente humana se enseña a sí misma[39]. Sin lugar a dudas, es un avance tecnológico brillante cuando se compara con nuestras propias habilidades para completar una tarea aislada.

Ahora, apliquemos un acertijo a este dilema: si AlphaGo estuviera solo y no hubiera nadie alrededor para verlo, ¿sería considerado «independientemente inteligente»? Según la evidencia actual, parece que el verdadero avance de la inteligencia artificial general está aún por venir. De hecho, David Silver, uno de los creadores de AlphaGo, asegura que, aunque esta tecnología puede reutilizarse para mejoras sociales, la verdadera IAG está a «décadas de distancia»[40].

5. LAS MÁQUINAS NO PUEDEN INTUIR, CREAR O SENTIR

Las máquinas no pueden intuir, crear o sentir un conjunto completo de habilidades humanas que todavía no han sido siquiera aproximadas por la IA. De hecho, siguen siendo incapaces de originar una idea real.

Los programadores rusos de la aplicación Prisma han descubierto cómo utilizar las redes neuronales para convertir una fotografía en una obra de arte al estilo de Van Gogh o Picasso, lo cual es ciertamente impresionante y muy divertido, pero no hay nada de original en ello[41]. Basta con caminar junto a un estudiante de historia del arte contemporáneo por el Museo Andy Warhol de Pittsburgh, pararse frente al *Guernica* de Picasso en el Reina Sofía de Madrid o arrastrar los dedos por el frío y ondulante acero de un Richard Serra para rozar el arte. Las máquinas son incapaces de desarrollar emociones humanas, por lo que carecen de empatía. Google puede alimentar su motor de inteligencia artificial con 2865 novelas románticas para que su lenguaje y sus situaciones emocionales sean más fluidas, pero ¿esto hace que el motor sea empático o capaz de entender el amor o el deseo?[42] ¿Se reirá con Jane Austen y sentirán el patetismo de Tolstói? Estas son solo dos de las características clave del misterioso fenómeno que es la conciencia humana, que ni siquiera las máquinas más inteligentes de hoy en día poseen.

Cualquiera que haya visto la película *Descifrando Enigma*, sobre cómo Alan Turing, el inventor de la era de la informática, descifró el código Enigma de los alemanes durante la Segunda Guerra Mundial, puede recordar que el contexto y la intuición humana tuvieron un papel central en el éxito de su máquina. Hace más de cuatro décadas, Hubert Dreyfus, un filósofo de la Universidad de California en Berkeley, describió los límites conceptuales de la inteligencia artificial en su libro de 1972 *What Computers Can't Do*[43] ['Lo que los ordenadores no pueden hacer'], que giran en torno a la diferencia entre la computación, que las máquinas hacen muy bien, y la conciencia, que las máquinas no poseen. Muchos en la comunidad tecnológica ignoraron o se burlaron del argumento de Dreyfus en aquel momento, pero el debate continúa. En 2011, secundado por el director de Filosofía de Harvard, Sean Dorrance Kelly, Dreyfus dijo: «El mayor peligro [...] no es que las máquinas sean mejores versiones que nosotros mismos, sino que esto haga que nos malinterpretemos como versiones más pobres de ellas»[44]. Los principales expertos en IA están de acuerdo en que la llegada de algoritmos de aprendizaje y de un procesamiento del lenguaje natural más potentes todavía no pueden aproximarse a la inteligencia humana, es decir, siguen en la fase *in vitro*[45].

Incluso el fundador de Netscape y multimillonario capitalista de riesgo Marc Andreessen, quien advertía a los estudiantes de humanidades de que terminarían trabajando en tiendas de zapatos[46], argumentó en *The Financial Times* en 2014 que no cree que los robots vayan a dominar todos los trabajos: «Todavía hay una enorme brecha entre lo que mucha gente hace en los trabajos de hoy y lo que los robots y la IA pueden reemplazar», dijo. «Y lo habrá durante décadas; incluso cuando los robots y la IA sean mucho más poderosos, habrá muchas cosas que la gente pueda hacer que los robots y la IA no, como creatividad, innovación, exploración, arte, ciencia, entretenimiento y cuidado de los demás. No tenemos ni idea de cómo hacer que las máquinas hagan esto».

Hoy en día, FeiFei Li, director del Laboratorio de Inteligencia Artificial de Stanford, defensor del desarrollo del aprendizaje profundo, también fomenta los componentes emocionales y sociales de la inteligencia. «Nosotros, como humanos, somos terribles para procesar *big data*, pero somos inigualables en abstracción y creatividad»[47]. Necesitamos diversidad de pensamiento y curiosidad para hacer las preguntas correctas, dos características que se nutren a través de las artes liberales. Y necesitamos personas apasionadas en todas las disciplinas que aporten esa experiencia a nuestras nuevas herramientas. Debería haber antropólogos, sociólogos y psicólogos en todos los laboratorios de inteligencia artificial de vanguardia. «Dejad vuestra *Ilíada* bajo la almohada», aconsejó Drew Faust, presidente de Harvard, a los cientos de cadetes en su conferencia en West Point en 2016. «Liderad también en nombre de las humanidades, de las enseñanzas de la experiencia humana y de la perspicacia humana que ellos mismos han enviado. Reconoced la importancia de los atributos que se os han dado, haced patente su presencia en vuestras vidas, abogad por ellos en las vidas de otros... Sed la mejor fuerza mundial para las humanidades o, lo que es lo mismo, para la posibilidad humana»[48].

La promesa de la tecnología es grande, pero requiere de las humanidades en la misma medida, que el *fuzzy* y el *techie* trabajen juntos en pos de objetivos humanos compartidos.

CONCLUSIÓN
Un esfuerzo conjunto

Este libro se ha centrado en el papel que pueden desempeñar los licenciados en artes liberales tanto en la aplicación de tecnologías emergentes como en la creación de productos innovadores. Los *techies* son sus socios naturales y, por ello, también deben dirigir el proceso de construcción de puentes entre *fuzzies* y *techies*, pues son figuras cruciales para el proceso y desarrollarán soluciones innovadoras que no podemos siquiera imaginar; aún lideran el desarrollo de los productos y servicios más rompedores. El empresario sudafricano Elon Musk ha traspasado las fronteras de la adopción del vehículo eléctrico y de la democratización del acceso a los viajes espaciales; Larry Page y Sergey Brin han puesto a disposición general la información mundial y se enfrentan a nuevos desafíos, como un acceso; y Rodney Brooks, fundador de Rethink Robotics, ha forjado nuevas formas en que los robots pueden contribuir a la fabricación.

Otros *techies* están detrás del pionero desarrollo del procesamiento del lenguaje natural, que fomenta el dominio de la tecnología mediante la voz y no mediante imagen[1]. Amazon, por ejemplo, ofrece su tecnología de comando de voz, que potencia la voz de Alexa en Amazon Echo, a cualquier innovador que quiera hacer uso de ella a través de su Alexa Skills Kit, un conjunto de herramientas de *software* disponible de forma gratuita; además, para fomentar su acogida, la empresa creó un fondo de inversión de 100 millones de dólares para apoyar a los empresarios en el desarrollo de dichas ideas[2]. Compañías como PullString, fundada por los técnicos de Pixar y bautizada así por el personaje de *Toy Story* Woody, están explorando un método de creación simple de *bots* de chat que puedan responder a las preguntas en Slack o Facebook Messenger y mantener conversaciones básicas[3]. De hecho, el profundo aprendizaje de Google, utilizado por AlphaGo, se ha puesto a disposición general a través de su biblioteca de aprendizaje automático TensorFlow y se está utilizando de maneras increíbles[4]. Makoto Koike, un diseñador de automóviles en Japón, por ejemplo, utilizó TensorFlow para mejorar la vida de sus padres a través del aprendizaje automático; tras ensamblar el *hardware* de Arduino con una placa de computación de Google Raspberry Pi conectada a Internet que cuesta alrededor de 35 dólares y con cámaras, construyó una máquina que ayudó a que su padre, un agricultor japonés de pepinos, pudiera clasificar los pepinos por calidad, con una precisión del 70 %. Primero, Koike fotografió y clasificó manualmente miles de pepinos para luego usar esas imágenes como datos de entrenamiento para enseñar a TensorFlow qué características específicas de los pepinos demuestran calidad, para poder identificarlas más tarde.

Es típico aplicar el estereotipo de «cerebritos» o «bichos raros» a los *techies* que demuestran poco interés o aptitud para las cuestiones *fuzzies*, pero este argumento es tan incorrecto como aquellos que denigran el valor de las artes liberales en nuestro mundo tecnológico. Lo cierto es que los *techies* han impulsado muchas colaboraciones con *fuzzies*, por lo que también son eficaces en la construcción de puentes.

Tomemos el caso de Doug Ricket, cofundador y director ejecutivo de PayJoy. Ricket es un antiguo ingeniero de *software* de Google que se asoció con un *fuzzy* llamado Mark Heynen, estudiante de Historia e Inmigración en la Universidad de Amherst para fundar una empresa. Se conocieron mientras trabajaban en el equipo de Google Maps, donde contribuyeron a la cartografía de África. Después de trabajar en Google, Ricket trascendió su experiencia en tecnología para salir de detrás de su pantalla y visitar diferentes pueblos en el pequeño país de Gambia, en África Occidental, trabajando para una empresa social llamada d.light que trata de llevar dispositivos de energía solar a las comunidades afectadas por la pobreza. Aunque sigue siendo un director de ingeniería con sede en Hong Kong, Ricket se convirtió, en efecto, en un investigador antropológico, tras pasar meses en aldeas africanas con clientes potenciales, y comprobó que no tenían acceso a crédito, por lo que el coste inicial de los paneles solares resultaba prohibitivo. Además, observó que muchas de estas mismas personas compraban planes de prepago de teléfono en quioscos locales. ¿Por qué no podían comprar paneles solares de la misma manera? Ricket ideó una solución de *software* para d.light que permitía que sus clientes compraran paneles solares a plazos.

De vuelta en Estados Unidos, Ricket decidió aplicar el mismo modelo para que 45 millones de estadounidenses sin crédito obtuvieran acceso a la herramienta actual más importante: el *smartphone*[5]. En colaboración con Heynen, su director de negocios, Ricket lanzó PayJoy en 2015, una herramienta que permitía la compra de teléfonos móviles a tasas de interés muy bajas. Después de solo un año, PayJoy había recaudado más de 18 millones de dólares en capital de riesgo y estaba más cerca de saltar al mercado internacional, con el fin de hacer esta realidad posible a nivel mundial[6].

Enfatizar la importancia de los *fuzzies* no significa que tengan exclusividad de cara a nuevas oportunidades; de hecho, es la combinación *techie-fuzzy* la que permitirá soluciones de éxito e innovadoras que resolverán de manera más efectiva las cuestiones más urgentes que la humanidad debe abordar. Igual que los *techies*, como Doug Ricket, pueden beneficiarse de perspectivas y métodos de investigación *fuzzies*, la capacidad de los *fuzzies* de asociarse con ellos será la clave del desarrollo de conocimientos tecnológicos más innovadores. A medida que nos acercamos a un futuro cada vez más tecnológico, se vuelve más urgente cerrar la brecha *techie-fuzzy* que reina en nuestros sistemas educativos, desde las primeras experiencias de aprendizaje hasta los estudios universitarios y de posgrado, y lograr que reflejen esta dualidad social tan necesaria.

DOS CULTURAS UNIDAS

En una famosa conferencia en la Universidad de Cambridge en 1959 titulada «Las dos culturas», el político británico Charles Percy (C.P.) Snow, físico y novelista, se lamentó de la creciente división entre ciencias y humanidades al hablar de «la incomprensión mutua [...]; la hostilidad y el desagrado» tan arraigados. Según avanzaba el siglo xx y, con él, la revolución informática, la tecnología de la información se sumó al bando de las ciencias duras, por lo que es crucial tender más puentes. De acuerdo con C.P. Snow, es «el punto de choque de dos asignaturas, dos disciplinas, dos culturas, dos galaxias, hasta ahí va, para producir oportunidades creativas»[7].

Este es precisamente el caso de la fusión de lo *techie* con lo *fuzzy*, pues podemos prever los avances creativos que se lograrán fomentando la apreciación y una mayor fluidez entre ambas «culturas»; debemos renovar el sistema educativo con el mismo vigor con que tantos empresarios se enfrentan a la innovación en productos y servicios. Así, aseguraremos no solo el potencial de las nuevas tecnologías, sino también —algo igual de importante— que las personas estén preparadas para los trabajos del futuro.

Del mismo modo que con los nuevos empleos que se han creado de cara a mejorar la seguridad de los coches autónomos o los 2500 puestos para estilistas de moda para Stich Fix, es probable que surjan nuevas formas de trabajo. Así como el economista John Maynard Keynes no pudo predecir la ingente cantidad de empleos que surgió tras la Gran Depresión, no es posible predecir con precisión cuáles serán los nuevos, pero muchos analistas estiman que será un cambio sustancial. De hecho, el Departamento de Trabajo de Estados Unidos predijo en un informe que el futuro trabajo del 65 % de los niños en edad escolar aún no existe[8]. Teniendo en cuenta que la generación más joven podría trabajar hasta bien entrada la década de 2080, sería arrogante pronosticar cualquiera de sus necesidades, más allá, por supuesto, de la autosuficiencia y la creatividad.

Sin embargo, sí podemos conjeturar que muchos, o la mayoría de ellos, requerirán conocimientos tecnológicos. En la actualidad, cualquier estudiante motivado —como Katelyn Gleason antes de lanzar Eligible o Katrina Lake en su colaboración con el científico de datos Eric Colson para crear Stitch Fix— puede dominar lo suficiente la tecnología, pues existe una gran cantidad de recursos. Pero la clave está en hacer que las herramientas tecnológicas y los principios de su funcionamiento sean una parte estándar de la educación en artes liberales, dando pie a una colaboración más natural. De hecho, no hace falta ir muy lejos para ver los beneficios de reducir la brecha en los programas educativos si fijamos la vista en los sistemas simbólicos de Stanford, lanzados por un grupo de profesores entre los que se encontraba Tom Wasow, decano de la Universidad de Stanford de 1987 a 1991. «Pasé mucho tiempo pensando en lo que una educación universitaria debía ser»[9], cuenta. Él mismo experimentó una educación *techie-fuzzy*, pues se graduó en Matemáticas en el Reed College y luego hizo un doctorado en Lingüística en el MIT.

Trabajando en la interfaz de lenguaje y computación, Wasow fue uno de los pioneros del procesamiento del lenguaje natural y de los enormes beneficios de combinar las habilidades *techies* y *fuzzies*, y el programa de sistemas simbólicos ofrecía cursos de computación combinados con otros de filosofía, lógica, lingüística y psicología. Era una especialidad poco tradicional que no quiso aceptar la división entre STEM y artes liberales, como tampoco hicieron los prolíficos emprendedores que se graduaron, entre los que se encuentran Reid Hoffman, fundador de LinkedIn; Mike Krieger, cofundador de Instagram; Scott Forestall, creador de *software* para el iPhone y el iPad; y Marissa Mayer, antigua ejecutiva de Google y CEO de Yahoo. De hecho, el vicepresidente de gestión de productos de Google para Android, que también ayudó a lanzar el navegador web Chrome, obtuvo un título en sistemas simbólicos junto con un máster en Psicología, y el director de producto de Facebook, Chris Cox, también formó parte del programa. Incluso Mark Zuckerberg admitió que ahí se encontraba parte de «la gente más talentosa del mundo»[10]. Wasow es una figura *fuzzy-techie* silenciosa y exigente que se encuentra en el núcleo mismo de nuestro mundo tecnológico.

Por supuesto, se han creado otros campos de estudio con el mismo objetivo: psicología, lingüística y neurociencia se unen para hacer ciencia cognitiva; sociología e ingeniería civil se combinan para la política urbana; informática y diseño en visualización de datos; y psicología e informática en experiencia de usuario. Sin embargo, deberían fomentarse más explícitamente las especialidades *fuzzies*, como combinar filosofía e ingeniería para lograr diseños éticos; antropología y ciencia de datos para la alfabetización; sociología y estadística para analítica humana; literatura e informática para ciencia narrativa; y derecho y ciencia de datos para la regulación predictiva, pero no hay duda de que es una tendencia en aumento. Un ejemplo de ello es la Escuela de Diseño de Rhode Island (RISD), donde se graduaron los fundadores de Airbnb y Esther Wojcicki pronunció un discurso de graduación en 2016. Esta escuela aboga por la educación STEAM, la combinación de lo *techie* (STEM) con el arte y el diseño (A), que ahora está muy de moda, tanto que el sistema de escuelas públicas de Andover, Massachusetts, la ha convertido en una de sus metas. En DeSoto, Texas, la DeSoto West Middle School alberga la iSTEAM3D Magnet Academy, donde los estudiantes aprenden sobre planificación urbana usando Minecraft para diseñar la ciudad y una impresora Maker-Bot 2 3-D para darle vida, imprimiendo edificios físicos y caminos[11]. Además, utilizan Foldit, un juego en el que los jugadores doblan las proteínas de forma innovadora para lograr nuevas combinaciones que se puedan utilizar en medicina y aprender química al mismo tiempo. En 2013, el entonces presidente de RISD, John Maeda, ayudó a poner en marcha el bipartidista Congressional STEAM Caucus, cuya meta era hacer de esto una prioridad nacional.

No debemos insistir en la falsa dicotomía entre STEM y artes liberales; a medida que recolectamos datos, se necesita un análisis adecuado sobre lo que hacer con ellos; a medida que construimos dispositivos, debemos poner en duda su diseño; a medida que creamos algoritmos, debemos preguntarnos en qué supuestos se basan y protegernos de los sesgos; a medida que surgen más científicos de datos, más importante se vuelve la alfabetización del dato... Los *fuzzies* y los *techies* no deben considerarse perfiles opuestos; de hecho, son cruciales al mismo tiempo, pues las nuevas herramientas pronto permitirán un mayor acceso y los avances requerirán un compromiso mayor por parte de la humanidad[12].

«Primero el trabajo muscular, luego el trabajo rutinario; después, tal vez, el verdadero trabajo intelectual», escribió el autor Kurt Vonnegut acerca de la automatización de máquinas en su libro de 1952[13], *La pianola*. Nos hemos dejado fascinar por la tecnología durante décadas y, de hecho, los temores actuales no deberían teñirse de un optimismo ciego. Cuanto más predecimos las habilidades intemporales que nos mantendrán relevantes en un mundo dinámico y en cambio constante, más claro queda que debemos desarrollar y nutrir, en lugar de ignorar o evitar, las artes liberales, lo que somos, lo que queremos y la razón por la que existimos. La combinación de lo *fuzzy* con lo *techie* será el método mediante el cual nos enfrentemos a un mundo dominado por el cambio.

Todo lo que nos rodea, nuestra educación, nuestros productos y nuestras instituciones, deberían contar con una parte *fuzzy* y otra *techie*. Solo así lograremos capitalizar las incalculables oportunidades de un futuro tecnológico.

NOTAS

Introducción

1 Andreessen, Marc (2011), «Software eats the world: Why Software Is Eating the World», *Wall Street Journal*. En: http://www.wsj.com/articles/SB10001424053111903480904576512250915629460.

Capítulo 1

1 *Eligible* (2016), *Crunchbase*. En: https://www.crunchbase.com/organization/eligible-api#/entity.
2 Gleason, Katelyn (2016), «Take off like a rocket ship»: Entrevista por el autor.
3 «Most Creative People 2013», Fast Company. En: https://www.fastcompany.com/3009150/most-creative-people-2013/73-katelyn-gleason.
4 «2015 Forbes 30 Under 30» (2015), Healthcare, *Fobes*. En:http://www.forbes.com/pictures/eidg45hdkg/katelyn-gleason-29/#75b1c02369f1.
5 *Eligible (*2016) En: https://eligible.com/.
6 Anders, George (2015) «That 'Useless' Liberal Arts Degree Has Become Tech's Hottest Ticket», Forbes. En: http://www.forbes.com/sites/georgeanders/2015/07/29/liberal-arts-degree-tech/#263a3e6c5a75.
7 Karp, Alexander C., «Company Overview of Palantir Technologies Inc.» Bloomberg.com. En: http://www.bloomberg.com/research/stocks/private/person.asp?personId=45528685&privcapId=43580005.
8 Ungerleider, Neal (2015), «RelateIQ, Salesforce's $390 Million 'Siri for Business,' Grows Up», Fast Company. En: https://www.fastcompany.com/3051088/elasticity/relateiq-salesforces-390-million-siri-for-business-grows-up.
9 Kim, Eugene (2015), «Not Every Silicon Valley Leader Is an Engineer, Including These 9 Super Successful Liberal Arts Majors», *Business Insider*. En: http://www.businessinsider.com/9-silicon-valley-leaders-that-didnt-study-engineering-2015-#ben-silbermann-is-the-cofounder-of-pinterest-the-11-billion-photo-sharing-and-social-media-service-but-silbermann-studied-political-science-at-yale-and-went-on-to-work-in-online-advertising-before-coming-up-with-the-idea-for-pinterest-8.

10 Stanford University, «Steve Jobs' 2005 Stanford Commencement Address», YouTube. En: https://www.youtube.com/watch?v=UF8uR6Z6KLc.

11 Lehrer, Jonah (2011), «Steve Jobs: 'Technology Alone Is Not Enough'», *The New Yorker*. En: http://www.newyorker.com/news/newsdesk/steve-jobs-technology-alone-is-not-enough.

12 Brynjolfsson, Eric y McAfee, Andrew (2014), *The Second Machine Age: Work, Progress, and Prosperity in a Time of Brilliant Technologies*. New York: W. W. Norton.

13 Wadhwa, Vivek (2011), «Engineering vs. Liberal Arts: Who's Right— Bill or Steve?» TechCrunch. En: https://techcrunch.com/2011/03/21/engineering-vs-liberal-arts-who's-right — bill-or-steve/.

14 Kolowich, Steve (2011), «How to Train Your Draconian», Inside Higher Ed. En: https://www.insidehighered.com /news/2011/03/01/gates_tells_governors_they_might_determine_public_university_program_funding_based_on_job_creation.

15 Khosla, Vinod (2016), «Is Majoring in Liberal Arts a Mistake for Students?», *Medium*. En: https://medium .com/@vkhosla/is-majoring-in-liberal-arts-a-mistake-for-students-fd9d20c8532e#.85j9edu5q.

16 Yarow, Jay (2012), «Marc Andreessen at the DealBook Conference», *Business Insider*. En: http://www.businessinsider.com/marc-andreessen-at-the-dealbook-conference-2012-12.

17 Remus, Dana y Levy, Frank S. (2015), «Can Robots Be Lawyers? Computers, Lawyers, and the Practice of Law», *SSRN Electronic Journal*, En: doi:10.2139/ssrn.2701092.

18 Lehoczky, Etelka (2016), «This Startup Trains African Programmers for the Best Software Developer Jobs in the World», Inc.com. En: http://www.inc.com/magazine/201603/etelka-lehoczky/andela-training-african-programmers-tech-workers.html.

19 Bidwell, Allie (2015), «African Company Pays People to Learn Computer Science» U.S. News and World Report. En: http://www.usnews.com/news/stem-solutions/articles/2015/05/14/andela-an-african-company-paying-people-to-learn-computer-science.

20 Kenny, Charles (2014), «Why Factory Jobs Are Shrinking Everywhere», Bloomberg.com. En: http://www.bloomberg.com/news/articles/2014-04-28/why-factory-jobs-are-shrinking-everywhere.

21 Finley, Klint (2012), «Estonia Reprograms First Gradersas Web Coders» *Wired*. En: https://www.wired.com/2012/09/estonia-reprograms-first-graders-as-web-coders/.

22 Blease, Charlotte (2017), «Philosophy Can Teach Children What Google Can't — and Ireland Knows It», *The Guardian*. En: https://www.theguardian.com/commentisfree/2017/jan/09/philosophy-teach-children-schools-ireland.

23 Hartley, Scott (2014), «Startups for Retirees, Not Just Drop-Outs», *Medium*. En: https://medium.com/@scotthartley/startups-for-retirees-not-just-drop-outs-6ee007b6584f#.ddnmb3iuv.

24 Zakaria, Fareed, (2015), *In Defense of a Liberal Education*. New York: W. W. Norton.

25 Stanford University, «Steve Jobs' 2005 Stanford Commencement Address».

26 Farr, Christina (2012) «Zuckerberg Admits: If I Wasn't the CEO of Facebook, I'd Be at Microsoft» VentureBeat. En: http://venturebeat.com/2012/10/20/zuck-startup-school/.

27 Kristof, Nichols (2015), «Starving for Wisdom», *New York Times*. En: http://www.nytimes.com/2015/04/16/opinion/nicholas-kristof-starving-for-wisdom.html.

28 O'Connor, John (2011), «Explaining Florida Gov. Rick Scott's War on Anthropology (And Why Anthropologists May Win)», StateImpact NPR. En: https://stateimpact.npr.org/florida/2011/10/20/explaining-florida-gov-scott-war-on-anthropology-why-anthropologists-win/.

29 Berk, Brett (2015), «How Nissan's Using Anthropology to Make Autonomous Cars Safe», *The Drive*. En: http://www.thedrive.com/tech/999/how-nissans-using-anthropology-to-make-autonomous-cars-safe.

30 Yadron, Danny y Tynan, Dan (2016), «Tesla Driver Dies in First Fatal Crash While Using Autopilot Mode», *The Guardian*. En: https://www.theguardian.com/technology/2016/jun/30/tesla-autopilot-death-self-driving-car-elon-musk.

31 Gajanan, Mahita (2016), «Tesla Driver May Have Been Watching Harry Potter Before Fatal Crash», *Vanity Fair*. En: www.vanityfair.com/news/2016/07/tesla-driver-may-have-been-watching-harry-potter-before-fatal-crash.

32 Ahuja, Anjana (2016) «Hail the Algorithms That Decode Human Gestures», *Financial Times*. En: https://www.ft.com/content/6b23399a-743c-11e6-bf48-b372cdb1043a.

33 Sharman, Andy (2016), «Driverless Cars Pose Worrying Questions of Life and Death», *Financial Times*. En: https://www.ft.com/content/b1894960-a25a-11e5-8d70-42b68cfae6e4.

34 Bonnefon, J. F., Shariff, A. y Rahwan, I. (2016), «The Social Dilemma of Autonomous Vehicles», *Science* 352, no. 6293. En:1573–76, doi:10.1126/science.aaf2654.

35 Greene, J. D. (2016), «Our Driverless Dilemma», *Science* 352, no. 6293. En: doi:10.1126/science.aaf9534.

36 «Elliot Katz — Overview, People», DLA Piper Global Law Firm. En: https://www.dlapiper.com/en/us/people/k/katz-elliot/.

37 Ng, Fiona (2016) «Tinder Has an In-House Sociologist and Her Job Is to Figure Out What You Want», *Los Angeles Magazine*. En: http://www.lamag.com/longform/tinder-sociologist/.

38 Jurgenson, Nathan (2011), «Digital Dualism Versus Augmented Reality», *Society Pages*. En: https://thesocietypages.org/cyborgology/2011/02/24/digital-dualism-versus-augmented-reality/.

39 Gillette, Felix (2013), «Flirty Frat App Goes Philosophical: Snapchat Has Its Own Sociologist», Bloomberg.com, https://www.bloomberg.com/news/articles/2013-10-03/flirty-frat-app-goes-philosophical-snapchat-has-its-own sociologist.

40 Novet, Jordan (2016), «Snapchat Is Starting Real Life, an Online Magazine About Technology», VentureBeat. En: http://venturebeat.com/2016/06/16/snapchat-is-starting-real-life-an-online-magazine-about-technology/.

41 Anders, «That 'Useless' Liberal Arts Degree»

42 Khosla, «Is Majoring in Liberal Arts a Mistake?».

43 McGrath, Charles, (2006), «What Every Student Should Know», *New York Times*. En: http://www.nytimes.com/2006/01/08/education/edlife/what-every-student-should-know.html.

44 Fryatt, Linsey (2013), «Zach Sims from Codecademy — the 22-Year-Old CEO», HEUREKA. En: http://the-heureka.com/zach-sims-codecademy.

45 Segran, Elizabeth (2014), «Why Top Tech CEOs Want Employees with Liberal Arts Degrees», Fast Company. En: http://www.fastcompany.com/3034947/the-future-of-work/why-top-tech-ceos-want-employees-with-liberal-arts-degrees?utm_campaign=home.

46 Nugent, S. Georgia (2015), «The Liberal Arts in Action: Past, Present, and Future». The Council of Independent Colleges. En: http://www.cic.edu/meetings-and-events/Other-Events/Liberal-Arts Symposium/Documents/Symposium-Essay.pdf, 28.

47 Anders, «That 'Useless' Liberal Arts Degree».

48 Hart Research Associates (2013), «It Takes More Than a Major: Employer Priorities for College Learning and Student Success», *Liberal Education* 99, no. 2. En: https://www.aacu.org/publications-research/periodicals/it-takes-more-major-employer-priorities-college-learning-and.

49 Ma, Alice (2015), «You Don't Need to Know How to Code to Make It in Silicon Valley». Official LinkedIn Blog. En: https://blog.linkedin.com/2015/08/25/you-dont-need-to-know-how-to-code-to-make-it-in-silicon-valley.

50 Thiel, Peter A. y Masters, Blake (2014), *Zero to One: Notes on Startups, or How to Build the Future*. New York: Crown Business.

51 Altman, Sam y Zuckerberg, Mark (2016), «Mark Zuckerberg: How to Build the Future». YouTube. En: https://www.youtube.com/watch?v=Lb4IcGF5iTQ.

52 Porter, Michael E. y Heppelmann, James E. (2015), «How Smart, Connected Products Are Transforming Companies», *Harvard Business Review*. En: https://hbr.org/2015/10/how-smart-connected-products-are-transforming-companies.

Capítulo 2

1 Downs, Erica S. (2014), «Business and Politics in the South China Sea: Explaining HYSY 981's Foray into Disputed Waters», Brookings. En: https://www.brookings.edu/articles/business-and-politics-in-the-south-china-sea-explaining-hysy-981s-foray-into-disputed-waters/.

2 Xenachis, Andreas (2016). Entrevista telefónica realizada por el autor.

3 Cooper, Zack (2016). Entrevista por correo electrónico realizada por el autor.

4 Dingli, Shen; Economy, Elizabeth; Haass, Richard; Kurlantzick, Joshua; Smith, Sheila A. y Tay Simon (2016), «China's Maritime Disputes», A CFR InfoGuide Presentation. En: http://www.cfr.org/asia-and-pacific/chinas-maritime-disputes/p31345#!/?cid=otrmarketing_use-china_sea_InfoGuide.

5 Perlez, Jane (2015), «China Building Aircraft Runway in Disputed Spratly Islands», *New York Times*. En: http://www.nytimes.com/2015/04/17/world/asia/china-building-airs-trip-in-disputed-spratly-islands-satellite-images-show.html.

6 Ives, Mike (2016), «Vietnam Objects to Chinese Oil Rig in Disputed Waters», *New York Times*. En: http://www.nytimes.com/2016/01/21/world/asia/south-china-sea-vietnam-china.html.

7 «A Freedom of Navigation Primer for the Spratly Islands» (2015), Asia Maritime Transparency Initiative (AMTI). En: https://amti.csis.org/fonops-primer/.

8 Erickson, Andrew S. (2016), «The Pentagon's 2016 China Military Report: What You Need to Know», National Interest. En: http://nationalinterest.org/feature/the-pentagons-2016-china-military-report-what-you-need-know-16209.

9 Neill, Alexander (2016), «The Submarines and Rivalries Underneath the South China Sea» BBC News, July 11, 2016, http://www.bbc.com/news/world-asia-36574590.

10 Pilling, David (2015), «US v China: Is This the New Cold War?», *Financial Times*. En: https://www.ft.com/content/a301aa60-0dcf-11e5-aa7b-00144feabdc0.

11 Bower, Ernest Z. y Poling, Gregory B. (2014), «China-Vietnam Tensions High over Drilling Rig in Disputed Waters», Center for Strategic and International Studies. En: https://www.csis.org/analysis/china-vietnam-tensions-high-over-drilling-rig-disputed-waters.

12 Cooper, Zack (2016), Entrevista por correo electrónico realizada por el autor.

13 «Andreas Xenachis» (2016), Truman National Security Project. En: http://trumanproject.org/home/team-view/andreas-xenachis/.

14 Harford, Tim (2014), «How to See into the Future», *Financial Times*. En: https://www.ft.com/content/3950604a-33bc-11e4-ba62-00144feabdc0.

15 «Aggregative Contingent Estimation (ACE)», Office of the Director of National Intelligence (IARPA), https://www.iarpa.gov/index.php/research-programs/ace.

16 Dubner, Stephen J. y Tetlock, Philip (2016), «How to Be Less Terrible at Predicting the Future», *Freakonomics*. En: http://freakonomics.com/podcast/how-to-be-less-terrible-at-predicting-the-future-a-new-freakonomics-radio-podcast/.

17 «The Good Judgment Project» (2015), CHIPS. En: http://www.doncio.navy.mil/CHIPS/ArticleDetails.aspx?ID=5976.

18 «SOF Truths 2, U.S. Army Special Operations Command. En: http://www.soc.mil/USASOCHQ/SOFTruths.html.

19 Sunstein, Cass R. (2015), «Prophets, Psychics and Phools: The Year in Behavioral Science», Bloomberg.com. En: https://www.bloomberg.com/view/articles/2015-12-14/prophets-psychics-and-phools-the-year-in-behavioral-science.

20 Brooks, David (2013), «Forecasting Fox», *New York Times*. En: http://www.nytimes.com/2013/03/22/opinion/brooks-forecasting-fox.html.

21 Ibid.

22 Tetlock, Philip E. y Shoemaker, Paul J. H. (2016), «Superforecasting: How to Upgrade Your Company's Judgment», *Harvard Business Review*. En: https://hbr.org/2016/05/superforecasting-how-to-upgrade-your-companys-judgment.

23 Eckert, Michelle (2016), «Help Wharton Forecast the Future of Electric Vehicles», Mack Institute for Innovation Management. En: https://mackinstitute.wharton.upenn.edu/2016/electric-vehicles-forecasting-challenge/.

24 Anderson, Chris (2008), «The End of Theory: The Data Deluge Makes the Scientific Method Obsolete», *Wired*. En: http://www.wired.com/2008/06/pb-theory/.

25 Floridi, Luciano (2014), *The Fourth Revolution: How the Infosphere Is Reshaping Human Reality*. Oxford University Press.

26 Marcus, Gary y Davis, Ernest (2014), «Eight (No, Nine!) Problems with Big Data» *New York Times*. En: http://www.nytimes.com/2014/04/07/opinion/eight-no-nine-problems-with-big-data.html

27 Charles, Dan (2014), «Should Farmers Give John Deere and Monsanto Their Data?», NPR. En: http://www.npr.org/sections/thesalt/2014/01/21/264577744/should-farmers-give-john-deere-and-monsanto-their-data.

28 Anderson, «The End of Theory».

29 Bernstein, Jeremy (1981), «A.I.», *The New Yorker*. En: http://www.newyorker.com/magazine/1981/12/14/a-i.

30 Waldrop, M. Mitchell (2000), «Computing's Johnny Appleseed», *MIT Technology Review*. En: https://www.technologyreview.com/s/400633/computings-johnny-appleseed/.

31 Goldbloom, Anthony (2016). Entrevista telefónica realizada por el autor.

32 Geron, Tomio (2012), «GE Uses Crowdsourcing to Solve Air Travel Delays and Healthcare», *Forbes*. En: http://www.forbes.com/sites/tomiogeron/2012/11/29/ge-launches-crowdsourcing-quests-to-solve-air-travel-delays-and-healthcare/#14cd4dfe87b2.

33 «Now There's an App for That», *Economist*. En: http://www.economist.com/news/science-and-technology/21664943-computers-can-recognise-complication-diabetes-can-lead-blindness-now.

34 The Hewlett Foundation, «Hewlett Foundation Sponsors Prize to Improve Automated Scoring of Student Essays: Prize to Drive Better Tests, Deeper Learning», *New York Times*. En: http://www.nytimes.com/2014/04/07/opinion/eight-no-nine-problems-with-big-data.html.41

35 «Hewlett Foundation Awards $100K to Winners of Short Answer Scoring Competition» (2012), Getting Smart. En: http://gettingsmart.com/2012/10/the-hewlett-foundation-announces-asap-competition-winners-automated-essay-scoring/.

36 Buhr, Sarah (2015), «Palantir Has Raised $880 Million at a $20 Billion Valuation», TechCrunch. En: https://techcrunch.com/2015/12/23/palantir-has-raised-880-million-at-a-20-billion-valuation/.

37 Peterson, Andrea (2013), «Can You Really Use Anti-Terrorist Technology to Choose Better Wine?»,

WashingtonPost.En:https://www.washingtonpost.com/news/the-switch/wp/2013/09/03/can-you-really-use-anti-terrorist-technology-to-choose-better-wine/.

38 Lang, Hannah (2016), «Palantir Wins $222M Contract to Provide Software Licenses to SOCOM», Washington Technology. En: https://washington-technology.com/articles/2016/05/26/palantir-socom.aspx.

39 Sankar, Shyam (2012), «The Rise of Human-Computer Cooperation», TEDGlobal. En: https://www.ted.com/talks/shyam_sankar_the_rise_of_human_computer_cooperation.

40 Smith, Megan; Patil, D. J. and Muñoz, Cecilia (2016), «Big Risks, Big Opportunities: The Intersection of Big Data and Civil Rights», White House Blog. En: https://www.whitehouse.gov/blog/2016/05/04/big-risks-big-opportunities-intersection-big-data-and-civil-rights.

41 «Predictive Policing» (2016), entrevista con Kristian Lum, Data Skeptic (podcast). En: http://dataskeptic.com/epnotes/predictive-policing.php.

42 Bureau of Justice Statistics (2012), «Nearly 3.4 Million Violent Crimes per Year Went Unreported to Police from 2006 to 2010». En: http://www.bjs.gov/content/pub/press/vnrp0610pr.cfm.

43 «Predictive Policing», entrevista con Kristian Lum; «Policing», Human Rights Data Analysis Group. En: https://hrdag.org/policing/. Ver: «Kristian [Lum] and William Isaac have collaborated on a statistical model that demonstrates how bias works in predictive policing. They reimplemented the algorithm used by one of the more popular vendors who sell this technology to police departments. The analysis shows how the predictive models reinforce existing police practices because they are based on databases of crimes known to police... As William [Isaac] said at a recent Stanford Law symposium, predictive policing tells us about patterns of police records, not patterns of crime. And as Patrick [Ball] said recently at a talk at the Data and Society Research Institute, technology and massive samples tend to amplify, not ameliorate, selection bias».

44 Lum, Kristian y Isaac, William (2016), «ToPredictandServe?», Significance 13, no. 5: 14–19. En: doi:10.1111/j.1740-9713.2016.00960.x.

45 Ibid.

46 «The War on Marijuana in Black and White» (2013), American Civil Liberties Union (ACLU). En: https://www.aclu.org/files/assets/aclu-thewaronmarijuana-rel2.pdf.

47 Smith, Patil, and Muñoz, «Big Risks, Big Opportunities».

48 Ho, Vivian «Seeking a Better Bail System SF Turns to Computer Algorithm» (2016), San Francisco Chronicle. En: http://www.sfchronicle.com/crime/article/Seeking-a-better-bail-system-SF-turns-to-8899654.php.

49 Malik, Om (2013), «Uber, Data Darwinism and the Future of Work», Gigaom. En: https://gigaom.com/2013/03/17/uber-data-darwinism-and-the-future-of-work/.

50 O'Neil, Cathy (2016), *Weapons of Math Destruction* New York: Allen Lane.

51 O'Neil, Cathy (2015), «Weapons of Math Destruction», YouTube, Personal Democracy Forum. En: https://

www.youtube.com/watch?v=gdCJ
YsKlX_Y.

52 «Predictive Models on Random Data»
(2016), Data Skeptic. En: http://
dataskeptic.com/epnotes/predictive-
models-on-random-data.php.

53 Perlich, Claudia (2015), «All the Data
and Still Not Enough», YouTube, Data
Skeptics. En: https://www.youtube.
com/watch?v=dSOrc5kWGe8.

54 Perlich, Claudia; Melville, Prem; Liu,
Yan; Swirszcz, Grzegorz; Lawrence,
Richard y Rosset, Saharon. Winner's
Report: KDD CUP Breast Cancer
Identification. En: http://www.prem-
melville.com/publications/cup-
kdd08.pdf.

55 O'Neil, *Weapons of Math Destruction*, 218.

56 Chu, Jeff, «Most Creative People 2013:
99–100. Hilary Mason, Leslie Bradshaw» (2013), Fast Company. En:
http://www.fastcompany.com/3009
220/most-creative-people-2013/
99-100-hilary-mason-leslie-bradshaw.

57 Bradshaw, Leslie (2014), «Beyond
Data Science: Advancing Data Literacy», Medium. En: https://medium.
com/the-many/moving-from-data-
science-to-data-literacy-a2f181ba
4167#.bwiz7hc1g.

58 W. Peters, Jeremy (2009), «The
Birth of 'Just Do It' and Other Magic
Words», *New York Times*. En: http://
www.nytimes.com/2009/08/20/
business/media/20adco.html?_r=0.

59 Bradshaw, «Beyond Data Science»

60 National Association of Colleges and
Employers (NACE), «Employers Seek
for Evidence of Leadership, Teamwork
Skills on Resumes» (2015). En: http://
www.naceweb.org/about-us/press/
employers-seek-leadership-team
work-skills.aspx.

61 Sheffield, Hazel (2016), «Google
Spends Years Figuring Out That the
Secret to a Good Working Environ-
ment Is Just to Be Nice», *Independent*.
En: http://www.independent.co.uk/
news/business/news/google-work
place-wellbeing-perks-benefits-
human-behavioural-psychology-
safety-a6917296.html.

62 Woolley, A. W.; Chabris, C. F.; Pent-
land, A.; Hashmi, N. and Malone, T.
W. (2010), «Evidence for a Collective
Intelligence Factor in the Performance
of Human Groups», *Science* 330,
no. 6004:686–88. En: doi:10.1126/
science.1193147.

63 Duhigg, Charles (2016), «What
Google Learned from Its Quest to
Build the Perfect Team», *New York
Times*. En: http://www.nytimes.com/
2016/02/28/magazine/what-
google-learned-from-its-quest-to-
build-the-perfect-team.html.

64 Deming, David J (2015), «The
Growing Importance of Social Skills in
the Labor Market», Graduate School
of Education, Harvard University y
NBER. En: http://scholar.harvard.
edu/files/ddeming/files/deming_
socialskills_august2015.pdf.

Capítulo 3

1 Fernholz, Tim (2013), «SpaceX
Just Made Rocket Launches
Affordable. Here's How It Could
Make Them Downright Cheap»,
Quartz. En: http://qz.com/153969/
spacex-just-made -rocket-launches-
affordable-heres-how-it-could-
make-them-downright-cheap/.

2 Bowersock, G. W. (2014), «Marcus
Vipsanius Agrippa», Encyclopedia
Britannica Online. En: https://www.

britannica.com/biography/Marcus-Vipsanius-Agrippa.

3 Vamosi, Robert (2014), «Big Data Is Stopping Maritime Pirates... from Space», *Forbes*. En: http://www.forbes.com/sites/robertvamosi/2014/11/11/big-data-is-stopping-maritime-pirates-from-space/#58993f1265fa.

4 Sanger, David E. y Fackler, Martin (2015), «N.S.A. Breached North Korean Networks Before Sony Attack, Officials Say», *New York Times*. En: http://www.nytimes.com/2015/01/19/world/asia/nsa-tapped-into-north-korean-networks-before-sony-attack-officials-say.html.

5 Associated Press (2015), «US Blacklists Singapore Shipping Firm over North Korean Weapons Smuggling», *Guardian*. En: https://www.theguardian.com/world/2015/jul/24/us-blacklists-singapore-shipping-firm-over-north-korean-weapons-smuggling.

6 Rosett, Claudia (2014), «North Korean Ship Tests the Waters Near America's Shores», *Forbes*. En: http://www.forbes.com/sites/claudiarosett/2014/07/13/north-korean-ship-tests-the-waters-near-americas-shores/#6ee2923e492a.

7 Automatic Identification System, sección 33 CFR 401.20. También puedes ver International Maritime Organization (http://www.imo.org/en/OurWork/safety/navigation/pages/ais.aspx) con respecto al International Convention for the Safety of Life at Sea (SOLAS), tratado marítimo en vigor desde 1980.

8 Snyder, Scott A. (2014), «Behind the Chong Chon Gang Affair: North Korea's Shadowy Arms Trade», Council on Foreign Relations. En: http://blogs.cfr.org/asia/2014/03/19/behind-the-chong-chon-gang-affair-north-koreasshadowy-arms-trade/; «Vessel Details for: CHONG CHON GANG (General Cargo) — IMO 7937317, MMSI 445114000, Call Sign HMZF Registered in DPR Korea | AIS Marine Traffic» (2016), MarineTraffic.com. En: http://www.marinetraffic.com/ro/ais/details/ships/445114000.

9 Chestnut, Sheena (2007), «Illicit Activity and Proliferation: North Korean Smuggling Networks», International Security 32, no. 1: 80–111. En: doi:10.1162/isec.2007.32.1.80.

10 Fifield, Anna (2016), "We Scrutinized North Korean 'Viagra' — and Discovered It Might Actually Work», *Washington Post*. En: https://www.washingtonpost.com/world/asia_pacific/we-scrutinized-north-korean-viagra—and-discovered-it-might-actually-work/2016/08/10/ca181d0c-58d6-11e6-8b48-0cb344221131_story.html.

11 Burgis, Tom (2015), «North Korea: The Secrets of Office 39», *Financial Times*. En: https://www.ft.com/content/4164dfe6-09d5-11e5-b6bd-00144feabdc0.

12 «Commission Implementing Regulation (EU) 2015/1062» (2015), EUR-Lex Access to European Union Law, En: http://eur-lex.europa.eu/legal-content/EN/TXT/?uri=CELEX:32015R1062; U.S. Department of the Treasury (2014), «Treasury Sanctions DPRK Shipping Companies Involved in Illicit Arms Transfers». En: https://www.treasury.gov/press-center/press-releases/Pages/jl2594.aspx.

13 Dorell, Oren (2013), «North Korea Ship Held in Panama Has a Colorful Past, *USA Today*. En: http://www.usatoday.com/story/news/world/2013/07/17/n-korea-ship-checkered-history/2524479/.

14 Mankoff, Jeffrey and Bowen, Andrew (2015), «Putin Doesn't Care if Assad Wins. It's About Russian Power Projection», Foreign Policy. En: http://foreignpolicy.com/2015/09/22/putin-russia-syria-assad-iran-islamic-state/.

15 Delman, Edward (2015), «The Link Between Putin's Military Campaigns in Syria and Ukraine», *Atlantic*. En: http://www.theatlantic.com/international/archive/2015/10/navy-base-syria-crimea-putin/408694/; Taylor, Adam (2016), «The Syrian War's Death Toll Is Absolutely Staggering. But No One Can Agree on the Number», Washington Post. En: https://www.washingtonpost.com/news/worldviews/wp/2016/03/15/the-syrian-wars-death-toll-is-absolutely-staggering-but-no-one-can-agree-on-the-number/.

16 Dorell, «North Korea Ship Held in Panama».

17 Gladstone, Rick y Sanger, David E. (2013), «Panama Seizes Korean Ship, and Sugar-Coated Arms Parts», *New York Times*. En: http://www.nytimes.com/2013/07/17/world/americas/panama-seizes-north-korea-flagged-ship-for-weapons.html.

18 Tamayo, Juan O. (2014), «N. Korean Freighter Runs Aground off Mexico After Stop in Havana», *Miami Herald*. En: http://www.miamiherald.com/news/nation-world/world/americas/article1975612.html.

19 «Spire Sense» (2016), Spire Sense. En: https://spire.com/products/sense/.

20 Mollman, Steve (2016), «Indonesia Has a New Weapon Against Illegal Fishing: Nano-satellites», Quartz. En: https://qz.com/672122/indonesia-has-a-new-weapon-against-illegal-fishing-nano-satellites/.

21 Loizos, Connie (2015), «Spire, Maker of Radio-Size Satellites, Tunes Into $40 Million in New Funding», TechCrunch. En: https://techcrunch.com/2015/06/30/spire-maker-of-bottle-size-satellites-tunes-into-40-million-in-new-funding/

22 Selding, Peter B. de (2015), «The World According to Spire's CEO», Space News.com. En: http://spacenews.com/the-world-according-to-platzer/.

23 Selding, Peter B. de (2015), «Spire Global Aims to Orbit 25 Smallsats in 2015», SpaceNews.com. En: http://spacenews.com/spire-global-aims-to-orbit-25-smallsats-in-2015/.

24 Andreessen, Marc (2011), «Why Software Is Eating the World», *Wall Street Journal*. En: http://www.wsj.com/articles/SB10001424053111903480904576512250915629460. Ver «In 2000, when my partner Ben Horowitz was CEO of the first cloud computing company, Loudcloud, the cost of a customer running a basic Internet application was approximately $150,000 a month. Running that same application today in Amazon's cloud costs about $1,500 a month».

25 Driebusch, Corrie (2016), «Twilio Raises More Than Expected in IPO», *Wall Street Journal*. En: http://www.wsj.com/articles/twilio-ipo-tests-markets-appetite-for-tech-companies-1466606076.

26 Pai, Sajith (2015), «If API Technology Is Good Enough for Uber, It's Good Enough for Your Media Company», *Tech Trends*, International News Media Association (INMA). En: http://www.inma.org/blogs/tech-trends/post.cfm/if-api-technology-is-good-enough-for-uber-it-s-good-enough-for-your-media-company.

27 Yared, Peter (2014), «The Rise and Fall of the Full Stack Developer», TechCrunch. En: https://techcrunch.com/2014/11/08/the-rise-and-fall-of-the-full-stack-developer/.

28 Miller, George A. (1956), «The Magical Number Seven, Plus or Minus Two: Some Limits on Our Capacity for Processing Information», *Psychological Review* 63, no. 2: 81–97. En: doi:10.1037/h0043158; Domingos, Pedro (2015), *The Master Algorithm: How the Quest for the Ultimate Learning Machine Will Remake Our World.* Basic Books. Ver página 225.

29 Hartley, Scott (2012), «Rise of the Global Entrepreneurial Class», *Forbes.* En: http://www.forbes.com/sites/scotthartley/2012/03/25/conspicuous_creation/#4e5e4cd66683.

30 Gualtieri, Mike; Curran, Rowan; Kisker, Holger y Christakis, Sophia (2015), «The Forrester Wave: Big Data Predictive Analytics Solutions», Q2 2015. En: https://www.forrester.com/report/The Forrester Wave Big Data Predictive Analytics Solutions Q2 2015/-/E-RES115697.

31 Dillet, Romain (2012), «Adobe Acquired Portfolio Service Behance for More Than $150 Million in Cash and Stock», Tech-Crunch. En: https://techcrunch.com/2012/12/21/adobe-acquired-portfolio-service-behance-for-more-than-150-million-in-cash-and-stock/.

32 Belsky, Scott (2013). Entrevistado por Ryan Essmaker y Tina Essmaker, *Great Discontent.* En: http://thegreatdiscontent.com/interview/scott-belsky.

33 Dunne, Carey (2015), «Behance Cofounder Matias Corea onHow He Built a Thriving Hub for Creatives», Co. Design. En: http://www.fastcodesign.com/3044210/behance-cofounder-matias-corea-on-how-he-built-a-thriving-hub-for-creatives.

34 Escher, Anna (2016), «UpLabs Thinks Designers and Developers Should Hang Out More», TechCrunch. En: https://techcrunch.com/2016/03/07/uplabs-thinks-designers-and-developers-should-hang-out-more/.

35 Kessler, Sarah (2012), «Shapeways's New 3-D-Printing Factory Brings Manufacturing Jobs into the Tech Scene», Fast Company. En: https://www.fastcompany.com/3002303/shapewayss-new-3-d-printing-factory-brings-manufacturing-jobs-tech-scene.

36 Cohen, Daniel; Sargeant, Matthew y Somers, Ken (2014), «3-D Printing Takes Shape», McKinsey Quarterly. En: http://www.mckinsey.com/business-functions/operations/our-insights/3-d-printing-takes-shape.

37 Sisson, Patrick (2015), «Rent Your Own Assembly Line from a New Manufacturing Startup», *Curbed.* En: http://www.curbed.com/2015/9/29/9916234/make-time-distributed-manufacturing-machine-design.

38 Romano, Zoe (2015), «A DIY Seizure Alarm Based on Arduino Micro», Arduino Blog. En: https://blog.arduino.

cc/2015/08/11/a-diy-seizure-alarm-based-on-arduino-micro/.

39 Hebert, Chad (2015), «Arduino Seizure Alarm», *Chad Hebert: Writer, Editor, Designer, Dad*. En: http://hebertchad34.wixsite.com/chad-hebert/single-post/2015/06/07/Arduino-Seizure-Alarm.

40 Sisson, «Rent Your Own Assembly Line».

41 Ries, Eric «How DropBox Started as a Minimal Viable Product», TechCrunch. En: https://techcrunch.com/2011/10/19/dropbox-minimal-viable-product/.

42 Ha, Anthony (2013), «NanoSatisfi Raises $1.2M to Disrupt the Aerospace Industry with Small, Affordable Satellites», TechCrunch. En: https://techcrunch.com/2013/02/07/nanosatisfi-funding/.

43 Ries, Eric (2011), *The Lean Startup: How Today's Entrepreneurs Use Continuous Innovation to Create Radically Successful Businesses*, Crown Business.

44 Meeker, Mary (2016), «2016 Internet Trends Report», Kleiner Perkins. En: http://www.kpcb.com/blog/2016-internet-trends-report.

45 «Hours of Video Uploaded to You-Tube Every Minute as of July 2015» (2016), *Statista*. En: http://www.statista.com/statistics/259477/hours-of-video-uploaded-to-youtube-every

46 Ranade, Pratap (2016), entrevistado por el autor.

47 Cervantes, Sam (2016), entrevista por correo electrónico realizada por el autor.

48 Lardinois, Frederic (2016), «Apple Launches Swift Playgrounds for iPad to Teach Kids to Code», TechCrunch. En: https://techcrunch.com/2016/06/13/apple-launches-swift-playgrounds-for-ipad-to-teach-kids-to-code/.

49 Anders, George (2014), «Yale's Ex-President Heads West to Become CEO of Coursera», *Forbes*. En: http://www.forbes.com/sites/georgeanders/2014/03/24/yales-ex-president-heads-west-to-become-ceo-of-coursera/#6ef8bd897973.

50 McCracken, Harry (2012), «50 Best Websites 2012» *Time*. En: http://techland.time.com/2012/09/18/50-best-websites-2012/slide/codeacademy/.

51 «Start Learning at Treehouse for Free» (2016), Treehouse. En: https://teamtreehouse.com/.

52 «Nathan Bashaw» (2016), LinkedIn. En: https://www.linkedin.com/in/nbashaw.

53 Brimer, Matthew (2016). Entrevistado por el autor.

54 Sidhu, Rahul (2016). Entrevista telefónica realizada por el autor.

55 Schirling, Michael (2016). Entrevista telefónica realizada por el autor.

Capítulo 4

1 Mac, Ryan (2016), «Stitch Fix: The $250 Million Startup Playing Fashionista Moneyball», *Forbes*. En: http://www.forbes.com/sites/ryanmac/2016/06/01/fashionista-moneyball-stitch-fix-katrina-lake/#58b1b2d72e2e.

2 Stuart, Sophia (2016), «How a Camping Trip Gone Awry Turned into a Personal Shopping Start-Up», *PC Magazine*. En: http://www.pcmag.com/article2/0,2817,2499142,00.asp.

3 Wood Rudulph, Heather (2016), «Get That Life: How I Founded an Online Personal Shopping Company», *Cosmo-*

politan. En: http://www.cosmopolitan. com/career/a59033/katrina-lake-stitch-fix-get-that-life/.

4 Mac, «Stitch Fix: The $250 Million Startup».

5 Ibid.

6 Das, D. J. (2016), «At Stitch Fix, Data Scientists and A.I. Become Personal Stylists | CIO», Big Data Cloud. En: http://www.bigdatacloud.com/ at-stitch-fix-data-scientists-and-a-i-become-personal-stylists-cio/.

7 Martin, Jay B.; Colson, Eric y Klingenberg, Brad, (2015), «Feature Selection and Validation for Human Classifiers». En: http://www.humancomputation. com/2015/papers/60_Paper.pdf.

8 Quinn, Morgan (2016), «12 Sneaky Ways Amazon Gets You to Pay More», *Time*. En: http://time.com/ money/4373046/how-amazon-gets-you-to-pay-more/.

9 Meeker, Mary «2016 Internet Trends Report», Kleiner Perkins. En: http:// www.kpcb.com/blog/2016-internet-trends-report.

10 Ibid.

11 Colson, Eric, «Combining Machine Learning with Expert Human Judgment», Data Driven NYC, AXA Headquarters.

12 Martin, Colson, and Klingenberg, «Feature Selection and Validation for Human Classifiers».

13 Meeker, 2016 Internet Trends Report.

14 Mac, «Stitch Fix: The $250 Million Startup».

15 Bill Gurley, «Benchmark Partner Bill Gurley: Too Much Money Is My Biggest Problem», entrevista por Kara Swisher, *Recode*. En: http://www. recode.net/2016/9/12/12882780/ bill-gurley-benchmark-bubble-venture-capital-startups-uber.

16 Del Ray, Jason (2015), «Why Sephora's Digital Boss Joined Stitch Fix, the Personal Stylist Startup That's Growing Like Mad«, *Recode*. En: http://www.recode. net/2015/3/22/11560546/why-sephoras-digital-boss-joined-stitch-fix-the-personal-stylist.

17 Gallagher, Leigh y Rao, Leena «40 Under 40— Katrina Lake, 33», *Fortune*. En: http://fortune.com/40-under-40/ katrina-lake-29/.

18 Cifuentes, Jon (2016); «Kayak Founder Launches Lola, an iOS Travel App Backed by $20 Million», VentureBeat. En: http://venturebeat.com/2016/05/ 12/kayak-founder-launches-lola-an-ios-travel-app-backed-by-20-million/.

19 English, Paul y Kidder, Tracy (2016), «How Kayak Co-founder Paul English Got Hit by a 'Truck Full of Money'», Kara Swisher, Recode. En: http://www. recode.net/2016/11/14/13618488/ kayak-paul-english-tracy-kidder-truck-money-biography-podcast.

20 Ibid.

21 Wilkerson, Michael (2014), «This Startup Wants to Use AI to Schedule Your Meetings», Tech.co. En: http:// tech.co/startup-wants-use-ai-schedule-meetings-2014–11.

22 Huet, Ellen (2016), «The Humans Hiding Behind the Chatbots», Bloomberg.com. En: http://www.bloomberg. com/news/articles/2016-04-18/the-humans-hiding-behind-the-chatbots.

23 Hempel, Jessi (2015), «Facebook Launches M, Its Bold Answer to Siri and Cortana» *Wired*. En: http:// www.wired.com/2015/08/facebook-launches-m-new-kind-virtual-assistant/.

24 Bilton, Nick (2015), «Is Silicon Valley in Another Bubble... and What Could

Burst It?», *Vanity Fair*. En: http://www.vanityfair.com/news/2015/08/is-silicon-valley-in-another-bubble.

25 Swisher, Kara, citado en Sullivan, Mark (2016), «Inside Munchery's Big 'Plaid Box' Meal-Delivery Expansion», Fast Company. En: https://www.fastcompany.com/3057351/inside-muncherys-big-plaid-box-meal-delivery-expansion.

26 «SIGKDD Awards», 2014 SIGKDD Innovation. Premiado: Pedro Domingos. En: http://www.kdd.org/awards/view/2014-sigkdd-innovation-award-pedro-domingos.

27 Domingos, Pedro (2015), *The Master Algorithm: How the Quest for the Ultimate Learning Machine Will Remake Our World*. Basic Books. Ver página 258: «if computers are like idiot savants».

28 Charlton, Alistair (2016), «Microsoft 'Makes Adjustments' After Tay AI Twitter Account Tweets Racism and Support for Hitler», *International Business Times*. En: http://www.ibtimes.co.uk/microsoft-makes-adjustments-after-tay-ai-twitter-account-tweets-racism-support-hitler-1551445.

29 Perez, Sarah (2016), «Microsoft Silences Its New A.I. Bot Tay, After Twitter Users Teach It Racism [Updated]», TechCrunch. En: https://techcrunch.com/2016/03/24/microsoft-silences-its-new-a-i-bot-tay-after-twitter-users-teach-it-racism/.

30 West, John (2016), «Microsoft's Disastrous Tay Experiment Shows the Hidden Dangers of AI», Quartz. En: http://qz.com/653084/microsofts-disastrous-tay-experiment-shows-the-hidden-dangers-of-ai/.

31 Alexander, Leigh (2016), «The Tech Industry Wants to Use Women's Voices — They Just Won't Listen to Them», *Guardian*. En: https://www.theguardian.com/technology/2016/mar/28/tay-bot-microsoft-ai-women-siri-her-ex-machina.

32 Lewis, Michael (2014), *Flash Boys: A Wall Street Revolt,* Norton.

33 Schoenberg, Tom; Ring, Suzi y Hanna, Janan (2015), «Flash Crash Trader E-Mails Show Spoofing Strategy, U.S. Says», Bloomberg.com. En: articles/2015-09-03/flash-crash-trader-sarao-indicted-by-grand-jury-in-chicago-ie4n4s0s.

34 Ibid.

35 Bertoni, Steven (2016), «Flashboy Brad Katsuyama on the Future of IEX After Winning SEC Approval» *Forbes*. En: http://www.forbes.com/sites/stevenbertoni/2016/07/01/flashboy-brad-katsuyama-on-the-future-of-iex-after-winning-sec-approval/#da2f1214d0c8.

36 Keegan, Jon (2016), «Blue Feed, Red Feed», *Wall Street Journal*. En: http://graphics.wsj.com/blue-feed-red-feed/.

37 Barrett, Brian (2016), «Your Facebook Echo Chamber Just Got a Whole Lot Louder», Wired, June 29, 2016, http://www.wired.com/2016/06/facebook-embraces-news-feed-echo-chamber/.

38 Timms, Aaron (2016), «Is Donald Trump's Surprise Win a Failure of Big Data? Not Really», *Fortune*. En: http://fortune.com/2016/11/14/donald-trump-big-data-polls/.

39 Guynn, Jessica (2012), «Naomi Gleit Helps Keep Facebook Growing», *Los Angeles Times*. En: http://articles.latimes.com/2012/dec/22/business/la-fi-himi-gleit-20121223.

40 Cuervo, Soleio (2016), entrevista telefónica realizada por el autor.

41 Dwoskin, Elizabeth (2015), «Lending Startups Look at Borrowers' Phone Usage to Assess Creditworthiness», *Wall Street Journal*. En: http://www.wsj.com/articles/lending-startups-look-at-borrowers-phone-usage-to-assess-creditworthiness-1448933308.

42 Siroya, Shivani (2010), «Helping Developing Entrepreneurs Lift Their Communities Out of Poverty», *Huffington Post*. En: http://www.huffingtonpost.com/shivani-siroya/inventure-empowers-develo_b_767994.html.

43 Aglionby, John (2016), «US Fintech Pioneer's Start-Up in Kenya», *Financial Times*. En: https://www.ft.com/content/05e65d04-3c7a-11e6-9f2c-36b487ebd80a.

44 Dwoskin, «Lending Startups Look at Borrowers' Phone Usage». Was around 5 percent: Aglionby, "US Fintech Pioneer's Start-Up."

45 Lidsky, David (2015), «Most Innovative Companies 2015: Inventure», Fast Company. En: http://www.fastcompany.com/3039583/most-innovative-companies-2015/inventure.

46 Dwoskin, «Lending Startups Look at Borrowers' Phone Usage».

47 «Leveraging Technology Solutions in Credit and Verification» (2016), *Lenddo*. En: https://www.lenddo.com/.

48 Gage, Deborah (2014), «Neon Labs Raises $4.1M to Figure Out the Subconscious Appeal of Images», Venture Capital Dispatch, *Wall Street Journal*. En: http://blogs.wsj.com/venturecapital/2014/07/15/neon-labs-raises-4-1m-to-figure-out-the-subconscious-appeal-of-images/.

49 Tuch, Alexandre N.; Presslaber, Eva E.; Stöcklin, Markus; Opwis, Klaus y. Bargas-Avila, Javier A (2012), «The Role of Visual Complexity and Prototypicality Regarding First Impression of Websites: Working Towards Understanding Aesthetic Judgments», *International Journal of Human-Computer Studies* 70, no. 11: 794811. En: doi:10.1016/j.ijhcs.2012.06.003.

50 Lebrecht, Sophie; Bar, Moshe; Feldman Barrett, Lisa y Tarr, Michael J. (2012), «Micro-Valences: Perceiving Affective Valence in Everyday Objects», *Frontiers in Psychology 3*. En: doi:10.3389/fpsyg.2012.00107.

51 Schwartzberg, Lauren (2015), «Most Creative People 2015: Sophie Lebrecht», *Fast Company*. En: https://www.fastcompany.com/3043930/most-creative-people-2015/sophie-lebrecht.

52 «NBCUniversal to Provide Record 6,755 Hours from Rio Olympics», NBC Olympics. En: http://www.nbcolympics.com/news/nbcuniversal-provide-record-6755-hours-rio-olympics.

53 Pierce, David (2013), «Inside the Daunting Job of a Super Bowl Photographer», *The Verge,* February 3, 2013, http://www.theverge.com/2013/2/3/3947574/inside-the-daunting-job-of-a-super-bowl-photographer; Deitsch, Richard «Inside NBC's Production Truck for Super Bowl XLIX's Wild Finish» (2015), *Sports Illustrated*. En: http://www.si.com/nfl/2015/02/02/super-bowl-xlix-broadcast-nbc-patriots-seahawks.

Capítulo 5

1 Norman, Donald A. (1988), *The Psychology of Everyday Things*. Basic

Books. Ver también: *The Design of Everyday Things*.

2   Norman, Donald A. (1992), *Turn Signals Are the Facial Expressions of Automobiles*. Addison-Wesley.

3   Knight, Will (2015), «10 Breakthrough Technologies 2015: Car-to-Car Communication», *MIT Technology Review*. En: https://www.technologyreview.com/s/534981/car-to-car-communication/; Miller, Ron (2015), «Volvo Brings Cloud to the Car to Transmit Safety Data Automatically» (2015), TechCrunch. En: https://techcrunch.com/2015/03/04/volvo-brings-cloud-to-the-car-to-transmit-safety-data-automatically/.

4   Berk, Brett (2015), «How Nissan's Using Anthropology to Make Autonomous Cars Safe», The Drive. En: http://www.thedrive.com/tech/999/how-nissans-using-anthropology-to-make-autonomous-cars-safe.

5   Lehrer, Jonah (2011), «Steve Jobs: 'Technology Alone Is Not Enough,'», *The New Yorker, October* 7. En: http://www.newyorker.com/news/news-desk/steve-jobs-technology-alone-is-not-enough.

6   Zachry, Mark (2005), «An Interview with Donald A. Norman», *Technical Communication Quarterly* 14, no. 4: 469–87, doi:10.1207/s15427625tcq 1404_5.

7   Tenner, Edward (1996), *Why Things Bite Back: Technology and the Revenge of Unintended Consequences*. Knopf.

8   Kosoff, Maya (2015), «The Amazing Life of Stewart Butterfield, the CEO of One of the Fastest-Growing Business Apps Ever», *Business Insider*. En: http://www.businessinsider.com/amazing-life-of-slack-ceo-stewart-butterfield-2015–9/.

9   Constine, Josh (2016), «Slack's Growth Is Insane, with Daily User Count up 3.5X in a Year», TechCrunch. En: https://techcrunch.com/2016/04/01/rocketship-emoji/.

10 Manyika, James; Chui, Michael y Sarrazin, Hugo (2012), «Social Media's Productivity Payoff», *Harvard Business Review*. En: https://hbr.org/2012/08/social-medias-productivity-pay.

11 «Silicon Valley's Homogeneous 'Rich Douchebags' Won't Win Forever, Says Investor Chamath Palihapitiya» (2016), Entrevista, Recode Decode (podcast). En: http://www.recode.net/2016/3/21/11587128/silicon-valleys-homogeneous-rich-douchebags-wont-win-forever-says.

12 Underwood, Gentry, (2010) «Beyond Ethnography: How the Design of Social Software Obscures Observation and Intervention». En: https://www.parc.com/event/1134/beyond-ethnography.html.

13 Norman, Don y Tognazzini, Bruce (2015), «How Apple Is Giving Design a Bad Name," FastCo Design (2015). https://www.fastcodesign.com/3053406/how-apple-is-giving-design-a-bad-name.

14 Chen, Brian X. «Simplifying the Bull: How Picasso Helps to Teach Apple's Style», *New York Times*. En: http://www.nytimes.com/2014/08/11/technology/-inside-apples--internal-training-program-.html.

15 Andrew Cohen (2015), «Leading Political Theorist Joshua Cohen Joins Berkeley Law Faculty», *Berkeley Law*. En: https://www.law.berkeley.edu/article/leading-political-theorist-joshua-cohen-joins-berkeley-law-faculty/.

16 Schwenkler, John (2013), «The Democratic Beauty of Central Park», Commonweal (blog). En: https://www.commonwealmagazine.org/blog/democratic-beauty-central-park.

17 Harris, Tristan (2014), «How Better Tech Could Protect Us from Distraction». En: https://www.ted.com/talks/tristan_harris_how_better_tech_could_protect_us_from_distraction.

18 Ibid.

19 «10 New Gurus You Should Know: BJ Fogg» (2008), Fortune. En: http://archive.fortune.com/galleries/2008/fortune/0811/gallery.10_new_gurus.fortune/.

20 Fogg, B. J. (2008), «Mass Interpersonal Persuasion: An Early View of a New Phenomenon», *Persuasive Technology Lecture Notes in Computer Science,* 23–34, doi:10.1007/978-3-540-68504-3_3.

21 Larson, Jordan (2014), «The Invisible, Manipulative Power of Persuasive Technology», *Pacific Standard.* En: https://psmag.com/the-invisible-manipulative-power-of-persuasive-technology-df61a9883cc7.

22 Joyner, April (2009) «30 Under 30 2009: Apture — Tristan Harris, Can Sar, and Jesse Young», Inc.com. En: http://www.inc.com/30under30/2009/profile_apture.html.

23 McCarty, Brad (2011) «Google Pays $18 Million to Shutter Apture, CloudFlare Clones It in 12 Hours», The Next Web. En: http://thenextweb.com/insider/2011/12/19/google-pays-18-million-to-shutter-apture-cloudflare-clones-it-in-12-hours/; Efrati, Amir «Google Acquisition Binge Continues with Apture, Katango», *Wall Street Journal.* En: http://www.wsj.com/articles/DJFVW00020111110e7bal79xd.

24 Confino, Jo (2013), «Google Seeks Out Wisdom of Zen Master Thich Nhat Hanh», *Guardian.* En: https://www.theguardian.com/sustainable-business/global-technology-ceos-wisdom-zen-master-thich-nhat-hanh.

25 Harris, «How Better Tech Could Protect Us».

26 Harris, Tristan (2016), «How Technology Hijacks People's Minds — from a Magician and Google's Design Ethicist», Medium. En: https://medium.com/swlh/how-technology-hijacks-peoples-minds-from-a-magician-and-google-s-design-ethicist-56d62ef5edf3.

27 Harris, Tristan (2015), «Distracted? Let's Demand a New Kind of Design», YouTube. En: https://www.youtube.com/watch?v=3OhMJh8IKbE. Ver conferencia 2015, Wisdom 2.0.

28 «Herbert Simon» (2009), *Economist.* En: http://www.economist.com/node/13350892. Ver también: «The Economist Guide to Management Ideas and Gurus».

29 Harris, «How Technology Hijacks People's Minds».

30 Harris, Tristan (2015), «Is Technology Amplifying Human Potential, or Amusing Ourselves to Death?», Tristan Harris (blog). En: http://www.tristanharris.com/2015/03/is-design-for-amplifying-human-potential-or-amusing-ourselves-to-death/.

31 Friedman, Thomas L. (2006), «The Age of Interruption», *New York Times.* En: http://www.nytimes.com/2006/07/05/opinion/05friedman.html.

32 Stone, Linda (2015), «Continuous Partial Attention», Linda Stone (blog). En: https://lindastone.net/qa/continuous-partial-attention/.

33 Eadicicco, Lisa (2015), «Americans Check Their Phones 8 Billion Times a Day», *Time*. En: http://time.com/4147614/smartphone-usage-us-2015/.

34 Sullivan, Bob y Thompson, Hugh (2013), «Brain, Interrupted», *New York Times*. En: http://www.nytimes.com/2013/05/05/opinion/sunday/a-focus-on-distraction.html.

35 Silverman, Rachel Emma (2012), «Workplace Distractions: Here's Why You Won't Finish This Article», *Wall Street Journal*. En:http://www.wsj.com/articles/SB1000142412788732 4339204578173252223022388.

36 Mark, Gloria (2016): Entrevista telefónica realizada por el autor.

37 Mark, Gloria; Iqbal, Shamsi T.; Czerwinski, Mary; Johns, Paul; Sano, Akane y Lutchyn, Yuliya (2016), «Email Duration, Batching and Self-interruption», actas de 2016 CHI Conference on Human Factors in Computing Systems — CHI '16. En: doi:10.1145/2858036.2858262.

38 Pattison, Kermit (2008), «Worker, Interrupted: The Cost of Task Switching», Fast Company. En: https://www.fastcompany.com/944128/worker-interrupted-cost-task-switching.

39 Mark, Gloria; Gudith, Daniela y Klocke, Ulrich (2008), «The Cost of Interrupted Work», acta de Twenty-Sixth Annual CHI Conference on Human Factors in Computing Systems — CHI '08. En: doi:10.1145/1357054.1357072.

40 Eyal, Nir (2012), «Want to Hook Your Users? Drive Them Crazy», TechCrunch. En: https://techcrunch.com/2012/03/25/want-to-hook-your-users-drive-them-crazy/.

41 Dow Schüll, Natasha (2012), *Addiction by Design: Machine Gambling in Las Vegas,* Princeton University Press.

42 «one-armed bandit», Dictionary.com, http://www.dictionary.com/browse/one-armed-bandit; ‚Ammer, Christine *The American Heritage Dictionary of Idioms*, Houghton Mifflin Harcourt.

43 Harris, Tristan (2016), «Smartphone Addiction: The Slot Machine in Your Pocket», *Spiegel Online*. En: http://www.spiegel.de/international/zeitgeist/smartphone-addiction-is-part-of-the-design-a-1104237.html.

44 Harris, «Distracted? Let's Demand a New Kind of Design».

45 Harris, «How Technology Hijacks People's Minds».

46 Harris, «Distracted? Let's Demand a New Kind of Design».

47 Edelman, Joe (2014), «Choicemaking and the Interface», NXHX.org (blog). En: http://nxhx.org/Choicemaking/.

48 Edelman, Joe (2016), «Is Anything Worth Maximizing?», Medium (blog). En: https://medium.com/@edelwax/is-anything-worth-maximizing-d11e648eb56f.

49 Bosker, Bianca (2016), «The Binge Breaker», *Atlantic*. En: http://www.theatlantic.com/magazine/archive/2016/11/the-binge-breaker/501122/.

50 Haggag, Kareem y Paci, Giovanni (2014), «Default Tips,», *American Economic Journal: Applied Economics* 6, no. 3: 1–19. En: doi:10.1257/app.6.3.1.

51 Sunstein, Cass (2013), «Check Here to Tip Taxi Drivers or Save for 401(k)», Bloomberg.com. En: https://www.bloomberg.com/view/

articles/2013-04-09/check-here-to-tip-taxi-drivers-or-save-for-401-k-.

52 Edelman, Joe (2015), «Empowering Design (Ending the Attention Economy, Talk #1)». En: https://vimeo.com/123488311. Ver también Harris, Tristan «How TechnologyHijacks People's Minds — from a Magician and Google's Design Ethicist».

53 Norman, *Turn Signals Are the Facial Expressions.*

54 Venolia Daniel S. y Ishikawa, Shinpei (1992), *Three Degree of Freedom Graphic Object Controller.* US Patent US5313230 A.

55 Thaler, Richard H. y Sunstein, Cass R. (2008), *Nudge: Improving Decisions About Health, Wealth, and Happiness.* Yale University Press.

56 Horowitz, Damon (2011), «From Technologist to Philosopher», Chronicle of Higher Education. En: http://www.chronicle.com/article/From-Technologist-to/128231/.

57 Arrington, Michael (2010), «Google Acquires Aardvark for $50 Million (Confirmed)», TechCrunch. En: https://techcrunch.com/2010/02/11/google-acquires-aardvark-for-50-million/.

58 Duffy, Sean (2016), entrevistado por el autor.

59 DesMarais, Christina (2011), «How Self-Tracking Can Benefit Business», Inc.com. En: http://www.inc.com/managing/articles/201103/how-self-tracking-can-benefit-business.html.

60 Diabetes Prevention Program Research Group (2002), «Reduction in the Incidence of Type 2 Diabetes with Lifestyle Intervention or Metformin», *New England Journal of Medicine* 346, no. 6. En: 393–403, doi:10.1056/nejmoa012512.

61 Ibid.

62 *The Power of Prevention: Chronic Disease... the Public Health Challenge of the 21st Century* (2009), National Center for Chronic Disease Prevention and Health Promotion, Centers for Disease Control (CDC). En: http://www.cdc.gov/chronicdisease/pdf/2009-power-of-prevention.pdf.

63 Duffy, Sean (2016), entrevistado por el autor.

64 Johnson, Steven (2016), «Recognising the True Potential of Technology to Change Behaviour», *Guardian.* En: https://www.theguardian.com/sustainable-business/behavioural-insights/true-potential-technology-change-behaviour.

65 Talkspace (2016). En: https://www.talkspace.com/.

66 Novellino, Teresa (2015), «Talkspace Raises $9.5M to Let Users Text Their Therapists», *New York Business Journal.* En: http://www.bizjournals.com/newyork/news/2015/05/13/therapy-via-text-startup-raises-9-5-m-series-a.html.

67 Ibid.

68 Rauch, Joseph (2015) «How Much Does Therapy Cost? (And Why Is It So Expensive?)», Talkspace (blog). En: https://www.talkspace.com/blog/2015/10/how-much-does-therapy-cost-and-why-is-it-crazy-expensive/.

69 O'Brien, Sara Ashley «Frat Brothers Get Free Text Therapy», CNN. En: http://money.cnn.com/2016/09/22/technology/text-therapy-talkspace-ato-fraternity/.

70 Frank, Oren (2016), entrevista por correo electrónico realizada por el autor.

71 Taylor, Jordyn (2014), «We Texted a Therapist from an Inflatable Igloo in Madison Square Park Today», *Observer*. En: http://observer.com/2014/11/we-texted-a-therapist-from-an-inflatable-igloo-in-madison-square-park-today/.
72 Talkspace (2015), «Talkspace #ReflectReality Funhouse Mirror», YouTube. En: https://www.youtube.com/watch?t=5&v=NsLfu4Sk00U.
73 Garun, Natt (2015), «Talkspace Wants You to Combat Social Media Addiction by Texting a Therapist», The Next Web. En: http://thenextweb.com/apps/2015/09/16/does-this-filter-make-me-look-skinny/#gref.
74 Norman, *Turn Signals Are the Facial Expressions*.

Capítulo 6

1 Wilson, Jim (2011), «Old-School in Silicon Valley», *New York Times*. En: http://www.nytimes.com/slideshow/2011/10/22/business/20111023-WALDORF-4.html. Observa que el 75 % de los padres de los estudiantes de la escuela Waldorf en Los Altos, California, tenían una conexión fuerte con la alta tecnología (*hihg*-tech).
2 Richtel, Matt (2011), «A Silicon Valley School That Doesn't Compute», *New York Times*. En: http://www.nytimes.com/2011/10/23/technology/at-waldorf-school-in-silicon-valley-technology-can-wait.html.
3 «Waldorf Education: An Introduction», Association of Waldorf Schools of North America — Waldorf Education. En: https://waldorfeducation.org/waldorf_education.
4 Cain Miller, Claire (2015), «Why What You Learned in Preschool Is Crucial at Work», *New York Times*. En: http://www.nytimes.com/2015/10/18/upshot/how-the-modern-workplace-has-become-more-like-preschool.html?_r=0.
5 Deming, David J. (2015), «The Growing Importance of Social Skills in the Labor Market», Graduate School of Education, Harvard University and NBER. En: http://scholar.harvard.edu/files/ddeming/files/deming_socialskills_august2015.pdf.
6 Strauss, Valerie (2016), «Teacher: What Third-Graders Are Being Asked to Do on 2016 Common Core Test», *Washington Post*. En: https://www.washingtonpost.com/news/answer-sheet/wp/2016/04/12/teacher-what-third-graders-are-being-asked-to-do-on-2016-common-core-test/.
7 Deming, David (2016), entrevista telefónica realizada por el autor. *Materia oscura* es la metáfora cosmológica adecuada que Deming usaba para referirse a las *soft skills* o habilidades blandas educativas.
8 Wolfe, Tom, (1979), *The Right Stuff*. Farrar, Straus and Giroux.
9 Following EdTech Money (2016). En: https://www.edsurge.com/research/special-reports/state-of-edtech-2016/funding.
10 Ries, Eric (2009), «Why Vanity Metrics Are Dangerous», Startup Lessons Learned (blog). En: http://www.startuplessonslearned.com/2009/12/why-vanity-metrics-are-dangerous.html.
11 Motoko Rich (2016), «Online School Enriches Affiliated Companies If Not Its Students», *New York Times*. En: http://www.nytimes.com/2016/05/19/us/online-charter-schools-

electronic-classroom-of-tomorrow. html.

12 «U.S. High School Graduation Rate Hits New Record High» (2015), Homeroom: U.S. Department of Education (blog). En: http://blog. ed.gov/2015/12/u-s-high-school-graduation-rate-hits-new-record-high/; 2016 Building a Grad Nation Report, report, America's Promise Alliance. En: http://www.gradnation. org/report/2016-building-grad-nation-report.

13 Bertodano, Helena de (2012), «Khan Academy: The Man Who Wants to Teach the World», *Telegraph*. En: http://www.telegraph.co.uk/education/educationnews/9568850/Khan-Academy-The-man-who-wants-to-teach-the-world.html.

14 Wojcicki, Esther y Izumi, Lance T. (2014), *Moonshots in Education: Launching Blended Learning in the Classroom*. Pacific Research Institute.

15 Staker, Heather (2011), *The Rise of K–12 Blended Learning: Profiles of Emerging Models*, Innosight Institute. En: http://www.christenseninstitute. org/wp-content/uploads/2013/04/The-rise-of-K-12-blended-learning. emerging-models.pdf.

16 Bowles, Nellie (2014), «Tech Celebs Join Esther Wojcicki as New Media Center Opens at Palo Alto High», Recode. En: http://www. recode.net/2014/10/20/11632026/tech-celebs-join-esther-wojcicki-as-new-media-center-opens-at-palo.

17 «Esther Wojcicki» (2016), Creative Commons. En: https://creativecommons.org/author/estherwojcicki/.

18 Rhode Island School of Design (RISD) (2016), «Writer Hilton Als

to Deliver Keynote Address at Rhode Island School of Design's 2016 Commencement». En: http://www.risd.edu/press-releases/2016/Writer-Hilton-Als-to-Deliver-Keynote-Address-at-Rhode-Island-School-of-Design's-2016-Commencement/.

19 Bowles (2015), «Tech Celebs Join Esther Wojcicki»..Entrevista realizada por el autor a Esther Wojcicki.

20 Means, Barbara; Toyama, Yukie; Murphy, Robert; Bakia, Marianne y Jones, Karla (2011), *Evaluation of Evidence-Based Practices in Online Learning: A Meta-Analysis and Review of Online Learning Studies*, U.S. Department of Education. En: https://www2.ed.gov/rschstat/eval/tech/evidence-based-practices/finalreport.pdf.

21 «Proof Points: Blended Learning Success in School Districts» (2015), Christensen Institute. En: http://www. christenseninstitute.org/publications/proof-points/; Deruy, Emily (2015), «New Data Backs Blended Learning», *Atlantic*. En:http://www.theatlantic. com/politics/archive/2015/09/new-data-backs-blended-learning/432894/.

22 Willcox, Karen E.; Sarma, Sanjay y Lippel, Philip H. (2016), *Online Education: A Catalyst for Higher Education Reforms*, Online Education Policy Initiative, Massachusetts Institute of Technology (MIT). En: https://oepi.mit.edu/files/2016/09/MIT-Online-Education-Policy-Initiative-April-2016.pdf.

23 «Moonshots in Education», EdTechTeam (blog). En: https://www. edtechteam.com/moonshots/. Ver también Google Apps for Education Summits. En: https://www. gafesummit.com/.

24 Sanders, James (2016). Entrevista telefónica realizada por el autor.

25 Sanders, James (2012), «Chromebooks in the Classroom», YouTube. En: https://www.youtube.com/watch?v=rlLME325S-g.

26 White House, Office of the Press Secretary (2015), «FACT SHEET: ConnectED: Two Years of Delivering Opportunity to K-12 Schools & Libraries». En: https://www.whitehouse.gov/the-press-office/2015/06/25/fact-sheet-connected-two-years-delivering-opportunity-k-12-schools; «Presidential Innovation Fellows» (2016), White House. En: https://www.whitehouse.gov/innovationfellows.

27 Toppo, Greg(2016), «Low-Tech 'Breakout EDU' Looks to Invigorate Education One Wooden Box at a Time», USA Today. En: http://www.usatoday.com/story/tech/2016/06/30/low-tech-breakout-edu-looks-invigorate-education-one-wooden-box-time/86580464/.

28 «Games», Breakout EDU. En: http://www.breakoutedu.com/games/.

29 Resnick, Mitchel (1998), «Technologies for Lifelong Kindergarten» Educational Technology Research and Development 46, no. 4.: 43–55, doi:10.1007/bf02299672.

30 Tobin, Lucy (2009), «Slumdog Professor», Guardian. En: https://www.theguardian.com/education/2009/mar/03/professor-sugata-mitra.

31 Matias, Nathan J. (2012), «Is Education Obsolete? Sugata Mitra at the MIT Media Lab», MIT Center for Civic Media (blog). En: https://civic.mit.edu/blog/natematias/is-education-obsolete-sugata-mitra-at-the-mit-media-lab; Mitra, Sugata (2013), «Build a School in the Cloud». En: https://www.ted.com/talks/sugata_mitra_build_a_school_in_the_cloud.

32 Mitra, «Build a School in the Cloud».

33 Ibid.

34 Mitra, Sugata (2015), «Meet an Education Innovator Who Says Knowledge Is Becoming Obsolete», entrevista de Paul Solman, PBS Newshour. En: http://www.pbs.org/newshour/making-sense/meet-an-education-innovator-who-says-knowledge-is-becoming-obsolete/.

35 Paradowski, Michał (2014), «Classrooms in the Cloud or Castles in the Air?», IATEFL Voices 239 8–10. En: http://www.academia.edu/7475327/Classrooms_in_the_cloud_or_castles_in_the_air.

36 Schwartz, Katrina (2015), «Messy Works: How to Apply Self-Organized Learning in the Classroom», MindShift. En: https://ww2.kqed.org/mindshift/2015/10/07/messy-works-how-to-apply-self-organized-learning-in-the-classroom/. Ver también: SOLE toolkit desarrollado por Sugata Mitra. En: http://ww2.kqed.org/mindshift/2013/12/11/ready-to-ignite-students-curiosity-heres-your-toolkit/

37 Schwartz, «Messy Works».

38 Osborne, David «The Schools of the Future» (2016), U.S. News and World Report. En: http://www.usnews.com/opinion/knowledge-bank/articles/2016-01-19/californias-summit-public-schools-are-the-schools-of-the-future.

39 Dobo, Nichole (2016), «Despite Its High-Tech Profile, Summit Charter Network Makes Teachers, Not Computers, the Heart of Personalized

Learning», *The Hechinger Report*. En: http://hechingerreport.org/despite-its-high-tech-profile-summit-charter-network-makes-teachers-not-computers-the-heart-of-personalized-learning/.

40 Osborne, «The Schools of the Future».

41 Ibid.

42 Dobo, Nichole «How This Bay Area Charter School Network Is Reinventing Education», Los Angeles Times. En: http://www.latimes.com/local/education/la-me-silicon-school-20160229-story.html.

43 Osborne, «The Schools of the Future».

44 Ibid.

45 Cox, Chris (2015), «Introducing Facebook and Summit's K-12 Education Project» Facebook Newsroom (blog). En: http://newsroom.fb.com/news/2015/09/introducing-facebook-and-summits-k-12-education-project/; Goel, Vindu y Rich, Motoko (2015), «Facebook Takes a Step into Education Software», *New York Times*. En: http://www.nytimes.com/2015/09/04/technology/facebook-education-initiative-aims-to-help-children-learn-at-their-own-pace.html.

46 Summit Basecamp (2016). En: http://summitbasecamp.org/explore-base-camp/.

47 Strauss, «Teacher: What Third-Graders Are Being Asked to Do»; Osborne, «The Schools of the Future».

48 Osborne, «The Schools of the Future».

49 «Our Approach — Our Results» (2016), Summit Public Schools. En: http://summitps.org/approach/results.

50 Ibid.

51 Lockett, Rachel (2016). Entrevista telefónica realizada por el autor.

52 Hullinger, Jessica (2016), «Remind Launches New Slack-Like App for Schools», *Fast Company*. En: https://www.fastcompany.com/3056642/most-creative-people/remind-launches-new-slack-like-app-for-schools; «School Messaging App Remind Lands on a Business Model» (2016), *FastCo News*. En: https://news.fastcompany.com/school-messaging-app-remind-lands-on-a-business-model-4017528.

53 Bergman, Peter (2016), «Peter Bergman — Homepage», Teachers College Columbia University. En: http://www.columbia.edu/~psb2101/.

54 Dynarski, Susan (2015), «Helping the Poor in Education: The Power of a Simple Nudge», *New York Times*. En: http://www.nytimes.com/2015/01/18/upshot/helping-the-poor-in-higher-education-the-power-of-a-simple-nudge.html.

55 Bergman, Peter (2015), «Parent-Child Information Frictions and Human Capital Investment: Evidence from a Field Experiment», Teachers College, Columbia University. En: http://ssrn.com/abstract=2622034.

56 York, Benjamin N. y Loeb, Susanna (2014), «One Step at a Time: The Effects of an Early Literacy Text Messaging Program for Parents of Preschoolers», NBER no. 20659. En: http://www.nber.org/papers/w20659.

57 Hart, Betty y Risley, Todd R. (1995), *Meaningful Differences in the Everyday Experience of Young American Children*, P. H. Brookes.

58 Loeb, Susanna y York, Ben «Helping Parents Help Their Children», Brookings, February 18, 2016, https://www.brookings.edu/research/helping-parents-help-their-children/.

59 Rich, Motoko (2014), «To Help Language Skills of Children, a Study Finds, Text Their Parents with Tips», *New York Times*. En: http://www.nytimes.com/2014/11/15/us/to-help-language-skills-of-children-a-study-finds-text-their-parents-with-tips.html.

60 White, Paul-Andre (2016), «Using Remind at Leal Elementary School». Entrevista telefónica realizada por el autor.

61 Pérez-Peña, Richard (2014), «Active Role in Class Helps Black and First-Generation College Students, Study Says», *New York Times*. En: http://www.nytimes.com/2014/09/03/education/active-learning-study.html.

62 Eddy, S. L. y Hogan, K. A. (2014), «Getting Under the Hood: How and for Whom Does Increasing Course Structure Work?», CBE — Life Sciences Education 13, no. 3: 453–68, doi:10.1187/cbe.14-03-0050.

63 Roediger III, Henry L. (2014), «How Tests Make Us Smarter», *New York Times*. En: http://www.nytimes.com/2014/07/20/opinion/sunday/how-tests-make-us-smarter.html.

64 Karpicke, J. D. y Blunt, J. R. (2011) «Retrieval Practice Produces More Learning Than Elaborative Studying with Concept Mapping», Science 331, no. 6018: 772–75, doi:10.1126/science.1199327.

Capítulo 7

1 Arora, Gabo (2016). Entrevista realizada por el autor.

2 «Gabo Arora» (2016), VR Days. En: http://vrdays.co/people/gabo-arora/.

3 Gills, Melina (2016), «Gabo Arora on Making VR with Vrse.works and the United Nations», Tribeca. En: https://tribecafilm.com/stories/tribeca-virtual-arcade-my-mothers-wing-gabo-arora-chris-milk-interview.

4 Carr, David (2015), «Unease for What Microsoft's HoloLens Will Mean for Our Screen-Obsessed Lives», New York Times. En: http://www.nytimes.com/2015/01/26/business/media/unease-for-what-microsofts-hololens-will-mean-for-our-screen-obsessed-lives.html.

5 John Gaudiosi, «UN Uses Virtual Reality to Raise Awareness and Money», *Fortune*. En: http://fortune.com/2016/04/18/un-uses-virtual-reality-to-raise-awareness-and-money/.

6 Arora, Gabo (2016). Entrevistado por el autor.

7 Kahn, Jennifer (2011), «The Visionary», The New Yorker. En: http://www.newyorker.com/magazine/2011/07/11/the-visionary.

8 Simonite, Tom (2015), «Microsoft's HoloLens Will Put Realistic 3-D People in Your Living Room», MIT Technology Review. En: https://www.technologyreview.com/s/537651/microsofts-hololens-will-put-realistic-3-d-people-in-your-living-room/.

9 Chafkin, Max (2015), «Why Facebook's $2 Billion Bet on Oculus Rift Might One Day Connect Everyone on Earth," Vanity Fair — Hive». En: http://www.vanityfair.com/news/2015/09/oculus-rift-mark-zuckerberg-cover-story-palmer-luckey.

10 Primack, Dan (2015), «Google-Backed Magic Leap Raising $827 Million», *Fortune*. En: http://fortune.com/2015/12/09/google-backed-magic-leap-raising-827-million/.

11 Kim, Monica (2015), «The Good and the Bad of Escaping to Virtual

Reality», *Atlantic*. En: http://www.theatlantic.com/health/archive/2015/02/the-good-and-the-bad-of-escaping-to-virtual-reality/385134/.

12 Norman, Donald A. (1992), *Turn Signals Are the Facial Expressions of Automobiles*, Addison-Wesley, 13–14.

13 Cassani Davis, Lauren (2015), «The Flight from Conversation», *Atlantic*. En: http://www.theatlantic.com/technology/archive/2015/10/reclaiming-conversation-sherry-turkle/409273/.

14 Milk, Chris (2015), «How Virtual Reality Can Create the Ultimate Empathy Machine». En: https://www.ted.com/talks/chris_milk_how_virtual_reality_can_create_the_ultimate_empathy_machine.

15 Turkle, Sherry (2016), «Design and Technology in Interpersonal Relationships», Fitbit Headquarters. 2016.

16 Langner, Ralph (2011), «Cracking Stuxnet, a 21st-Century Cyber Weapon». En: https://www.ted.com/talks/ralph_langner_cracking_stuxnet_a_21st_century_cyberweapon.

17 Nakashima, Ellen y Warrick, Joby (2012), «Stuxnet Was Work of U.S. and Israeli Experts, Officials Say», Washington Post. En: https://www.washingtonpost.com/world/national-security/stuxnet-was-work-of-us-and-israeli-experts-officials-say/2012/06/01/gJQAlnEy6U_story.html.

18 Ackerman, Gwen (2014), «Sony Hackers Used a Half-Dozen Recycled Cyber-Weapons», Bloomberg.com. En:http://www.bloomberg.com/news/2014-12-19/sony-hackers-used-a-half-dozen-recycled-cyber-weapons.html.

19 Faust, Drew (2016), «To Be 'A Speaker of Words and a Doer of Deeds:' Literature and Leadership», United States Military Academy, West Point. En: http://www.harvard.edu/president/speech/2016/to-be-speaker-words-and-doer-deeds-literature-and-leadership.

20 Eikenberry, Karl W. (2013), «The Humanities and Global Engagement». En: https://www.amacad.org/content/publications/pubContent.aspx?d=1306.

21 Boyle, Katherine (2014), «For Real 'Monument Woman,' Saving Afghan Treasures Is Unglamorous but Richly Rewarding», Washington Post. En: https://www.washingtonpost.com/entertainment/museums/for-real-monument-woman-saving-afghan-treasures-is-unglamorous-but-richly-rewarding/2014/02/13/af543588-9267-11e3-84e1-27626c5ef5fb_story.html.

22 Faust, «To Be 'A Speaker of Words'».

23 Fleishman, Jeffrey, «At West Point, Warriors Shaped Through Plutarch and Shakespeare», Los Angeles Times. En: http://www.latimes.com/entertainment/great-reads/la-et-c1-literature-of-war-20150511-story.html.

24 Miller, Emily (2016). Entrevista telefónica realizada por el autor.

25 «Stanford H4D — Spring 2016» (2016), Stanford University. En: http://hacking4defense.stanford.edu/.

26 Ibid.

27 Blank, Steve (2016), «The Innovation Insurgency Scales — Hacking for Defense (H4D)», Steve Blank (blog). En: https://steveblank.com/2016/09/19/the-innovation-insurgency-scales-hacking-for-defense-h4d/.

28 «Hacking 4 Diplomacy», Stanford University. En: http://web.stanford.edu/class/msande298/index.html.

29 Kosoff, Maya (2016), «Why Did Leo DiCaprio Join a Garbage Start-Up — Literally?», Vanity Fair — Hive. En: http://www.vanityfair.com/news/2016/06/rubicon-trash-disposal-startup.

30 Safian, Robert (2014), «'We Need a New Field Manual for Business': Casey Gerald» Fast Company. En: https://www.fastcompany.com/3036583/generation-flux/we-need-a-new-field-manual-for-business-casey-gerald.

31 Kessler, Sarah (2016), «Sama Group Is Redefining What It Means to Be a Not-for-Profit Business», Fast Company. En: https://www.fastcompany.com/3056067/most-innovative-companies/sama-group-for-redefining-what-it-means-to-be-a-not-for-profit-bus.

32 Jones, Sam (2015), «World Food Programme Pins Hopes on App to Nourish 20,000 Syrian Children», Guardian. En: https://www.theguardian.com/global-development/2015/nov/12/world-food-programme-share-the-meal-app-syrian-children.

33 Ibid.

34 Hartley, Scott (2015), «How You Can Share Thanksgiving with Syrian Refugees», Inc.com. En: http://www.inc.com/scott-hartley/how-you-can-share-thanksgiving-with-syrian-refugees.html.

35 «Rural Information Access (Digital Drum)» (2012), Stories of UNICEF Innovation. En: http://www.unicefstories.org/tech/digital_drum/.

36 «UNICEF's Digital Drum Chosen as a Time Magazine Best Invention of 2011», UNICEF USA. En: https://www.unicefusa.org/press/releases/unicef's-digital-drum-chosen-time-magazine-best-invention-2011/8085.

37 Kanani, Rahim (2011), «An Interview with Erica Kochi on UNICEF's Tech Innovation», Forbes. En: http://www.forbes.com/sites/rahimkanani/2011/09/18/an-interview-with-erica-kochi-on-unicefs-tech-innovation/#6c5d0bf05049.

38 Higgins, Stan (2016), «UNICEF Eyes Blockchain as Possible Solution to Child Poverty Issues», CoinDesk. En: http://www.coindesk.com/unicef-innovation-chief-blockchain-child-poverty/.

39 Bookman, Zachary y Guerrero Amparán, Juan Pablo (2009), «Two Steps Forward, One Step Back: Assessing the Implementation of Mexico's Freedom of Information Act," Mexican Law Review 1, no. 2: 3–51. En: http://info8.juridicas.unam.mx/pdf/mlawrns/cont/2/arc/arc1.pdf.

40 Bookman, Zachary (2016). Entrevista telefónica realizada por el autor.

41 Bookman, Zachary (2012), «Settling Afghan Disputes, Where Custom Holds Sway», At War: Notes from the Front Lines (blog), New York Times. En: http://atwar.blogs.nytimes.com/author/zachary-bookman/.

42 Last, T. S. (2016), «Updated: Santa Fe Unveils Web Platform for Budget Transparency», Albuquerque Journal. En: https://www.abqjournal.com/823796/santa-fe-unveils-new-budget-transparency-web-platform.html.

43 Francis, Charlie (2016). Entrevista telefónica realziada por el autor.

Capítulo 8

1 Yeomans, Jon (2016), «Australia's Mining Boom Turns to Dust as Commodity Prices Collapse», *Telegraph*. En: http://www.telegraph.co.uk/finance/newsbysector/industry/mining/12142813/Australias-mining-boom-turns-to-dust-as-commodity-prices-collapse.html.

2 Masige, Sharon (2016), «Self Driving Mining Truck Capable of 90km Speed», *Australian Mining*. En: https://www.australianmining.com.au/news/self-driving-mining-truck-capable-of-90km-speed/.

3 Smyth, Jamie (2015), «Rio Tinto Shifts to Driverless Trucks in Australia», *Financial Times*. En: https://www.ft.com/content/43f7436a-7632-11e5-a95a-27d368e1ddf7.

4 Johnson, Robert (2012), «This Is What a $42,500 Tire Looks Like», *Business Insider*. En: http://www.businessinsider.com/this-is-what-a-42500-tire-looks-like-the-5980r63-xdr-2012-5.

5 «Mine of the Future», Rio Tinto. En: http://www.riotinto.com/documents/Mine_of_The_Future_Brochure.pdf.

6 Ford, Martin (2015), *Rise of the Robots: Technology and the Threat of a Jobless Future*, Basic Books.

7 Benedikt Frey, Carl y Osborne, Michael A. (2013), «The Future of Employment: How Susceptible Are Jobs to Computerisation?», Oxford Martin School, Oxford University. En: http://www.oxfordmartin.ox.ac.uk/downloads/academic/The_Future_of_Employment.pdf.

8 Maynard Keynes, John, citado en Brynjolfsson, Erik y McAfee, Andrew (2014), *The Second Machine Age: Work, Progress, and Prosperity in a Time of Brilliant Technologies*, W. W. Norton.

9 Deming, David, «About Me». En: http://scholar.harvard.edu/ddeming/biocv.

10 Deming, David J. (2015), «The Growing Importance of Social Skills in the Labor Market», Graduate School of Education, Harvard University y NBER. En: http://scholar.harvard.edu/files/ddeming/files/deming_socialskills_august2015.pdf.

11 Davidson, Kate (2016), «Employers Find 'Soft Skills' Like Critical Thinking in Short Supply», *Wall Street Journal*. En: http://www.wsj.com/articles/employers-find-soft-skills-like-critical-thinking-in-short-supply-1472549400.

12 O'Brien, Sara Ashley (2016), «Zuckerberg Backs Andela, a Startup More Elite Than Harvard», CNNMoney. En: http://money.cnn.com/2016/06/16/technology/andela-24-million-chan-zuckerberg-foundation/.

13 Strauss, Valerie (2016), «Enough with Trashing the Liberal Arts. Stop Being Stupid», *Washington Post*. En: https://www.washingtonpost.com/news/answer-sheet/wp/2016/03/05/enough-with-trashing-the-liberal-arts-stop-being-stupid/.

14 Scalia, Christopher J. (2015), «Conservatives, Please Stop Trashing the Liberal Arts», *Wall Street Journal*. En: http://www.wsj.com/articles/christopher-scalia-conservatives-please-stop-trashing-the-liberal-arts-1427494073.

15 Katz, Lawrence «Get a Liberal Arts B.A., Not a Business B.A., for the Coming Artisan Economy», PBS Newshour. En: 2014, http://www.pbs.org/newshour/making-sense/

get-a-liberal-arts-b-a-not-a-business-b-a-for-the-coming-artisan-economy/.

16 Chui, Michael; Manyika, James y Miremadi, Mehdi «Where Machines Could Replace Humans — and Where They Can't (Yet)», McKinsey & Company. En: http://www.mckinsey.com/business-functions/business-technology/our-insights/where-machines-could-replace-humans-and-where-they-cant-yet.

17 Manyika, James; Rus, Daniela; Van Bommel, Edwin y Farmer, John Paul (2016), «Robots and the Future of Jobs: The Economic Impact of Artificial Intelligence», Council on Foreign Relations, New York.

18 Autor, D. H.; Levy, F. y Murnane, R. J. (2003), «The Skill Content of Recent Technological Change: An Empirical Exploration», Quarterly Journal of Economics 118, no. 4: 1279–333, doi:10.1162/00335530 3322552801.

19 Acemoglu, Daron y Autor, David (2011), «Skills, Tasks and Technologies: Implications for Employment and Earnings», Handbook of Labor Economics 4b: 1043–171, doi:10.1016/s0169-7218(11)02410-5.

20 Bland, Ben (2016), «China's Robot Revolution», Financial Times, June 6, 2016, https://www.ft.com/content/1dbd8c60-0cc6-11e6-ad80-67655613c2d6.

21 Xenachis, Andreas (2016). Entrevista telefónica realizada por el autor.

22 Snowden, David J. y Boone, Mary E. (2007), «A Leader's Framework for Decision Making» Harvard Business Review. En: https://hbr.org/2007/11/a-leaders-framework-for-decision-making.

23 Chui, Manyika y Miremadi, «Where Machines Could Replace Humans».

24 Ibid.

25 Koller, Andreas citado en Pooler, Michael (2016), «Man and Machine Pair Up for Packing», Financial Times. En: https://www.ft.com/content/376f9fa0-33d5-11e6-bda0-04585c31b153.

26 Manyika et al., «Robots and the Future of Jobs».

27 Johnsson, Julie (2016), «Boeing Sees Need for 30,850 New Pilots a Year as Travel Soars», Bloomberg.com. En: https://www.bloomberg.com/news/articles/2016-07-25/boeing-sees-need-for-30–850-new-pilots-a-year-as-travel-soars.

28 Langewiesche, William (2009), «Anatomy of a Miracle», Vanity Fair. En: http://www.vanityfair.com/culture/2009/06/us_airways200906.ç

29 Sullenberger III, Chesley B. y Zaslow, Jeffrey (2016), Sully: My Search for What Really Matters, William Morrow.

30 Mugunthan, K. (2016), «Human-Level Artificial General Intelligence Still Long Way to Go: David Silver, Google's DeepMind Scientist», Economic Times. En: http://economictimes.indiatimes.com/opinion/interviews/human-level-artificial-general-intelligence-still-long-way-to-go-david-silver-googles-deepmind-scientist/articleshow/51522993.cms.

31 Shu, Catherine (2014), «Google Acquires Artificial Intelligence Startup DeepMind for More Than $500M», TechCrunch. En: https://techcrunch.com/2014/01/26/google-deepmind/.

32 Byford, Sam (2016), «DeepMind Founder Demis Hassabis on How AI Will Shape the Future», The Verge. En: http://www.theverge.com/2016/3/10/11192774/demis-hassabis-interview-alphago-google-deepmind-ai.

33 Metz, Cade (2016), «The Sadness and Beauty of Watching Google's AI Play Go», *Wired*. En: http://www.wired.com/2016/03/sadness-beauty-watching-googles-ai-play-go/.

34 Hoffman, William (2016), «Elon Musk Says Google Deepmind's Go Victory Is a 10-Year Jump for A.I.», Inverse. En: https://www.inverse.com/article/12620-elon-musk-says-google-deepmind-s-go-victory-is-a-10-year-jump-for-a-i.

35 Burton-Hill, Clemency (20169, «The Superhero of Artificial Intelligence: Can This Genius Keep It in Check?», *Guardian*. En: https://www.theguardian.com/technology/2016/feb/16/demis-hassabis-artificial-intelligence-deepmind-alphago.

36 «The Dream of AI Is Alive in Go» (2016), entrevista, Andreessen Horowitz (podcast). En:http://a16z.com/2016/03/11/artificial-intelligence-alphago/; Silver, David y Hassabis, Demis (2016), «AlphaGo: Mastering the Ancient Game of Go with Machine Learning», Google Research Blog. En: https://research.googleblog.com/2016/01/alphago-mastering-ancient-game-of-go.html.

37 Polanyi, Michael (1966), The Tacit Dimension, Garden City, NY: Doubleday.

38 Metz, Cade (2016), «In Two Moves, AlphaGo and Lee Sedol Redefined the Future», *Wired*. En: http://www.wired.com/2016/03/two-moves-alphago-lee-sedol-redefined-future/.

39 Metz, Cade (2016), «How Google's AI Viewed the Move No Human Could Understand», *Wired*, March 14. En: http://www.wired.com/2016/03/googles-ai-viewed-move-no-human-understand/.

40 Mugunthan, «Human-Level Artificial General Intelligence».

41 Sawers, Paul (2016), «With 10M Downloads on iOS, Prisma Now Lets Android Users Turn Their Photos into Works of Art», VentureBeat. En: http://venturebeat.com/2016/07/25/with-10-million-downloads-on-ios-prisma-now-lets-android-users-turn-their-photos-into-works-of-art/.

42 Smith, Lindsey J. (2016), «Google's AI Engine Is Reading 2,865 Romance Novels to Be More Conversational», The Verge. En: http://www.theverge.com/2016/5/5/11599068/google-ai-engine-bot-romance-novels.

43 Dreyfus, Hubert L. (1972), *What Computers Can't Do: A Critique of Artificial Reason*, Harper & Row.

44 Dorrance Kelly, Sean y Dreyfus, Herbert en Fish, Stanley (2011), «Watson Still Can't Think», *New York Times*. En: http://opinionator.blogs.nytimes.com/2011/02/28/watson-still-cant-think/.

45 Susskind, Daniel (2016), «AlphaGo Marks Stark Difference Between AI and Human Intelligence», *Financial Times*. En: https://www.ft.com/content/8474df6a-ed0b-11e5-bb79-2303682345c8; «When Humanity Meets A.I.», entrevista, Andreessen Horowitz (podcast). En: http://a16z.com/2016/06/29/feifei-li-a16z-professor-in-residence/.

46 Yarow, Jay (2012), «Marc Andreessen at the DealBook Conference», *Business Insider*. En: http://www.businessinsider.com/marc-andreessen-at-the-dealbook-conference-2012-12.

47 Knight, Will (2016), «AI's Language Problem», MIT Technology Review. En: https://www.technologyreview.com/s/602094/ais-language-problem/.

48 Faust, Drew (2016), «To Be 'A Speaker of Words and a Doer of Deeds': Literature and Leadership», United States Military Academy, West Point. En: http://www.harvard.edu/president/speech/2016/to-be-speaker-words-and-doer-deeds-literature-and-leadership.

Conclusión

1 Hartley, Scott (2015), «Why the Way We Use Computers Is About to Change Again», Inc.com. En: http://www.inc.com/scott-hartley/what-tomorrow-s-james-bond-villain-will-look-like.html; Fowler, Geoffrey A. (2016), «Siri: Once a Flake, Now Key to Apple's Future», *Wall Street Journal.* En: http://www.wsj.com/articles/siri-once-a-flake-now-key-to-apples-future-1465905601.

2 Lee, Seung (2016), «Why Amazon Echo, Not the iPhone, May Be the Key to Internet's Future», Newsweek. En: http://www.newsweek.com/why-amazon-echo-not-iphone-may-be-key-internets-future-465487.

3 Jan Kamps, Haje (2016), «ToyTalk Renames to Pull-String, Repositions as Authoring Tool for Bots», TechCrunch. En: https://techcrunch.com/2016/04/26/pullstring-bot-authoring/.

4 Fingas, Jon (2016), «Google AI Builds a Better Cucumber Farm», Engadget. En: https://www.engadget.com/2016/08/31/google-ai-helps-cucumber-farm/.

5 Holland, Kelley (20159, «45 Million Americans Are Living Without a Credit Score», CNBC. En: http://www.cnbc.com/2015/05/05/credit-invisible-26-million-have-no-credit-score.html.

6 Martin, Scott (2016), «PayJoy Picks Up $18M for Smartphone Financing Plans», *Wall Street Journal.* En: http://www.wsj.com/articles/payjoy-picks-up-18m-for-smartphone-financing-plans-1468236609.

7 Snow, C. P. (1993), *The Two Cultures,* Cambridge: Cambridge University Press.

8 Davidson, Cathy N. (2011), *Now You See It: How the Brain Science of Attention Will Transform the Way We Live, Work, and Learn,* Viking.

9 Wasow, Tom (2016). Entrevista realizada por el autor.

10 Kim, Eugene (2016), «This Popular Major at Stanford Produced Some of the Biggest Names in Tech», Business Insider. En: http://www.businessinsider.com/stanford-symbolic-systems-major-alumni-2016-1/#reid-hoffman-is-the-cofounder-and-chairman-of-linkedin-he-graduated-in-1989-with-a-degree-in-symbolic-systems-and-cognitive-science-1.

11 Delaney, Melissa (2014), «Schools Shift from STEM to STEAM», EdTech. En: http://www.edtechmagazine.com/k12/article/2014/04/schools-shift-stem-steam.

12 «STEAM Hits Capitol Hill» (2013), Rhode Island School of Design (RISD) News. En: http://www.risd.edu/about/news/steam_hits_capitol_hill/.

13 Vonnegut, Kurt (1952), *Player Piano,* Delacorte Press.